U0653315

教育研究方法

JIAOYU YANJIU FANGFA

主　编　柴　江
副主编　杨小晶
参　编　周　丹　　张权力　　邱慧燕
　　　　牛蒙刚　　苗　霞　　马　康
　　　　符　颖　　丁秀英　　王小艳

南京大学出版社

图书在版编目(CIP)数据

教育研究方法 / 柴江主编. — 南京：南京大学出
版社，2024. 8. — ISBN 978-7-305-26718-5

Ⅰ. G40-034

中国国家版本馆 CIP 数据核字第 2024D80V93 号

出版发行　南京大学出版社
社　　　址　南京市汉口路 22 号　　　邮　编　210093
书　　　名　**教育研究方法**
　　　　　　JIAOYU YANJIU FANGFA
主　　编　柴　江
责任编辑　曹　森　　　　　　编辑热线　025-83686756

照　　排　南京南琳图文制作有限公司
印　　刷　南京人民印刷厂有限责任公司
开　　本　787 mm×1092 mm　1/16　印张 17　字数 403 千
版　　次　2024 年 8 月第 1 版　2024 年 8 月第 1 次印刷
ISBN 978-7-305-26718-5
定　　价　49.80 元

网址：http://www.njupco.com
官方微博：http://weibo.com/njupco
官方微信号：njupress
销售咨询热线：(025) 83594756

＊ 版权所有，侵权必究
＊ 凡购买南大版图书，如有印装质量问题，请与所购
　　图书销售部门联系调换

前　言

　　《教育研究方法》是高等院校教育学类专业学生的必修课程,也是广大中小学在职教师提升科研素养需要研习的基础课程。编写此教材,旨在通过介绍常用教育研究方法使用的一般原理、基本步骤和应用范围,增强学生主动开展教育研究的意识,培养他们基于教育理论创新和教育实践问题解决为目标的研究设计能力,以及能够根据选题选择合适的研究方法,并有意识地综合多种研究方法的优势对其进行整合与创新的能力。

　　本教材共有十二章,分为四篇,第一篇介绍教育研究方法的基础知识,以及教育研究选题与文献综述的基本方法;第二篇介绍常用的实用主义研究方法的基本概念、实施步骤等;第三篇介绍常用的解释主义研究方法的基本原则、使用范围等;第四篇介绍具体研究方法在教育研究中的综合应用。在体例上,每章开始部分设置了"思维导图"和"导入案例",目的是帮助学生对每个章节有整体的认识,并能从由问到思考的案例中对每一章节的内容有所启发。每章最后,附上"本章小结",目的是便于读者进一步复习、巩固和提高。此外,还设置了"思考训练"和"拓展阅读",旨在开阔读者的眼界,加深学习内容,为进一步学习奠定基础。

　　本教材的内容组织和编排中具有以下三个特点:

　　第一,强调科学精神。编写者遵循实事求是的科学态度和严谨的学术规范,以学习的逻辑由浅入深地安排内容体系,详细阐述教育研究方法的基本理论和基础知识,努力做到立论正确、结论可靠。内容设置上注重培养学生科学严谨、实事求是的价值认同;培养学生求真务实、开拓进取的科学研究精神;增强学生的创新意识,维护学术诚信和学术研究的严肃性。

　　第二,融入思政元素。注重以学生发展为中心,教材融入与专业知识点相契合的思政内容。针对学生求知欲强、思维活跃、关注社会热点、关心国家大事等特点,教材中注重挖掘一些紧扣时代发展的教育问题、社会热点问题或者能引起学生兴趣、激起学生共鸣的思政内容,在提升学生学习兴趣的同时培养学生立足实践需求、立足学科发展进行科学探究的"大教育观"。

第三,突出实践导向。学习这门课程最关键的是让学生能在实际的教育教学过程中做好研究。全书根据实际需要提供了用于学习的线上资源和案例,设置了用于课后思考的练习题。通过各个章节的学习,学生能够体验从选题、设计到研究方法的选择与实施,最后撰写教育研究报告或形成学术论文、决策咨询报告等完整的研究过程,真正学会如何去做一项教育研究。

本教材是团队合作的成果、集体智慧的结晶。具体分工如下:柴江、杨小晶编写第一章;杨小晶编写第二章;柴江编写第三章;丁秀英编写第四章;邱慧燕、马康编写第五章;苗霞编写第六章;符颖编写第七章;牛蒙刚编写第八章;张权力编写第九章;王小艳编写第十章;王小艳、柴江编写第十一章;周丹编写第十二章。作者团队具有丰富的教育教学研究经历,且多年来承担教育研究方法的教学工作。全书的写作构想、框架结构和统稿由柴江负责。

本教材可作为高等院校师范类本科专业和教育学类研究生教育研究方法相关课程的专用教材,还可作为基础教育专业工作者、教育学等研究工作者的专业参考书,亦可作为广大中小学教师继续教育培训、开展教育教学研究的参考用书。

全书在撰写过程中,参阅了许多专家、学者的著作、研究报告和论文,并引用了其中的一些观点、方法和内容,在此表示诚挚的谢意。由于受篇幅所限,参考资料和研究文献未能全部列出,敬请见谅。写作团队的成员以及南京大学出版社曹森等编辑为该教材的出版付出了辛勤的劳动,在此一并表示感谢。

由于我们的能力和水平所限,书中难免存在错误和不足之处,恳请同行专家和广大读者批评指正。

柴　江

2024 年 6 月于盐城师范学院

目　录

第三篇　解释主义研究方法

第四篇　研究方法的综合应用

第一篇

概　览

第一章 教育研究概论

章首语

教育研究是教育事业的重要组成部分,对教育改革发展起着支撑、驱动和引领作用。本章主要介绍教育研究的概念、类型与一般过程。首先,通过深入理解"研""究""研究"以及"教育"的含义,全面掌握教育研究的概念内涵。其次,在对教育研究概念有了初步认识的基础上,进一步深入分析其分类。最后,从整体上形成对教育研究活动的认知,掌握教育研究的一般过程。本章从教育研究的基本概念开始,引导学生理解不同类型教育研究的内涵和实质,规范研究者以严谨科学的态度从事教育研究,对于提升他们的科学研究能力有着十分重要的意义。

学 习 目 标

1. 理解什么是教育研究。
2. 掌握教育研究的类型。
3. 运用马克思主义中国化最新成果指导教育研究的一般过程。

思 维 导 图

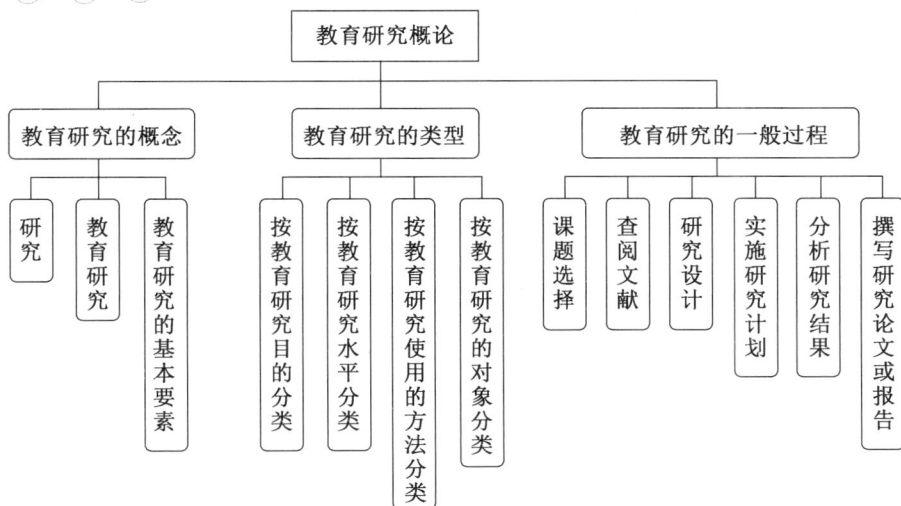

导入案例

　　有一次,我看到一位教师很高兴地早早准备进教室,我想分享她的快乐:"有什么喜事,把你乐成这样?"她对我说:"陈老师,我今天要上《陶罐和铁罐》。本课的教学重点是通过对话,体会陶罐和铁罐的性格。过去教过几次,但一直没有找到突破口。今天早上,我再翻一翻课文,发现了这么两句对话。一句是铁罐的:'你敢碰我吗?陶罐子!'另外一句是陶罐的回答:'不敢,铁罐兄弟。'一个对话,两处不同,一是称谓不同,二是标点不同。称谓上,'陶罐子'和'铁罐兄弟'的态度不同;标点上,感叹号和句号的语气不同。今天,我想试一试从这两个不同点上,引导学生分析这一个对话,并通过对话练习,体会陶罐和铁罐的性格,不知道有什么效果……"(选自陈大伟:《教育科研与教师成长》,2009 年版第 46 - 47 页。)

　　该案例中的教师通过研究获得了新知。您认为中小学教师为什么要从事教育研究?

第一节　教育研究的概念

一、研究

　　从"研""究"两字的含义来看,《说文解字》释"研"为礦也,从石,开(jiān)声,其本义为"细磨"。因此,"研"的第一层含义即"磨",用砥石来磨平物体。如元代虞集在《谢吴宗师惠墨》诗:"研磨不尽人间老,传与儿孙尚有余。"[1]后又引申为"碾碎""碾为细末",指比较细致的功夫。"研"的第二层含义有"探究、研究"之意。如《易·系辞》中"能研诸侯之虑"。又如《后汉书·郑玄传》:"其勖求君子之道,研钻勿替"[2],意为"努力追求君子之道深入研究,不可荒废"。这与现代汉语字典中对"研"的解释相似,意为"深入地探求"。《说文解字》释"究"为穷也,其本义为"穷,尽也",从穴,九声。它的另一层含义为"谋划、研究、探求"。如《尔雅》中"究,谋也。"[3]现代汉语字典中对"究"的解释是"推求,追查"。将"研"与"究"两字结合,意为"精心打磨某物,深入了解某事"。现代《辞海》中将"研究"解释为"用科学方法探求事物的本质和规律"[4]。如《世说新语·文学四》"殷仲堪精核玄论,人谓莫不研究"[5]以及"其为学术自己故,而研究之者,吾知其不及千

---

①　虞集.虞集全集(上)[M].天津:天津古籍出版社,2007:156.
②　范晔.后汉书[M].北京:中华书局,2007:440.
③　向熹.诗经词典[M].成都:四川人民出版社,1986:227.
④　辞海(下)[Z].上海:上海辞书出版社,1979:3747.
⑤　夏征农,陈至立.大辞海[M].上海:上海辞书出版社,2011:4066.

分之一也"①中的"研究"均为此意。

在科学研究领域,有学者指出"研究"活动主要包括了以下几点要素:第一个要素是"目的"。"研究"是一种有计划、有意图的活动,它以发现事物的规律性、解决新问题或改进某种实际情景为目的。第二个要素是"过程"。为了达到目的,"研究"将是按步骤、分阶段进行的,它有一套严格而系统的操作原则和程序。第三个要素是"方法"。研究的过程就是运用各种方法认识和解决问题的过程。"方法"以自己的尺度调节着整个活动的进行。它的正确选择及使用与否是研究成败的关键。第四个要素是"研究者"。研究者是研究活动实施的主体,具体指在研究活动中,对事物及其发展变化有明确认识的个人、群体或组织。

鉴于上述分析,所谓"研究"是指使用科学方法探求物质内部结构、寻求事物本质和规律的一系列活动。它是一种有目的、有计划地按照一套严格而系统的操作程序,运用各种方法去认识和解决问题的系统探究活动。这种探究活动包括两层含义:一是创造知识,探索未知的问题,目的在于创新和发展;二是整理知识,对已有知识进行分析与整理,目的在于知识的规范化和系统化。现代社会,"研究"已经成为特定领域的学者和实际工作者改进教育实践的重要手段。

二、教育研究

教育是一种复杂的社会现象。从广义上说,一切培养人的实践活动都是教育。从狭义上说,教育就是学校教育。学校教育是教育者根据一定的社会要求,有目的、有计划、有组织地对受教育者的身心施加影响,使他们朝着人们所期望的方向发展的社会实践活动。教育,作为一种社会现象,有其自身运动与发展的规律。为了培养出社会高质量的合格人才,更科学、更有效地发挥教育的功能与作用,人们必须认识并遵循教育教学活动的规律。只有按照教育教学规律办事,采取科学有效的方法,教育才能走上正确的、高质量的发展之路。

由于强调的侧重点不同,人们对于"教育研究"是什么往往存在着不同的认识和理解。有的学者强调研究的目的,有的学者强调研究的对象,认为"教育研究是对教育现象的解释、预测和控制"②,有的学者强调教育研究是科学严谨的过程,还有些学者则把方法推到至高的位置,强调教育研究是在"采用定量或科学调查方法的范围"内进行的研究③。这些观点有助于全面、系统地把握教育研究的内涵。综合现有观点,作为科学研究的一部分,教育研究具有科学研究的一般特性。首先是创造性。科学研究旨在探讨未知规律,其重要特点是创新,如果研究结果没有新的发现,那么它将毫无价值。其次是继承性。科学研究是探求新的问题,必须在他人研究成果的基础上进行。没有他人的科研成果,不可能产生新的科学研究成果。最后是科学性。科学研究提出并解决有科学价值的问题,必须有严格的设计方案,系统严谨的过程,形成一定的科学见解。

① 王国维.情志之美王国维美学精选集[M].长春:吉林人民出版社,2021:142.
② 裴娣娜.教育研究方法导论[M].合肥:安徽教育出版社,2000:2.
③ 韩延明.新编教育学[M].北京:人民教育出版社,2006:571.

当然,除了具有与一般科学研究相同的特性外,教育研究还有其自身独有的特性。

第一,复杂性。主要是指研究对象的复杂性。教育研究中涉及既有自然属性又有社会属性的"人"。人是有意识、有主观能动性的有机体,这就决定了教育研究不能像自然科学研究那样,只要具备研究条件、对象就可以进行研究,教育研究需要研究对象的参与和配合。另外,在教育研究中,研究对象可能会有意或无意地隐瞒或改变自己的真实行为和态度,这使得研究者对研究变量的控制难度增大,将对教育研究资料的可靠性造成一定的影响。此外,教育现象的异质性也给研究造成很大困难。自然科学研究可以从个体研究中概括出普遍的定律,而教育研究则不能从对个体的研究中得到普遍适用的结论。

第二,实践性。教育研究不仅指向理论,也指向实践。教育研究根本上都是为教育实践服务的,实践性至少包括三方面:聚焦实践问题、开展行动研究与建构实践理论。可以说,教育研究是从实践中来,到实践中去,在实践中应用,促进实践成效的研究活动。教育研究的实践性要求在研究过程中,一是坚持需求导向。要围绕教育发展中的重要问题开展研究,要立足实践来提炼学术问题。二是坚持服务导向。教育研究要进入教育实践全过程,必须深入教育教学改革实践的一线之中,服务于一线的教师、学生和教育管理人员。三要坚持价值取向。教育的实践性决定了教育活动是有目的性、有意识的活动,这一活动是在一定的主流价值指导下进行的。教育研究实践需要与社会相适应的主流价值的引导。

第三,广泛性。首先,教育研究者的来源广泛。教育研究者主要由两部分组成,一是专业的教育科学研究人员;二是一线的教育工作者。其次,教育研究的对象非常广泛。一切教育现象、问题、教育过程以及与教育相关的其他因素,都可以作为教育研究的对象。最后,教育研究的社会影响特别广泛。教育依附和包容于各种环境之中的,教育环境、教育传统、教育体制、其他社会领域都是教育研究的现实环境,它们影响着人们对于教育研究的立场和理解。反过来,教育研究及其成果也会影响到与教育相关的周边环境。因此,教育总是会受到社会各方面的广泛关注和重视。

第四,综合性。"综"指向多样化的事物或事物的多重要素,"合"往往关联着事物的整体性、统一性。"综合"就是"多样性的统一"。教育研究的综合性是指从教育的整体性出发,把构成教育整体的各部门之间、部分与整体之间、整体与外部环境之间联系起来进行考察,把教育的形态与本质、教育的结构与功能、教育的发展与变化、教育的时间与空间等结合起来进行综合性研究。综合性主要表现在三方面。其一,面对复杂的教育问题,研究者往往不能用单一的方法获得结论,而须将各种研究手段和方法综合使用,运用多学科的知识和方法进行教育研究。其二,从多个角度来思考和分析教育问题,从而获得更全面的认识。其三,能够综合不同学科的研究成果,推动教育研究的创新和进步。

基于上述对教育研究特性的分析,我们认为教育研究与一般的科学研究一样,应包括客观事实、科学理论和方法技术三大方面。在概念表述中,应包括研究主体、研究对象、研究目的、研究手段和研究过程等要素,各要素之间彼此独立又相互关联,构成了一个不可分割的整体。首先,教育研究应首先具有明确的研究目的,即探索教育规律、发展教育理论、解决教育实际问题。其次,教育研究要有特定的研究对象,即直面教育理论和实践发展过程中的教育事实、教育现象和问题。最后,教育研究需有科学的研究过程及方法。综上,教育研究是指教育研究者有目的、有计划、有系统地采用严格而科学的方法认识教育现象、发现教育问题、揭示教育规律的一种综合性的实践活动。

三、教育研究的基本要素

要素是构成事物的必要条件,它决定着事物的基本构成。当所有要素同时具备时,事物的本质特征方能生成。因此,要全面把握教育研究的内涵,就必须弄清楚教育研究的基本组成要素。作为一种创造性的实践活动,教育研究由一系列复杂要素构成,主要包括:教育研究的主体(谁研究);教育研究的客体(研究什么);教育研究的目的(为何研究);教育研究的方法(如何研究);教育研究的条件(研究基础)。

(一)教育研究的主体

教育研究的主体是教育研究者,既包括教育理论研究者,也包括教育实践研究者。其中,教育理论研究者是教育研究主体的核心成员,承担着引领学术潮流、把握理论走向、规划学科发展、创新教育知识、指导教育实践的重要任务。而教育实践研究者则是教育研究主体的重要力量,他们主要结合教育实践从事调查研究、总结教育经验、开展教育实验、进行教改探索,并把研究成果运用于教育实践,不断提高自身教育工作的水平。因为拥有丰富的实践经验和一线体验,教育实践研究者常常在工作中形成科学的认知,为丰富教育理论知识做出贡献。此外,要开展真正切实的教育研究并取得有效的研究成果,研究主体必须具备一些基本的品质,如广博精深的学识、敏锐的学术洞察力、敢于创新的勇气、求真务实的严谨学风、不倦求索的拼搏精神等。

(二)教育研究的客体

教育研究的客体也被称为教育研究的对象,是研究主体完成研究任务、实现研究目标的中介。一项教育研究能否圆满完成,很大程度上取决于研究客体,即研究对象的选择。教育研究客体涉及的范围非常广泛,不仅仅包括教育活动本身,还包括教育活动过程中表现在学生、教师等相关人员以及课程、教材、教学场所、教学环境、教学手段、教学媒体等方面的问题或困惑。特别值得关注的教育研究问题有两类:一类是教育理论形态中的问题,如教育学科体系建设问题、教育研究成果的评价与运用问题、教育技术现代化问题、全球化对学校教育观念的影响问题等。另一类是在教育实践活动中出现的问题,如学生的认识问题、教师的培养问题、师生关系问题、教育资源配置问题、课程与教学改革问题、学校文化发展问题、学校与家庭关系问题等。

(三)教育研究的目的

教育研究的目的是指研究主体从事某项研究活动之前,确定下来要达到的结果。教育研究是一项目的性、计划性很强的实践活动,其研究目的对于研究主体具有激励作用,对研究活动具有导向作用。教育研究的目的具有层次性,其核心目的在于知识或理论的创新,通过深入细致的探索研究,提出不同于以往的、富有独到意义的新观点和新理论。确立教育研究目的要依据教育科学的发展水平、课题的难易程度以及研究的具体条件,要把各方面的因素综合起来加以考虑,从而确立有较高价值的研究目的。

（四）教育研究的方法

教育研究方法是研究主体在研究过程中使用的各种工具、方式、技巧及手段的总和。教育研究活动能否进展顺利,取得的效益如何,研究质量与水平怎样,除了取决于研究主体的理论素养、研究能力水平、对研究问题的把握程度之外,还在很大程度上取决于教育研究方法的运用。通常情况下,教育研究主体会运用多种研究方法,如教育观察法、问卷法、测量法、访谈法、历史研究法、教育叙事法等,通过综合运用这些方法来分析和审视问题的性质,发现研究的角度,提炼研究的思路,规划研究的过程,以确保教育研究活动的顺利开展。在选择研究方法时,对于不同性质、目的、类型、对象、规模的教育研究,研究者要注意选择与之相符的研究方法,只有这样才能取得较好的研究效果。

（五）教育研究的条件

教育研究条件是指为开展教育研究活动所需要提供的人力、经费、物质、设备、环境保障等各种因素的总和。教育研究的条件不仅仅包括人、财、物的投入以及仪器设施、研究工具、技术手段等客观条件,还包括诸如研究者的知识基础、研究能力、学术道德、合作精神和组织协调能力等主观条件。它是教育研究不可缺少的重要因素,比如研究儿童注意缺陷与多动障碍（也称 ADHD）,就必须走访儿童医院或 ADHD 矫治机构;研究乡村地区基础教育发展问题,就必须深入乡村地区学校进行深入细致的田野调查研究;研究社会环境对学生学习的影响,就必须走访社区有关人士、搜集相关的资料;研究不同地区中小学生学习行为的差异性,就必须做长时期的跟踪观测和大量的数据统计。

第二节　教育研究的类型

分类是人们认识事物的重要方法,也是一门学科建设的基础。基于不同的目的和角度,根据特定的需要和标准,对需要分类的客体实施科学划分。教育研究分类的目的是获得辩证地相互联系和相互交织着的各种教育教学研究的具体特性。科学合理的教育研究分类有利于增强我们对教育研究的范围、方法和手段的理解,有利于教育研究工作的顺利开展。

早期的教育研究中,有学者根据学科将其划分为教育心理学研究、教育哲学研究、教育社会学研究等;有学者根据不同的理论视角来进行分类,如心理学的相关研究、社会文化理论的相关研究、认知理论的相关研究和建构主义的相关研究等;有学者根据教育中对象的角色进行分类,如与受教育者（学生）相关的研究、与教育者（教师）教育教学相关的研究、与学生家长相关的研究,以及与教材设计者相关的研究等;有学者根据研究领域进行分类,如教学研究、教育研究（狭义）、管理研究以及其他各教育领域的研究等;也有一些按研究机构划分,如以侧重直接推动和改进工作为主的研究,以进行各种改革实验、形成新理论、新见解为主的研究等。实际上,随着理论与学科的不断发展,分类标准变得复杂和困难,为此,科学合理的分类显得尤为重要。

一、按照教育研究目的实施分类

综观我国教育研究分类的现行做法,对教育研究进行分门别类的一种有效的方式就是沿着研究目的这一连续体进行分类。按照教育研究的目的、功能和作用可以将教育研究分为基础研究、应用研究、发展研究、评价研究和预测研究。

(一) 基础研究

基础研究是指为获得关于现象、可观察事物的基本原理及新知识而进行的理论性研究。基础研究旨在探讨教育的普遍规律、阐明教育原理、教育目的、教育手段等,具有较强的理论性。目的在于发展和完善理论,通过研究寻找新的事实,阐明新的理论或重新评价原有理论,主要回答教育中"为什么"的问题。基础研究的成果往往能扩大到一些新的知识领域,可以在较大范围内应用推广。当然也有一些基础研究的成果暂时不能应用于实际,但从长远观点看,其在理论和实践上具有一定的价值,往往在某一学科或某种理论的发展中起到奠基作用。习近平总书记在二十届中共中央政治局第三次集体学习时指出:"加强基础研究,是实现高水平科技自立自强的迫切要求,是建设世界科技强国的必由之路。"① 基础研究一般由专业的科研人员承担,他们在确定研究专题以及安排工作上有很大程度的自由。基础研究的范围广泛,涉及教育教学的一些基本问题。比如,关于教育本质的研究、关于教育功能的研究、关于教育优先发展战略的研究、教育学学科建设等,均属于基础研究。基础研究的研究结果通常具有一般的或普遍的正确性,成果常表现为一般的原则、理论或规律等。

(二) 应用研究

应用研究是指在实际工作情境中,运用基础研究的理论成果,以解决实际问题或提供解决实际问题的知识、方法和经验,从而提高工作质量和效率的研究。简言之,应用研究是指以解决实际问题为目的的科学研究。目的在于应用或检验理论,评价理论在解决教育实际问题中的作用,主要回答教育中"是什么"及"怎么做"的问题。例如,对于某一学科的教学内容、教学方法、教学组织方式的研究;对中小学生阅读障碍的成因分析及其应对策略的研究;分析以何种方式培养学生的思维能力最有效等。以上选题表明应用研究的潜在目标在于解决与教育教学实践直接相关的问题,其研究结果可直接为教育教学实践服务。应用研究的内容比较具体,在研究中需要把有关的理论与教育改革实践紧密结合,解决当前教育教学改革中遇到的现实问题。因此,有成效的应用研究在理论和实践上都有一定的意义。应用研究的成果形式以科学论文、专著、原理性模型或发明专利为主,用来反映对基础研究成果应用途径的探索。

---

① 曲大成. 大力加强基础科学研究[J]. 红旗文稿,2023(08):37-40.

（三）发展研究

发展研究是指把应用研究的成果直接用于教育实践中的研究。它是将开发与创造运用于学校教育的有效策略，可以为某一领域的教育改革提供改进建议。目的在于改进教育活动的策略，为教育活动的设计和实施提供事实依据、价值选择和行为决策依据，主要回答教育中"如何改进"和"如何发展"的问题。例如，关于国家或某一地区的教育发展战略问题的研究；在基本普及九年义务教育的基础上对我国基础教育发展的重点和前景的研究等。

（四）评价研究

评价研究是指对教育现象、教育政策进行价值或质量判断的研究，是在一定教育价值观的指导下，依据确立的教育目标，通过使用一定的技术和方法，对所实施的各种教育活动、教育过程和教育结果进行科学判定的过程。目的在于通过收集资料，判断事物的价值，主要回答教育中"效果如何"的问题。评价活动本身需要做科学的设计和操作，通过收集、整理和分析有关的资料，得出有说服力的结果。例如，基础教育课程改革方案及其实施效果的评价；某学校整体改革研究方案及其实施情况的评价；某种教材的特征及其可行性的评价等。

（五）预测研究

预测研究是指在收集有关研究对象过去情况的资料和数据的基础上，对教育某一个领域未来发展趋势的研究。目的在于分析教育活动未来发展的前景和趋势，回答教育中"将会怎样"的问题。研究者在对历史和现状的考察中，在对现实中各种条件分析的基础上，以一定的理论模型为基础，对教育发展的趋势做预测。这种预测并不是简单的猜想，而是根据现有证据对未来变化做出推测，其结果对人们研究教育的发展和现实的教育问题都十分有益。例如，我国未来基础教育发展前景的研究；中国未来二十年教育发展规模的研究；未来十年乡村小学师资需求数量的预测等。

值得一提的是，以上几种类型的划分是相对的。有学者认为，严格意义上来说，发展研究、评价研究和预测研究应归属于应用研究。基础研究与应用研究是科学研究两大基础类型。一方面，基础研究提供解决教育问题的理论，指导着应用研究的设计、构想、假说的形成，以及对研究结果的分析和评价；另一方面，应用研究提供事实材料去支持和完善理论，或促进新理论的产生，既是基础研究的素材，也是推动基础研究的动力。两者间互为补充、相辅相成。

二、按照教育研究水平实施分类

（一）直觉水平的研究

直觉水平又称为资料水平，回答"发生了什么？"的问题这些事实是应该发生的还是不应该发生的？性质如何？例如，某学生的语文学业成绩在下降；某学生注意的持久性与稳定性较差;教师工作强度高等。每一位教育工作者,特别是一线教师,每天都会遇到类似的问题,因此,每天都有可能进行这一水平的研究。问题的关键是教师是否有意识地、自觉地去观察和搜集有关信息,并从中发现存在的问题。

（二）探索原因水平的研究

探索原因水平要回答的问题是:为什么会发生这种现象? 是由什么原因引起的? 能否想出办法解决这个问题? 例如,学生识字能力的增强是采用了新的识字方法,还是由于学生从小在日常生活中从父母那里学习了部分词汇;某个学生阅读水平差,是由于教师教的原因还是学生自己没有形成良好的学习习惯等。通过分析问题产生的原因,教师可以采取切实可行的办法解决问题。

（三）理论研究水平的研究

理论研究水平要回答的问题是:研究中有哪些潜在的基础理论和原则? 该水平的研究主要是将研究结果与一定的理论联系起来,挖掘教育教学实践中所用的方法或采取的措施是在哪些理论指导下进行的,从而概括出理论模型或原理。例如,新的识字教学法之所以有效,是由于它符合汉字特点,还是由于它符合了儿童识字的认知特点,或是因为教学中强化的日程安排等。研究者通过对新的识字法与传统识字法的特点与不足的对比分析,找到各自的使用范围和条件。

（四）迁移推广水平的研究

迁移推广水平要回答的问题是:在不同的环境、条件中会发生同样的现象吗? 例如,新的识字教学方法在城市重点小学可行,在农村小学也可行吗? 在正常儿童中可行,在特殊儿童中也可行吗? 这一水平的研究主要是为了证实某种方法在不同条件或情况下也会产生同样的效果,一般需要专门的实验设计来确保研究的外在效度。

三、按照教育研究使用的方法分类

依据常用的教育研究方法,教育研究通常分为文献研究、田野研究、实验研究、行动研究、历史研究等。

（一）文献研究

文献研究是通过查阅文献获得资料,再对资料进行分析、加工,经过思辨而获得研究结论的研究。文献研究贯穿于整个教育研究的过程。无论是在选题,还是在研究方案,抑或是论文主体撰写的过程中,都离不开文献研究的支持。任何科学研究都需要继承和借鉴,对现状的研究不可能全部通过观察与调查,还需要以前人的研究成果为基础,对与现状有关的各种文献做分析。一般来说,科学研究需要充分地收集资料,进行文献梳理、分析,以便掌握有关的科研动态、前沿进展,了解前人已取得的成果及当前研究的现状等,这是科学、有效地进行任何科学工作的必经阶段。从教育研究的全过程来看,在研究的准备阶段和进行过程中,经常要使用文献研究。在教育研究领域,文献的查阅、分析、整理更具有举足轻重的作用。

（二）田野研究

田野研究是 20 世纪人类学重要的研究方法,指经过专门训练的研究者亲自进入研究场景,通过直接观察、访谈、情境体验等参与方式,获取第一手研究资料,并对资料进行加工分析提取结论的过程。"田野"超越了"野外"的含义,已经成为"现场"的代名词,具体指学生学习、教师教学的"场所"。田野研究是对传统人类学研究方法的突破,以人种志研究为典型代表,基本特点是需要参与研究对象的日常生活,在自然情境下观察并收集数据,通过叙事的方式描述资料,从而得出研究结论。田野研究既具有综合性和整体性,同时又非常具体、详细。对于一线教师而言,学校生活、课堂生活是师生个体在不断交往中构成的意义世界,研究者可以运用田野研究,深入自然情境的学校课堂生活,以自然的、生态的方式获得第一手资料,了解研究对象的真实思想、情感及行为,进而解释现象的意义。

（三）实验研究

实验研究是按照某种假设,通过人为控制一些因素,有目的、有计划地观察和分析现象的变化及产生的结果,进而论证事物之间因果关系的研究。相对于文献研究和田野研究,实验研究最大的特征是其高度的控制性,研究者对实验的软硬件设备,对实验的过程、实验的变量等都要做事先的设计,通过对经过"处理"的实验组与未接受"处理"的对照组比较分析,研究因果关系。因此,实验研究能超越感性直观经验的局限,探索和发现客观事物的内部联系和规律性,并获得利用这些规律来预测和控制事物发生和发展的能力。然而,在教育研究中使用实验研究时需要特别谨慎。教育研究涉及人的行为和思想,一旦实验研究以人为对象,就会涉及伦理问题。为此,教育研究者不仅要遵循实验研究范式和原则,还必须遵循实验研究的伦理要求。

（四）行动研究

广义上的行动研究是一种实践探索、一种研究取向,以及一种灵活的循环式的研究过程。狭义上的行动研究是指专业研究者和教育实践工作者对具体教育情境的研究,其目的不再是为了建立理论、归纳规律,而是以改进和解决教育实际问题为取向。在整个教育研究方法体系中,行动研究处于方法论和具体方法之间的中观层面,属于一种研究思路、策略和路径等,而非属于某一种具体的研究手段。

（五）历史研究

历史研究的主要目的是了解过去事件,明确当前事件的背景,了解其中因果关系和演变规律,进而预测未来发展趋势。如探讨我国教育的起源与发展;探讨教师法的立法背景与进程;在中小学教材、政策文件、课程改革等方面,应用历史研究方法,了解其发展背景及演变轨迹,以期对未来可能的发展进行预测。历史研究最主要的工作是历史资料的收集、鉴别、解释,史料的收集、鉴别、分析,这些往往比研究设计中的工具与手段更为重要。由于历史研究只能在已存的文献、史料中寻找证据,故其在应用价值及结论的普遍性通常受到限制。

四、按照教育研究的对象分类

（一）教育价值研究

教育价值研究是一种"应然"研究,揭示"为什么"和"怎么做"的问题。这是根据研究对象及内容的不同划分的。价值研究主要回答,因为什么、为谁、为什么目的、有怎样的意义、有怎样的风险、应该优先考虑什么等问题。价值研究的基本目的是确认某种目的是否值得,采取的手段是否能被接受,以及改进的结果是否良好,如关于"对劳动教育价值问题的理性审视"属于价值研究。

（二）教育事实研究

教育事实研究是一种"实然"研究,揭示"是什么"的问题。事实研究是对事件、事物、关系和相互作用等进行描述、观察、计数和测量。事实研究要求研究者把尊重客观事实放在首位,必须排除各种干扰和主观因素,尤其是不能依据个人的价值观念或利益臆造事实,如关于"我国中小学教师数字素养的实然状态""家庭教养方式对儿童同伴关系的影响"等研究就属于事实研究。

以上是从不同角度对教育研究进行的分类。教育研究的分类还会随着人们对教育研究认识的深化而不断发展。众所周知,每种研究类型均有不同的要求,解决教育研究中的问题,需要划分清楚研究问题的边界。因此,研究者需要根据自己研究的目的、性质、情景、主题,选择不同的教育研究类型。

第三节　教育研究的一般过程

一、教育研究的意义与作用

习近平总书记指出要把教育改革纳入全面深化改革统筹谋划,强调改革是教育事业发展的根本动力。教育要改革、要发展、要提高,就必然出现新情况、遇到新问题。只有依靠教育研究,发现新规律、创造新模式,才能指导教育工作者按教育规律办事。可以说,教育研究在教育事业的发展中占据重要地位。教育研究对教育事业发展的现实意义与作用可归纳为以下四点。

（一）教育研究是教育变革自身的要求

运动和变化是世界的本质。变化是永恒的,变是唯一的不变。教育是应对社会复杂挑战的关键。无论是应对突如其来的短期冲击,还是回应社会长期的演变趋势,教育系统都需要重视发展自身的应变能力。随着社会变化的加剧,教育的变革也成了社会变革的重要方面,教育研究的迫切性也就更加强烈。以教师教育为例,传统的教育观念"有教无类",已经不能满足社会的需求。随着人口出生率的下降,教师队伍的供需关系发生变化。整个社会需要的是高素质、专业化、创新型师资队伍,为了回应这一社会需求,教育必须朝着更加理性、更加务实的方向迈进。因此,面对新趋势、新时代、新产业的需求,教育必须与时俱进。教育变革,需因时、因势而动。只有通过变革,才能推动教育事业的发展。教育研究是推动教育事业发展和教育改革创新的重要力量,纵观现代教育发展的历程,没有教育研究,就没有科学的教育实践和教育改革理论。教育研究对教育改革发展具有重要的支撑、驱动和引领作用,是保障教育质量的重要支撑。

（二）教育研究是教育创新的要求

创新是当今时代有效竞争、经济增长和社会转型的关键源泉。研究是创新的前提,创新是研究的成果。教育研究是推动教育改革创新的支撑力量,也是教育创新的必然要求。教师不仅要传授知识,更要启发智慧;不仅要训练行为,更要培养人格。教育的理想是促进不同学生获得更好的发展,这不仅需要教师有教育智慧,更需要教师有研究能力。成功的、富有创造性的教师总是善于吸收最新的教育研究成果,将其积极地运用到教育、教学、管理等过程之中,并且富有独创见解,能够发现行之有效的新的教育、教学和管理方法。

（三）教育研究可以促进教师的专业发展

教师研究能力的培养已成为我国教师教育的重要内容,是我国中小学教师专业发展水平的重要体现。教师专业发展的过程是教师在教育职业生涯的每一个阶段掌握良好专业实践所必备的知识与能力的过程。首先,教师从事教育研究,可以促进教师实践知识的发展。实践知识是教师在长期的教育教学实践中逐渐形成的、与教育教学有关的个性化知识,它集中体现了教师个性化的教学风格与教学智慧。教师的实践性知识是教师专业发展过程中不可或缺的组成部分。教师的实践知识直接影响其对教育教学理念、课程教学观念、师生关系、课堂管理等的理解。通过教育研究,教师可以不断反思自身的教育教学过程,不断总结自身教育教学过程中的一系列失败与成功体验,从而有效地发展自身的实践性知识。其次,教师从事教育研究,可以促进教师教育专业能力的发展。这种能力的发展不是仅仅建立在学习专业学科知识和教育学科知识的基础之上,也不仅仅建立在积累教学经验的基础之上,还要求教师在教育教学工作中投入大量的精力进行教育研究才能形成。最后,教师从事教育研究,可以促进教师教育科研能力的发展。在教育研究的过程中,教师需要查阅并整理大量文献资料、收集诸多相关信息数据,积极大胆思考,不断理性反思,然后才能解决自己想要解决的教育问题。因而,教师必须掌握教育科研的基本理念与基本方法,学会撰写专题论文、经验分析、调查报告或实验报告等成果表达形式。毫无疑问,在教育研究过程中,教师的教育科研能力会逐渐提高。

（四）教育研究是提高教育质量、形成独特教育教学风格的要求

现代社会变化迅速，教师要根据教育对象、教育要求不断地探索和研究，形成自己的教学风格，以有效提高教育教学质量。现代教师角色已由"教书匠"转变为教育教学的研究者和反思的实践者。一位教育工作者有没有对教育的思考、有没有对教育的个人见解、有没有对改进教育质量的孜孜追求，并最终形成自己独特的教育教学风格，是考量这一转变的重要标准。教育教学工作充满了复杂性和丰富性，如果不加区别地模仿别人的教学，即使模仿得再好，也很难形成自己的教育教学风格和特色。因此，只有运用教育研究，尽快进入研究角色，才能根据特定的对象、特定的要求、特定的内容和特定的自身条件创造出属于自身的教学风格。

由此可见，教育研究既是教育变革自身的需要，同时也是提高教师素质、推动教师专业化进程，促进教育创新，提高教育质量、形成教师独特教育教学风格的必然要求。

二、教育研究的一般过程

教育研究是新时代教育工作者的必备素质，了解和熟悉教育研究的一般过程是保证研究的科学性和高效率的必要条件。事实上，作为一种创造性的活动，教育研究的具体过程往往因研究类型的不同而有所差别。但总的来讲，教育研究的过程一般要经历以下六个基本阶段。

（一）课题选择

选好研究课题，明确研究方向是教育研究一般过程中的首要步骤。在课题选择的过程中，研究者必须清楚课题选择的原则及其课题的来源。第一，要遵循选题的原则。选择一个合适的课题对于研究者而言至关重要。在选择课题时，需要遵循一些原则，比如，价值性原则，课题应具有一定的研究价值和应用价值，是有待探索的和能基本解决的问题。科学性原则，选题必须遵循马克思唯物主义基本原理，应以科学实践反复证实的客观规律为基础。创新性原则，选择的研究问题要有独创性和突破性。可行性原则，要根据实际具备的和经过努力可以具备的条件来选择研究问题，对预期完成问题的主观、客观条件尽可能充分地估计。第二，了解选题的来源。比如，从基础教育教学改革实践中发现课题；从阅读、研究有关教育领域的文献（如教育期刊、研究报告、教育论文索引、相关学科的重要期刊）中获得课题；从他人的成功经验中寻找需要深入的课题等。

（二）查阅文献

查阅文献是教育研究的关键性环节。严格来说，它伴随着教育研究过程的始终。选择课题时，需要查阅文献；选出课题后，也需要查找文献；在收集资料后，仍然需要查找文献。通过查阅文献，可以更好地进行研究方案的设计；通过查阅文献，可以明确分析资料和解释研究结果的方式，帮助研究达到一定的理论水平；通过查阅文献，可以了解课题的研究动态，确定研究选题的方向；通过查阅文献，可以为研究提供论证依据，并确定具体的研究方法；通过查阅文献，可以避免重复劳动，提高教育研究的效率。

（三）研究设计

研究设计是整个教育研究工作中的重要环节。研究设计是否合理完善，不仅直接影响研究工作的效率，还会影响研究结果的可靠性、科学性。一般情况下，研究设计主要包括以下内容。

1. 确定研究目的、类型和方法

要根据教育研究目的、课题性质确定研究类型并选择相应的研究方法。如果研究目的是描述某个现象或者探索某个问题，可以选择定性研究方法，如访谈法或观察法等。如果研究目的是验证某个假设或者推断，可以选择定量研究方法，如实验研究或问卷调查法等。明确研究目的和问题是选择研究方法的第一步。

2. 选择研究对象

任何研究首先要有明确的研究对象，然后才能根据研究对象收集资料。在教育研究中，研究对象既可以是人，比如，学生、教师、家长等，也可以是与教育有关的现象与问题。选择研究对象是教育研究设计的主要内容之一，它不仅与研究目的、内容密切相关，还直接关乎资料的收集、整理、分析，同时也涉及整个研究的费用、过程以及应用范围。在教育研究中，有些研究不存在抽样问题，如个案研究、叙事研究等，这类研究对象通常是个别或少数人。但绝大多数教育研究中，特别是定量研究中研究对象总体比较大，这时研究者就需要从总体中抽取部分作为研究样本，然后用这一样本的结果去推断总体。抽样是以概率论为理论基础，只有遵循科学的抽样方法，才能保证研究结果的可靠性。

3. 分析研究变量

任何一项研究归根结底都是探讨各变量之间的关系。在研究设计之前，为了便于实证资料的收集，还需要进一步明确所要研究的主要变量，以及有关变量的性质、形式、数量、操纵方式和控制方法。在这一环节中，自变量的确定、操纵与因变量测量指标的选择是研究设计的基本要求，研究者要主动操纵自变量、科学观测因变量。此外，无关变量的操控是研究有没有价值的基本保证，研究者还需要控制对研究结果将产生影响的无关变量。

4. 形成研究计划

研究计划是对研究的各项工作进行合理的安排。研究计划的主要内容有：确定研究题目；对研究课题目的及意义作简要说明；明确本课题在国内外的研究现状与趋势；课题研究的基本内容，在较大型的研究中还需列出所有的子课题，预计突破哪些难题；课题的研究思路和方法，制定研究工作方案和进度计划；研究课题应具备的工作基础和有关条件；研究成果的预计取向及使用范围；经费预算以及需要购置的资料设备等。可以看出，研究计划实际上是对整个研究工作与过程的全面安排与合理规划。

（四）实施研究计划

实施研究计划又被称为研究计划的执行阶段，主要包括教育测量工具（手段）的预测试，收集数值和非数值数据等内容。在实施计划阶段，"预测试"非常重要，它不仅可以发现研究设计或者研究工具中存在的潜在问题，还能保证研究中所运用的测量工具（手段）能够对研究对象实施可靠、有效的测量。一般情况下，预测试样本通常是目标总体的子集。在预测试成功进行后，研究者就可以通过抽样进行样本数据（定性数据和定量数据）的收集。

（五）分析研究结果

实施研究计划之后，需要对研究结果进行分析。研究类型不一样，其分析方法也不一样。收集的研究资料一般分为数据资料和文字资料两种。数据资料一般采用数学方法、统计分析法、数学模型法进行分析；文字资料一般采用逻辑思辨方法，包括分析与综合、归纳与演绎、抽象与概括、比较与分类等具体思维方法进行分析。在这诸多方法中，究竟选用哪几种，那就要根据研究问题、资料与数据的类型、研究设计而定。值得一提的是，在分析资料时，如果发现原有材料尚有欠缺之处，那就应当回到实施研究的阶段，重新进行资料的搜集与整理。因为只有在占有足够资料的基础上才可进行合理的分析研究，从而得出可靠的结论。

（六）撰写研究论文或报告

撰写研究论文或报告是教育研究活动的最后一个环节。从事教育研究与其他科学研究一样，经过一个研究过程，最后要用书面文字将自己的研究成果表述出来。研究论文和报告是教育研究结果最为常见的两种呈现形式。在论文或报告中，研究者应该尽量描述整个研究过程中的所有细节，如涉及的理论、选择的概念、研究的方法、抽样过程、研究资料的搜集、整理、分析等，并说明其原因和每个研究阶段的研究结果。

本 章 小 结

教育研究对教育和社会变革都起着至关重要的作用。它是研究者采用严格而科学的方法认识教育现象、发现教育问题、揭示教育规律的一种综合性的实践活动。本章主要依据教育研究的目的、研究的水平、研究使用的方法对教育研究进行了分类。研究者需要根据自己研究的目的选择不同的研究类型。课题选择、查阅文献、研究设计、实施研究计划、分析研究结果和撰写研究论文或报告是教育研究的一般过程。遵循教育研究的一般过程可以确保研究的科学性和高效性。新时代要求一线中小学教师能够增强科研意识，积极参与教育研究活动，关注教育热点问题，遵循教育研究的规范流程，并学会在教育教学实践中提出问题、分析问题，找到解决问题的方法，进而不断深化对教育研究的规律性认识。

思 考 训 练

案例一：不少教师认为，我是一线教师，只要上好课、教好学生就行了；只要学生喜欢家长支持就可以了，不需要搞什么教育科研。

案例二：在华东师范大学的国家级骨干教师培训档案中存有这样一份了解名师教育思想、教学理念、教学经历等的问卷，其中第九个问题是"您写过的最满意的三篇语文教学论文是？"王崧舟老师在毫无准备、毫无资料可供查阅的情况下这样回答第九题：①《"自读感悟、开放引导"教学模式的研究》（追求风格的自觉）；②《把发展语感的主动权还给学生》（十年心血的结晶）；③《阅读课评价标准新探》（苦心孤诣的探索）。……如果我们对诸如王崧舟老师等名师、名校长去做一番考察，就不难发现他们的成名或成功有相同之处，那就是与积极恰当地参与教育科研有关。①

思考：对比案例一和二，分析中小学教师从事教育研究的意义。

拓 展 阅 读

1. 裴娣娜：《教育研究方法导论》，安徽教育出版社，1994年版。
2. 陈向明，朱晓阳，赵旭东.社会科学研究方法评论[M].重庆：重庆大学出版社，2006年版。
3. W.维尔斯曼：《教育研究方法导论》，袁振国，译，教育科学出版社，1997年版。
4. 叶澜：《教育研究及其方法》，中国科学技术出版社，1990年版。
5. 郑金洲：《教师如何做研究》，华东师范大学出版社，2013年版。

参 考 文 献

[1] 李秉德.教育科学研究方法[M].北京：人民教育出版社，1986.
[2] 梅雷迪斯·D.高尔，沃尔特·R.博格，乔伊斯·P.高尔教育研究方法导论[M].许庆豫，等译.南京：江苏教育出版社，2002.
[3] 温忠麟.教育研究方法基础[M].北京：高等教育出版社，2004.
[4] 马云鹏，孔凡哲.教育研究方法[M].长春：东北师范大学出版社，2006.
[5] 严开宏.小学教育研究方法[M].上海：华东师范大学出版社，2010.
[6] 陈向明.教育研究方法[M].北京：教育科学出版社，2013.
[7] 顾永安.教育研究方法[M].南京：南京大学出版社，2015.
[8] 陈时见.教育研究方法[M].北京：高等教育出版社，2016.
[9] 孟宪乐，徐艳伟.小学教育研究方法[M].南京：南京大学出版社，2020.
[10] 凯斯·庞奇，爱丽丝·奥斯雅.教育研究方法导论[M].桑国元，王天晓，高鸾，译.北京：高等教育出版社，2022.

---

① 徐廷福，刘崇民，江净帆.教育学[M].上海：上海交通大学出版社，2014：247.

第二章 教育研究方法概论

🍃 **章首语**

　　教育研究方法是一个综合的研究方法体系。本章主要介绍教育研究方法的概念、类型及其历史发展过程。首次,通过介绍"方法""研究方法"的基本含义,帮助学习者理解和掌握教育研究方法的概念与内涵。其次,在对教育研究方法的概念有了初步了解的基础上,进一步深入认识其分类标准和类型,进而在深层次上把握其实质。最后,梳理中、西方教育研究方法的历史发展脉络、不同时期的特点及其影响因素,本章对教育工作者认识和把握教育研究方法的原理、功能和操作要领以及各种研究方法之间的联系具有重要意义。

学 习 目 标

1. 理解和掌握教育研究方法的概念与类型。

2. 基于马克思主义唯物史观了解教育研究方法的历史发展脉络和不同时期的特点及其影响因素。

思 维 导 图

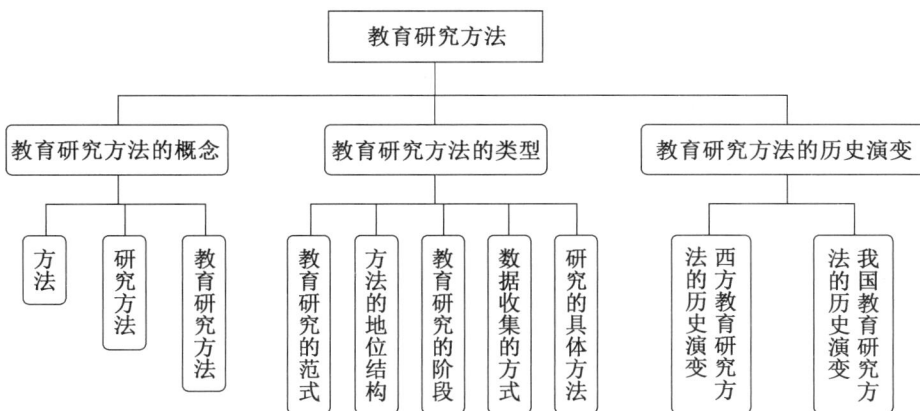

导入案例

科研方法是确保教科研工作顺利开展的重要保障,中小学教师必须掌握从事教育科研的规范方法,确保研究结果的可信、有效。大多数中小学教师没有受过科学规范的科研方法训练,不少教师进行研究时所选研究方法不当甚至错误的现象比较突出。如有的中小学教师研究选择问卷调查法,研究时一不介绍调查问卷的结构,二不检验说明问卷的信效度,三不说明调查样本的选取情况,如此一来,课题研究结果的科学性、合理性就大打折扣;有的中小学教师选择实验法研究,一不做好前期的研究假设,二不控制好研究变量,三不做好必要的前测,四是实验对象的选择过于随意,这样的研究缺乏令人信服的科学论证过程,实验结果的有效性就容易受到质疑;有的中小学教师选择案例法研究,在研究时,一是所选案例的代表性不够难以推广,二是同质性案例大量堆砌,三是缺少对典型案例的深层分析;更有甚者,不清楚各种研究方法的实质内容,研究过程中胡乱拼凑研究方法、"张冠李戴",让人啼笑皆非。以上种种对于科研方法的误用、乱用、套用,严重制约着中小学教师研究结论的有效性。(节选自吴立宝——《中小学教师教科研困境及其实践转向》)

请您谈谈中小学教师常用的教育研究方法有哪些?

第一节　教育研究方法的概念

一、方法

在不同的情境下,人们对"方法"的理解不完全一致。中国古代,方法指古代匠人对物度量的一种规范。《墨子·天志中》写道:"中吾矩者,谓之方,不中吾矩者,谓之不方,皆可得而知之,此其故何,则方法明也。"[1]这里的"法"指的是一种"标准"或"规则"。后来,方法泛化为解决问题的路径和程序。现代汉语词典中将其解释为"关于解决思想、说话、行动等问题的门路、程序等"[2]。

在西方,"方法"一词在古希腊文中被解释为"道路"和"途径",意指遵循某一道路前行。亚里士多德在《范畴篇》中主要关注的是认识论上的"方法"。直到笛卡尔的《谈谈方法》问世,才形成现代意义上的"方法"。德国著名哲学家黑格尔在《逻辑学》一书中认为:"方法也就是工具,是在主体方面的某个手段,主体方面通过这个手段和客体相联系。"[3]在现代西方,"方法(method)"一词与手段(means)、途径(mechanism)、方法

① 吴卸耀,李文韬.汉语词汇化语法化例释[M].上海:上海大学出版社,2021:70.
② 现代汉语词典[M].北京:商务印书馆,2018:366.
③ 张忠华.现代大学教学方法论[M].哈尔滨:黑龙江人民出版社,2009:3.

(way)、过程(process)同义，指"做某事的特定方式"①。综合以上对"方法"的解释，可以从以下几个方面来考虑。第一，从目的的角度来看，方法应该是一种实现研究目标或解决某一类问题的途径和手段，否则这种方法就没有意义。第二，从内容的角度来看，方法应具备一定的知识、实施程序和格式步骤，否则这种方法就无法被复制和反复应用。第三，从使用的角度来看，方法应该能够在符合基本规则的前提下扩大适用范围，并灵活应对各种变化情况，否则这种方法就会变得呆板而无法适应各种变化的情况。因此，方法主要由目的、知识、程序、格式和规则等五个要素组合而成。目的是方法的核心，其他要素皆为目的服务，也会随着目的的变化而改变。知识是方法的基础，它为其他各要素提供理论依据，并在实践中可以直接转化成方法。程序是实施方法的过程，也反映了方法实施的途径。格式是研究的外形结构与安排，既是知识和程序在形式上的具体表现，也是保证和提高研究质量的重要手段。规则是方法中各个要素的运行法则，规定方法的适用范围，从整体上规范主体行为。

由此可见，所谓"方法"是指人们在一切活动领域内，从实践上或理论上掌握现实，为达到某种目的而采取的途径、手段、工具和方式的总和，是人类社会实践经验的总结、人类智慧的结晶和力量的源泉。

二、研究方法

"研究方法"从字面上看由"研究"和"方法"组成。"方法"是较为宽泛的概念，而"研究"只在科研工作中才会出现，是人们对事物规律进行的积极探索过程。有学者将"研究"视为一个提出问题，并以科学严谨方法寻找问题答案，梳理出事物之间彼此关系的过程。因此，"研究"是发现知识与规律的过程，它可以改变我们对事物的认识与理解，而"研究方法"则是我们在此过程中所使用的工具，是连接主体认知与客体规律的桥梁。对研究方法的科学把握可以使主体通过各种研究方法获取不同的规律，进而在科研领域内进行多种的合适而有效的研究。

研究方法的合理运用为理论研究提供了有力保障。各种研究方法的综合运用不仅丰富了理论研究成果，也极大地推动了理论的创新。一方面，随着方法的演进，科学理论不断发展，日臻完善。另一方面，当科学理论出现新的问题且现有方法不能解释时，新的技术性手段与方法会应运而生，从而推动理论的创新。概言之，研究方法是指研究主体在探索事物关系和规律的过程中所采用的各种工具、技巧与手段。对于中小学一线教师而言，研究方法的重要性不言而喻，它可以帮助研究者确定实施研究的可行性；决定研究者使用何种方法收集资料，用什么技术来分析、处理数据并推导出结论；提高教育研究的准确性和可信度。

三、教育研究方法

基于对"方法"和"研究方法"的认识，"教育研究方法"是在教育研究中所采用的一

---

① 　Collins COBUILD advanced learner's English dictionary[Z]. 9th ed. London：Harper Collins Publishers，2018：947.

套综合性的研究方法体系,它包括人们在教育研究中所采取的各种途径、手段、工具、方式、规则等,可以从三方面理解其内涵。首先,教育研究方法是研究方法的下位概念。对于教育研究者而言,要明确研究的目的,无论是以探索规律为目的的基础研究,还是以解决现实问题为导向的应用研究,都要遵守一般研究方法的要求,进行理论说明、研究设计和逻辑论证等,以保证研究方法的科学性、规范性、严谨性。其次,教育研究方法要体现研究的教育性,绝不能违背国家的教育方针要求,这是由教育的目的和任务决定的。任何与教育目的和任务相违背,或使用不恰当的研究方法都不能被采用。教育研究方法的使用应该以培养和教育人为出发点和归宿,将教育性贯穿于整个研究过程。最后,教育研究方法是综合的方法体系。教育现象不是孤立存在的,而是相互影响,相互联系的整体动态系统。对教育现象的研究非常复杂,不是单一研究方法能够完成,需要多种研究方法的综合运用。

由此可见,教育研究方法是以教育现象为对象,以科学方法为手段,以获得教育科学规律性知识为最终目标,遵循一定的研究程序,指导人们在教育研究所采取的各种途径、手段、工具、方式、规则的总合。只要有助于描述、形成、发现、解决教育问题和深化教育理论,预测教育未来发展趋势的方法,都是教育研究方法。教育研究方法的创新和运用,对于提升教育研究的水平至关重要。对于教育研究者而言,能否熟练、准确运用各种研究方法是检验其科研素养的重要标准。教育研究方法的学习和运用可以培养他们的研究素养,使他们善于在教育生活中发现问题,并以理论的眼光审视自己的教育经验,将这些经验转化为研究资料,对其予以分析和解释,最终形成自己的教育认识、理论甚至智慧。

第二节　教育研究方法的分类

教育研究方法的科学分类对于理解、掌握和正确运用教育研究方法具有重要意义。目前学术界对教育研究方法的分类尚无定论。国外学者伍迪(C. Woody)将教育研究方法分为两类:一是搜集材料的方法,主要有问卷法、观察法、实验法。二是处理材料的方法,主要有历史的、哲学的、统计的方法。惠特尼(F. L. Whitney)将研究方法分为历史的、叙述的、实验的、哲学的和推测的五类。孟禄和恩格尔哈特(M. D. Engelhart)按照研究问题的性质将教育研究方法分为八大类:历史法(研究已往的)、调查法(研究现在的)、实验法(实验因子的效果比较)、共变法(推测)、溯因法(因子的确定和各因子影响的决定)、测量工具的编制和定效、价值的决定(哲学的研究)、研究结果的评价和总结等。国内学者罗廷光将其分为历史法、调查法、观察法、实验法、测量法、统计法、问答法、访问法、案由法、发生法、比较法等。钟鲁斋将其分为历史法、调查法、实验法、测量法、课程编制法、常模法、观察法、案例研究法、发生法、比较法、哲学分析法等。朱智贤将其分为历史法、实验法、调查法、个案研究法、材料的搜集法等。刘良华将其分为哲学研究或思辨研究、实证研究或叙事研究、实践研究或实践的行动研究。综合国内外已有研究,根据不同的分类标准,教育研究方法大致分为以下几类。

一、按照教育研究的范式分

以教育研究范式为分类标准,将教育研究方法分为思辨范式的研究方法、经验范式的研究方法、体验范式的研究方法以及复杂思想范式的综合研究方法。

基于思辨范式的研究方法是在已有的客观现实材料及思想理论材料的基础上,运用各种逻辑的和非逻辑的方式进行加工整理,以理论思维水平的知识形式反映教育客观规律方法的总称,主要有归纳、演绎、类比、分类、比较、分析、综合、概括等。在理解这一研究方法时,不能将其等同于"想",认为围绕着问题或例子有感而发、写篇文章就是思辨研究,殊不知单纯的"想"并不是一种教育研究方法。只有研究者在已有的知识积累和实践经验的基础上,对教育现实或问题采用概念、判断和推理等形式进行理性思考,进而形成观点的过程才能被称之为基于思辨范式的研究方法。

基于经验范式的研究方法是通过对研究对象大量的观察、实验和调查,获取客观资料,从个别到一般,归纳出事物的本质属性和发展规律的一种研究方法,主要包括观察、问卷、访谈、测量、实验等。在理解这一研究方法时,不能将其等同于"数",认为只要有数据、有统计、有计算、有技术,就是基于经验范式的研究方法,却忽视了对研究的意义、内容和结论的反思。尤其是在大数据和人工智能时代,各种统计技术和工具的应用变得越来越普遍。正所谓过犹不及,过于强调技术、算法,往往会以牺牲其他研究范式为代价。

基于体验范式的研究方法十分关注教育研究主体在研究中的体验和反思,研究过程注重现象阐述、价值判断、意义生成、归纳分析等。在理解这一研究方法时,不能将其简单地等同于"描述",认为对教育教学过程及活动的阐述就是体验范式的研究方法,殊不知体验范式的研究方法强调深入现实去领会,并通过科学化的手段去解释并重建现实世界,其种类与方式繁多。除了传统的内容分析、话语分析、语意分析、符号学、叙事分析、历史分析、文化分析之外,还有自身独特的分析方法,如扎根理论、定性对比分析、事件结构分析、主题网络分析等。

基于复杂思想范式的综合研究方法是在解决研究问题过程中使多元方法合法化的一种努力,是研究者在研究问题复杂性和研究结果精确性的目标驱动下采用两种或两种以上的研究策略对研究对象展开的技术探究。从教育研究发展的历史脉络来看,混合研究方法是基于定量研究、定性研究演变而来的教育研究方法。它的哲学基础是实用主义。混合方法研究能有效弥补当前单一教育研究方法的局限,极大地促进教育研究的科学化。

二、按照方法的地位结构分

教育研究方法按其地位结构可分为上、中、下三个层次。

上层为哲学方法,是教育研究方法中最高级、最普遍的层面,也有学者称之为方法论,主要探讨研究的基本假设、逻辑、原则、规则、程序等问题,为教育研究提供了最一般的思维方法的指导。如以唯物主义辩证法去认识教育的本质、社会价值、课程改革与发展等方面的问题,就是应用哲学方法研究教育问题的主要体现。

中层为一般的研究方式,指对于各学科都具有指导意义的方法层面。这一层面的方法基本来自科学研究中具有基础性地位的学科,如数学、统计学等。这类基础学科的独特研究方法对其他学科研究而言不仅具有借鉴意义,而且还可以与其他学科的研究方法相融合,不断地演化进步。

下层为具体的研究方法,指在教育研究过程中,以科学的态度、采用科学的思维方式、运用严密而规范化的程序(提出假设、拟定研究设计、实施研究、收集资料、分析资料、得出结论、建构理论)进行研究的具体方法与技术。教育研究的具体方法主要包括选题的方法与技术、资料收集方法与技术、资料分析方法与技术和其他技术手段或工具等。如运用教育实验法探究中小学生创造性思维与学业成就之间的关系等问题,就是应用具体研究方法研究教育问题的体现。

以上三个层次相互联系,相互影响。方法论影响研究者对研究方式的选择,而一定的研究方式又规定了一套与之相应的具体方法和技术。

三、按照教育研究的阶段分

教育研究方法按其研究阶段可分为搜集资料的方法、分析资料的方法与撰写研究报告的方法。搜集资料在研究的准备阶段,主要运用的方法有文献研究、历史研究、调查研究、比较研究、内容分析等。分析资料是研究的实施阶段,主要运用的方法有观察研究、实验研究、调查研究、统计研究、叙事研究、系统研究等。撰写研究报告是研究的总结阶段,主要运用的方法有理论研究、内容分析、统计研究、经验总结、研究报告表述等。在实际的研究过程中,方法的使用可以根据研究的不同阶段和具体研究项目灵活应用,有些方法甚至可能在多个阶段上重复使用。

四、按照数据收集的方式分

教育研究方法按不同的数据收集方式可分为定性研究与定量研究。定性研究(Qualitative research)是对研究对象的性质做出回答,主要由访谈法、观察法等多种方法组成。目的在于描述或解释事物、事件、现象、人物,并更好地理解所研究的问题。定量研究(Quantitative research)是从数量上进行研究的方法,主要由问卷调查法、教育实验法等多种方法组成。目的是从量的方面分析研究事物,运用数学或量化的方法研究和验证事物之间的关联。相比较而言,两者的理论基础不同。定性研究基于建构主义、后实证主义、解释学、现象学等;定量研究基于实证主义。两者的研究者与被研究者关系不同。定性研究认为研究者本人是研究工具之一,注重从研究者本人内在观点去了解研究对象;定量研究强调研究者要与研究完全分开。两者收集数据的类型与方式不同。定性研究常常收集文本类数据,大多采用参与观察、深度访谈等,是基于分析对象过去和现在的延续状况,对分析对象的性质、特点、发展变化规律作出判断;而定量研究常常收集数值类数据,主要是凭借统计数据,建立数学模型等方式,分析研究对象的各项指标及其数值。由此可见,两种方法都有其独特的价值。但必须指出的是,定性与定量研究不能截然分开,二者相辅相成,定性是定量的依据,定量是定性的具体化。定量分析必须建立在定性预测基础上,定性分析方法同样也需要数据计算与分析技术的支持。只有将二者结合起来,才能达到最佳的效果。

五、研究的具体方法

一般情况下,为了便于研究方案的设计和理解,大多数研究者是按研究的具体方法来分类。梳理已有的教育研究方法,按照此标准可将其划分为教育文献法、历史研究法、教育观察法、教育调查法、教育测量法、教育实验法、内容分析法、教育统计法、教育评价法、教育叙事研究、个案研究、经验总结研究、教育模型研究等众多方法。

除上述基本类型外,还可以按教育研究的层次将其划分为马克思主义哲学观点与方法、一般科学方法和具体使用的方法;按照研究对象的选择将其划分为总体研究方法、个体研究方法和个案研究方法等;根据研究范围将其划分为宏观研究方法与微观研究方法。合理分类教育研究方法为研究者提供了一种系统有序的思维方式与方法,对提高科研水平十分必要。尽管学者们对如何进行科学分类进行了各种尝试,但很难用一种分类标准将所有的方法包含在内,也很难在一项教育研究中仅仅采用某一种方法。随着教育学科的不断发展,研究方法逐步趋于综合化,单一方法很难获得理想的研究结果。因此,对于教育研究者而言,关键在于把握每一种方法的基本特点、适用条件和范围,根据研究主题和具体目标决定并选择相应的研究方法。

第三节　教育研究方法的历史演变

教育研究方法随着人类认识和哲学方法论的发展而不断变化,经历了从产生、发展到成熟的过程。对教育研究方法历史演变的考察,有助于我们更精准地把握教育研究方法的基本概念及其各个组成部分之间的联系,从而科学揭示教育研究方法发展的基本规律。

一、西方教育研究方法的历史演变

西方教育研究方法的历史演进可以归纳为四个阶段,分别是萌芽阶段、前学科阶段、独立学科阶段和综合发展阶段。

(一)萌芽阶段

从古希腊到16世纪近代科学产生之前,教育研究方法的发展处于萌芽阶段。这一阶段人们对教育现象的认识方法基本上以朴素的直觉观察为主,又被称为直觉观察时期。人们主要是通过直观感受对自然和社会进行整体而笼统的认识,从而获得对客观世界的经验。这一时期,教育研究方法思想的主要成就体现在古代教育思想观念中。教育思想家们多采用观察的方法,依靠个人的直觉,对教育经验进行总结,运用归纳、推理、类比等思维方法对教育现象加以概括,形成了丰富的教育理论。

古希腊以苏格拉底、柏拉图、亚里士多德等哲学家、思想家和教育家为代表,采用经验总结法、观察法、文献研究、系统推理等方法,以自身的生活经验和感受为基础,提出一系列的教育思想。如亚里士多德在研究当时诸多科学的基础上,探讨了辩证思维的最主要的形式,通过对一和多、整体和部分、个别和一般等对立范畴之间的关系的思考,提出了关于对立的相互联系和相互转化的思想,关于整个逻辑范畴都在对立中发展的思想等。基于这一方法论思想,亚里士多德创建了关于人的发展三阶段以及与之相应的三育(身体训练、品格教育、智力教育),指出教育要与人的自然发展相适应,通过对教育现象的思辨分析,在整体上把握教育。

萌芽阶段的教育研究方法主要有以下两方面的特征。一方面,采用观察、归纳、演绎和类比的思维方式对教育现象进行研究,从而得出结论。教育观点的表达以描述性为主,没有形成严谨的、科学的理论体系。另一方面,采用了初步的辩证法以及朴素的系统观。这主要体现在对知与行、学与思、师与生等关系的辩证分析与论述之中。在直觉观察时期,无论是唯物论或辩证法的思想都带有原始的特性,人们还不能对教育及其现象进行深入系统的分析,只能把教育当作一个整体进行观察与描述。

总的说来,教育研究方法的萌芽阶段带有明显的朴素性、自发性、笼统性、直观性等特点。虽然以直觉观察为主的教育研究方法曾经有效地推动了古代教育研究的发展,但这一时期的各种教育研究方法还没有达到真正科学研究的水平,他们只是对教育现象的抽象描述,停留在定性和主观分析推断的层面上,缺乏全面系统的逻辑论证、精确的定量分析和严格的科学实验验证,无法对这种变化的具体过程、原因以及教育的一般性质做出完整和清楚的解释。

(二)前学科阶段

从16世纪开始到19世纪末20世纪初,教育研究方法的发展处于前学科阶段。这一阶段人们对教育现象的认识方法基本上以思辨、逻辑和分析为主,是经验论和唯理论两个派别的形成与结合的时期,又被称为以分析为主的方法论时期。主要代表人物有主张经验论的弗朗西斯·培根,主张唯理论的笛卡儿以及试图把唯理论和经验论结合起来的康德等。弗朗西斯·培根阐释了经验论哲学的基本原则,提出人的一切认识起之于感觉经验,经验是一切科学知识的基础。笛卡尔提出了理性演绎法,认为一切真知都是由简单自明的纲领演绎出来的。感觉经验常常导致错误,理性才是真实知识的唯一可靠来源。康德试图将经验论与唯理论相结合,世界统一在思维的基础上,认为对教育应该是革命而不是改良,必须对"理性"、对一切事物进行批判才能辨明真伪,他们的思想对当时以及后来的教育家都产生了很深的影响。

受经验论和唯理论的影响,众多教育家在研究过程中把理论和实践结合起来,创立了新的研究思路和方法,极大地丰富和推动了教育理论与实践的研究。著名的教育家如夸美纽斯、裴斯泰洛齐、乌申斯基等都在教育研究方法的改革上做出了重要的贡献。例如,捷克教育家夸美纽斯《大教学论》将教育学这一研究对象从哲学和神学中分化出来,以经验论作为研究教育现象的方法论基础,对教育理论作了系统的阐述,将教育感性经验加以总结和归纳,使之系统化和条理化,其提出的班级授课已成为近现代学校教学的最基本的组织形式。瑞士著名的教育实践家裴斯泰洛齐重视教育实践研究,1768年开办"新庄"示范农场,试图通过传授新的耕作技术来改善农民生活。后来,他将"新庄"逐步变为一所收容流浪儿童的"贫儿之家",让孩子们边学知识边劳动,在教给孩子们手工业和农业的劳动技能的同时教他们学习读、写、算,这是西方教育史上首次进行的有关教育与生产劳动相结合的实践。此外,教育家卢梭、福禄贝尔、斯宾塞等在这一时期也取得了卓越的成就。

在 18 至 19 世纪,自然科学的研究方法更加成熟。教育研究也有意识地吸收和借鉴相关学科的研究方法,突出的代表人物是德国教育家赫尔巴特。他以批判精神重新审视已有的教育理念和理论体系,运用自然科学的归纳法来研究教育心理现象,并把心理学的原理引用教育研究之中。他主张把教育当作事实来研究,呼吁那些想把教育学基础仅仅建立在经验之上的人们"对其他的实验科学做一番审慎的考虑",去了解物理与化学的实验研究方法。他主张用系统的观察来了解每个人的可塑性,并通过自己创办的教学论研究所、教育研究所和师范研究班、附属实验学校等来研究、实践、传播自己的教育学说。赫尔巴特在介绍《普通教育学》时指出,"它是出自我的哲学思想,同时也是根据我的哲学思想,利用各种机会,收集并整理了我精心安排的观察和实验的材料"。基于此,赫尔巴特从实践哲学和心理学出发,基于教育目的论和教育方法论,构造了较完整的科学的教育学理论体系,将教学过程分成"预备""提示""联想""总结""应用"五个阶段,提出教学形式阶段理论。由此可见,赫尔巴特是第一个有意识地提出教育研究方法的探究问题,率先在方法领域作了革新性的探索,对近代教育学体系的建构做出了开创性贡献。

这一时期教育研究方法发展的主要特征表现在以下几方面。

1. 教育研究方法从经验描述上升到理论概括

研究者们开始将教育作为一个发展过程来研究,不仅描述教育现象及其特点,而且着重揭露现象间的联系和发展历程。这一时期,教育学开始从哲学中分离出来,成为一门独立的学科,并且不断发展完善。

2. 不同的哲学理论指导教育研究方法的发展

教育研究方法在很大程度上与认识论结合在一起,并以不同的哲学理论为指导,初步形成了归纳与演绎两种不同的研究方式和风格。归纳是由个别到一般、由具体事实到抽象概括的推理方法。演绎是由一般到个别、由一般原理到个别结论的推理方法。两者在认识论上的不同反映了人们看待与认识世界方式的不同。这种差异不仅推动了认识论自身的发展,也对教育研究方法论的发展起到了同样的作用。

3. 心理学思想开始成为教育研究方法论的理论基础

这一时期的许多教育家都不同程度地从心理学的角度考虑和研究教育问题。如德国教育家赫尔巴特从观念的运动统觉原理论证教学过程的形式阶段,在心理学的基础上建立了教育的方法论,形成传统教育的思想和教学模式。裴斯泰洛齐认为"教学的原则必须从人类心智发展的永恒不变的原始形式得出",明确提出了教育心理学化的思想。尽管此时心理学思想和方法并不完善,仍然局限在经验论、联想论和感觉论等方面,但它推动了教育研究方法朝向科学的方向迈进。

4. 主张教育要适应自然,从自然科学中移植实验方法

这一时期的教育家反对权威专断,主张教育要适应自然。他们所进行的研究在不

同程度上反映了教育要适应自然的思想。如夸美纽斯、卢梭、裴斯泰洛齐、福禄贝尔、第斯多惠等都从不同的角度,论证和发展了"自然适应性原则"。此外,这一时期的学者还主张教育研究要从自然科学中移植方法。实证主义者孔德最早提出了量化研究方法的思想,认为社会科学要成为一门科学就必须运用自然科学的研究方法,要把观察和推理结合起来。康德是第一个提出对教育进行实验研究的人,他指出教育既是一门科学又是一门艺术。要使教育成为科学,就必须提倡教育实验。

(三)独立学科阶段

20世纪初至20世纪50年代,教育研究方法的发展处于独立学科时期。这一时期又被学者们界定为教育研究方法发展的全盛时期。随着时代与科技的飞速发展,数学与数理逻辑被广泛应用,教育研究也随之进入一个新的发展阶段。这一阶段,教育研究方法形成了两大潮流:

一是以实证主义哲学为基础的教育研究流派,研究方法明显表现出实证主义倾向。主要代表人物有德国梅伊曼和拉伊,主张用实验方法来研究教育,并提出了"实验教育学"。特别是到20世纪30年代,教育实证研究达到了全盛时期,教育研究者们开始重视测量工具的编制与运用,教育测量与调查运动蓬勃兴起。法国的比纳制定了智力测量方法,主张用实验的方法研究儿童的智力发展。1909年,美国教育心理学家桑代克提出了编制量表的单位,编成了《书法量表》《拼字量表》《作文量表》等标准测量工具。此后,各种各样的测量工具,如学业测验、能力倾向测验、诊断测验、人格测验等相继出现,推动了教育测量运动的迅速发展。此外,桑代克还将动物心理实验的方法运用到教育上,强调定量研究的重要性,主张教育现象和教育理论必须进行严格的实验验证。在桑代克的影响下,许多教育家开始使用定量的方法研究教育问题,教育实验作为一种比较严格的科学研究方法,得到越来越广泛的运用。与此同时,教育调查法在20世纪初,也有了比较大的发展。20世纪在美国影响较大的教育调查是斯坦利·霍尔采用问卷方法进行教育调查,以及1911~1912年纽约市开展的大规模学校调查。这些调查在方法和手段上都注重了规范化和科学化,为科学教育调查方法的出现奠定了基础。

二是以实用主义哲学为基础的教育研究流派,研究方法明显表现出实用主义倾向。主要代表人物有杜威,主张对传统教育理论的概念、范畴和理论体系进行全面改造,提出一种既反对唯理论,又区别于古典经验论的新经验论——经验自然主义。在杜威看来,经验和历史、生活、文化这些事情有同样的意义。在自然科学研究中,经验具有实验性质,自然科学家从经验出发,将从直接经验中获取的材料经过实验、推理、演算等程序后得到自然的客观规律,并将这些规律再用于直接经验中以得到验证。在实用主义教育哲学理论的影响下,杜威亲自主持了长达八年的美国芝加哥实验学校的教育实验,以贯彻和检验其提出的教育教学理论。

在独立学科时期,一些国家的大学开设了教育研究方法课程。如美国芝加哥大学1909年开设了"教育入门"与"教学法"。与此同时,大量教育研究方法的专著相继出版,教育研究方法成为一个独立的研究领域,教育研究方法本身开始成为学者的研究对象。随后的著作如吉特(C. H. Judd)的《教育之科学的研究》一书、古德(C. V. Good)

的《教育研究方法》、施卢特（W. C. Schluter）的《如何做研究工作》、怀特（F. L. Whitney)的《教育研究的方法》等。

独立学科阶段的教育研究方法主要有以下几方面的特征。

1. 教育研究方法大多移植而来

构成教育研究方法体系的大部分方法是从其他学科移植而来,有来自社会科学研究方面的调查法、文献法、历史法等;有来自自然科学研究的归纳法、实验法、比较法、统计法等。虽然教育研究方法的发展已处于独立学科阶段,但在一定程度上,教育研究方法没能凸显出教育的特殊性,未能形成带有自身学科特色的研究方法体系。

2. 实证化的定量研究逐渐兴盛

自实验心理学诞生以后,教育研究明显地沿着实证化方向发展,并逐渐形成科学的研究范式。伴随着实验教育学产生与发展,教育统计、教育测验、教育调查等定量研究的方法与技术在教育领域得到了全面快速发展。

3. 表现出明显的实用主义倾向

受到西方哲学非理性主义、唯科学主义及实用主义教育哲学的影响,这一阶段研究方法明显地表现出实用主义倾向。学者采用从经验、理论、检验、扩充材料、创新理论的五段式研究程序,使得理论具有逻辑结构性、清晰性以及一定的预见性的特点。研究之前寻找理论依据,研究之后进行提炼,概括形成新理论。尽管实用主义倾向的教育研究方法能够确保理论的自我完善与改进,但也存在过于强调个人的意志、直觉、感受、内省以及轻视理性等问题。

4. 分科领域的研究方法得到发展

在教育研究方法形成独立学科的同时,教育领域内分科的学科研究方法也同时取得显著进展。如比较教育学的研究,已从介绍国外教育状况的"事实描述",发展到运用研究方法说明事物及其特征的"解释",再到走向"批判"与"本土化"取向的比较。学者们运用历史学方法、因素分析法,对影响教育各种因素进行分析而提出不同的见解,在以"国际化"视野考察教育问题的同时立足于本土实际问题的解决。

5. 受到辩证唯物主义思想的影响

这一阶段的教育研究方法还受到历史唯物主义与辩证唯物主义的直接影响。尤其是马克思主义辩证唯物论的产生和广泛传播,为教育家们探讨教育的规律和研究教育现象提供了普遍有效的科学方法论指导。如苏联教育家凯洛夫、赞可夫、马卡连柯、巴班斯基等,在用辩证唯物主义和历史唯物主义的观点和方法研究教育教学问题过程中都做出过卓越的贡献。

（四）综合发展阶段

20世纪50年代之后,教育研究方法步入了综合发展阶段。近代社会科学的实证化和分析化倾向虽然显示了方法探究上的规范性和科学性,但半个多世纪的实践并没有给教育教学理论及实践带来预期的进步。复杂的教学现象促使研究者重新估计产生于自然现象研究的实证方法在教育教学研究中的应用效度。特别是伴随着西方科学哲学的发展,人们重新思考哲学与科学,自然科学与社会、人文科学之间的关系。到20世纪 50 年代，西方科学哲学出现了新的发展趋势。人们从对科学合理性、进步性的怀疑，转而主张对科学采用社会心理学的非理性解释；从对存在着普遍适用的规范标准的怀疑，转而采用相对主义的多元方法论。20 世纪 60 年代，人们逐渐发现实证主义教育研究所倡导的"技术化""精密控制"难以解释全部的教育现象。教育研究不仅需要确定性的科学方法，更需要突出人文性的、不确定的科学方法。20 世纪后期，现代科技革命推动着教育研究开始走向多元化。随着科学技术的日益进步，特别是信息技术的出现和发展，教育研究从传统的学校教育研究领域已经扩展至远程教育、线上教育、终身教育等更为广泛的研究领域。人们开始用动态的、多元互补的思维方式替代过去那种静止的、单一的观念。传统的教育研究方法进一步完善，现代教育研究新方法不断出现。

综合发展阶段的教育研究方法主要有以下几方面的特征。

1. 研究方法向综合化方向发展

现代科学革命冲击着经验论和唯理论的传统划分，科学的高度分化与高度综合化发展的趋势促进了教育研究方法向综合化方向发展。首先，各种哲学流派，如要素主义、改造主义、永恒主义、分析主义、实用主义、存在主义、现象学、解释学等都对教育研究方法的发展产生多方面的影响。其次，进入 20 世纪，科学技术发展到一个崭新阶段。人类对事物的认识从表面深入到物质结构的更深层次，这使得学科之间相互渗透、综合，从而产生了新的交叉学科，导致了科学向整体化发展。由此而诞生的系统论为自然科学和社会科学研究提供了新的研究视角，学者们逐渐采用整体结构的思维方式，并意识到基于教育现象的特殊性，难以用单一的方法来处理、解释、说明复杂的问题。在这一阶段，教育研究领域陆续出现了一批新的交叉学科，如教育经济学、教育社会学、教育法学、教育人类学等。这些学科的出现不仅充实了教育学科的内容、理论和概念，还丰富了教育研究的方法。学者们开始运用经济学的计量研究方法，社会学的田野调查研究方法、社会语义网络、扎根理论等多种方面研究教育现象和问题。最后，现代社会教育涵盖了自然、社会和文化等多个领域，具有多系统、多层次、多序列等特性。只有运用多种方法进行综合研究和相互验证，才能使研究结果更为可靠有效。这也促使教育研究方法走向多样化和综合化。从未来的趋势看，各种方法相互竞争、此消彼长的局面还会存在，由其中一种方法垄断教育研究的局面不复存在，随之而来的是各种研究方法的借鉴和融合。

2. 定量研究与定性研究的融合

教育研究中定性研究与定量研究都是非常重要的方法。19 世纪末 20 世纪初，在实证主义的影响下，定量研究在教育研究中开始占据重要地位，教育研究方法开始向科学化迈进。教育实验、调查、测量在教育研究方法上受到追捧。20 世纪 60 年代后期，随着人类面临的文化危机，在社会学研究的影响下，实证主义的方法受到了极大的怀疑和挑战。越来越多的教育研究者认为，教育活动是在人的意识支配下完成的，必然带有参与者的主观价值因素，因而纯粹客观的现实并不存在，只存在被人赋予了意义的现实。于是，20 世纪 70 年代，定性研究在教育研究中开始兴盛起来。这使得谨遵科学主义传统、排斥定性研究的人们开始反思，并转而接受人文主义传统，定量研究与定性研究之间的对峙状态开始缓解。有观点认为，定量研究和定性研究都是用经验观察来解决研究问题,两者在调查目标、领域和本质上是基本一致的。研究者可以将两种方式融合起来,做到优势互补,从而实现对教育现象完整、全面、准确的认识。

3. 研究方法以马克思主义为指导

近代教育研究方法主要分为两派:一是科学主义的实证主义观点,目的在于描述教育事实、归纳出统一的教育秩序和规则,并在此基础上进行教育预测和控制。二是人文主义的反实证主义的观点,目的在于对教育现象进行情境解释,理解教育活动背后历史的、人文的、社会的、伦理的因素,以期建立新的教育理论。两派观点各有一定的合理性,同时又有一定的局限性。随着马克思主义思想的影响日益扩大,研究者们认识到要使研究方法论科学化,必须以马克思主义的辩证唯物主义和历史唯物主义为指导。在科学实证主义方法之外,加入富有社会、人文科学研究方法特征的人类学研究方法才能构成教育研究综合化的方法体系。马克思主义哲学提供的正是人类的"认识工具",是认识世界、改造世界的一般方法原则。如果离开了科学认识论,教育研究方法只会变成肤浅的、琐碎的具体技巧和经验,而不能构成科学的教育研究方法的完整理论体系。

4. 教育研究方法的现代化

教育研究方法现代化主要是指研究的技术设备和手段的现代化。例如,教育研究者可以使用录音机、录像机、照相机等辅助工具准确记录并收集资料,并通过反复观看和分析,以确保所得资料的准确性和客观性。借助计算机、AI 技术开展情报资料检索,处理冗繁的研究资料等。还可以采用一些现代化设备,诸如单向玻璃的儿童观察室和多台固定摄像机的综合运用,准确而迅速地记录儿童的复杂行为,使研究更为客观、真实。此外,借助现代信息、通讯、网络技术,使用现代数据处理工具和方法对研究结果进行数量化分析,使得在教育领域内进行大样本、多数量、多层次研究成为可能。

综观西方教育研究方法的发展演变过程及其发展走向,不难发现教育研究方法的发展与教育事业、教育理论的发展,其他相关学科领域研究方法的发展,科学技术以及人文社会科学的发展息息相关。今后,随着科学技术的不断发展,教育研究方法必然越来越多地借鉴移植各门科学的研究方法,并逐步走向综合化、科学化、现代化。

二、我国教育研究方法的历史演变

新中国成立后,我国的教育研究方法经历了六个发展阶段,分别是学习借鉴阶段、独立探索阶段、空白停滞阶段、重建恢复阶段、自主发展阶段和融合创新阶段。

(一) 学习借鉴阶段(1949~1957)

建国初期,以马克思主义为指导的学术研究原则被确立。这一阶段,我国的教育研究方法主要是学习并借鉴苏联,在方法论上坚持历史唯物主义、坚持辩证法、坚持阶级分析的方法、坚持理论联系实际等。20 世纪 50 年代初,苏联教育界加强了教育科学研究,批判西方实证主义方法,指出马克思主义辩证法是教育研究中唯一科学的方法论,并把经验总结方法提到研究方法的重要地位。受苏联教育研究理念的影响,我国研究者忽视对教育研究具体方法的运用,研究主要集中在听课、开调查会、分析工作经验、整理课堂实录、对经验做理论分析等方面。

在学习借鉴阶段,我国教育研究方法的特征主要表现在以下三方面。第一,受苏联的影响,研究者以马克思主义的哲学方法作为主要的一般方法进行基础理论研究。第二,教育研究具体方法的使用意识薄弱,大量运用经验总结。这一时期经验总结多是定性描述,很少有定量分析,所形成的研究成果以经验介绍和个人的体会感受为主,缺少对经验的理论升华。第三,在学习苏联的热潮下,运用苏联教育理论来指导中国的教育实践,教育研究方法实际上失去了自身发展的原动力。无论是教育理论工作者还是教育实际工作者,关注的都是如何传播和学习苏联已有的教育研究方法。从我国教育研究方法的发展历史来看,虽然全盘学习苏联经验具有一定的局限性,但通过学习与借鉴,马克思主义哲学在我国的教育研究中确立了指导地位,为我国教育研究的发展指明了方向,同时为教育研究方法科学体系的建立奠定了基础。

（二）独立探索阶段（1958～1965）

随着中苏关系的改变以及国内社会主义改造的完成,国内外政治形势发生了较大的变化,新中国进入独立自主、自力更生、走中国化探索之路的阶段。1958年4月,中央召开的教育工作会议上再次明确提出中国要有自己的教育学,凯洛夫《教育学》遭受批判。教育研究方法的中国化逐渐提上日程。研究者们开始以毛泽东思想作为指导思想,以党的教育方针为红线,从理论上和实践上来阐述毛泽东教育思想和党的教育方针。这一阶段"教育研究方法"多作为"教育学"学科中的一个组成部分进行论述。当时具有代表性的是1962年刘佛年写的《开展教育科学研究的几个问题》,第一是掌握资料;第二是总结经验;第三是进行实验。[①] 事实上,当时我国教育学科的发展较薄弱,教育研究方法的发展更是艰难。阐述现行教育政策和方针、创建和发展新中国的教育学是当时教育研究的重中之重。

独立探索阶段,我国教育研究方法发展的主要特征表现在三方面。第一,以毛泽东思想为指导,开展教育理论研究,并将此作为将马克思主义与中国实际相结合的具体表现。第二,教育研究及教育研究方法不可避免地会留下些相关的时代痕迹。第三,科研活动与教育教学实践未分离,在"具体方法意识"不强的状态下,我国教育工作者仍然做了许多有益、可贵的尝试。

（三）空白停滞阶段（1966～1976）

"文化大革命"十年期间实际上是教育研究方法及其应用的"缺位期"。大多只是对政策、语录的解释,教育研究方法的运用及研究较少。

（四）重建恢复阶段（1977～1989）

"文化大革命"之后,教育研究方法面临着恢复和重建。特别是改革开放、十一届三中全会以后,我国教育事业的发展进入了一个崭新的历史时期,吸收、引进并借鉴国外教育研究方法与经验成为可能。这一阶段,教育研究者意识到建国以来,我国的教育研

---

① 瞿葆奎.教育学的探究[M].北京:人民教育出版社,2004:16.

究领域缺少实证方法和定量分析,大力运用教育实验、教育调查等方法展开实证研究成为当时教育理论工作者的重心。在这种背景下,20 世纪 80 年代,我国迎来了教育改革实验的繁荣时期。1988 年徐晓锋、刘芳编写的《教育教学改革新篇》中收入了大约 40 项实验,华东师范大学、华中师范大学、杭州大学等与中小学合作进行的中小学教育整体(综合)改革实验,上海师范大学教育科学研究所"充分挖掘儿童少年智慧潜力的教改实验",丁义诚等的"注音识字、提前读写实验",李吉林的"小学语文情境教学实验",马芯兰的"改革小学数学教材教法,调整知识结构,培养能力实验",赵宋光的"综合构建小学数学教学新体系实验"以及北京景山学校以学制改革为首的多项改革实验等①。从 1986 年开始,一些教育理论工作者开始尝试把教育研究方法作为独立的研究对象进行探讨,并开始发表教育研究方法方面的专题文章。许多高等师范院校结合教育学专业的课程改革,开设教育研究方法、教育统计学等课程,并引进了国外的教育研究方法著作和教材。总的来说,随着我国教育研究者"方法意识"的觉醒,越来越多的学者运用科学的研究方法探索教育教学的理论和实践,无疑极大地推动了教育研究方法的发展。

重建恢复阶段,我国教育研究方法发展的特征主要表现在以下几方面。第一,教育研究者开始意识到方法的重要性,呼吁在教育研究中运用实证方法和定量方法。第二,我国教育研究方法开始成为一个独立的研究领域,受到教育研究者的关注。有研究者已经率先提出,教育学交叉学科,诸如教育哲学、教育社会学、教育经济学乃至教育技术应采用各自学科的研究方法进行教育研究。第三,科学的研究方法在教育研究中得到重视,大规模教育实验得以开展并推广。

（五）自主发展阶段（1990～2009）

在中国共产党的正确领导下,通过全国人民的不懈努力,我国教育事业得到了前所未有的发展。这一阶段,我国教育研究者们在前期研究的基础上不断反思,试图构建"具有中国特色的教育研究方法体系",教育研究方法的发展进入到自主发展阶段。20 世纪末,人们逐渐认识到教育研究不仅需要具有"科学"象征的量化研究,也需要具有"人文"象征的质性研究。20 世纪 90 年代中期,质性研究被系统引入我国教育研究领域,其中极具代表性的是陈向明的《质的研究方法与社会科学研究》。与功利主义的拿来与借鉴不同的是,自主发展阶段下的研究者已经开始具有一定的方法层面的自觉。研究者不再急切地引证大量国外研究经验,而是有意识地进行理论反思与自洽,将质性研究方法放置到我国本土的教育问题实践之中进行检验。《教育研究》期刊在 1990～2000 年间共发文 1 406 篇,文中出现检索词"定量研究"的有 44 篇,出现"定性研究"的文章有 35 篇。有研究者归纳整理 2001～2010 年间,我国五大 CSSCI 期刊[《教育研究》《教育研究与实验》《教育发展研究》《教育科学》和《华东师范大学学报（教育科学版）》]的教育研究类论文,运用系统随机抽样方法从 10 726 篇中抽取样本 1 073 篇,其中使用最多的为思辨研究方法,为 941 篇,占样本总量的 87.7%。在思辨研究中,理论思辨占 91.2%,经验总结占 3.7%,文献研究与历史研究分别占 2.7% 和 2.4%。其次

---

① 杨小微,金哲,胡雅静. 从移植到探新 中国教育改革实验 40 年[J].云南教育(视界时政版),2018(08):9.

为量化研究方法,为 111 篇,占样本总量的 10.3%。在量化研究中,统计调查占量化研究总数的 60.4%,二次分析占 28.8%,实验法占 7.2%,内容分析占 3.6%。使用质性研究方法的为 17 篇,占 1.6%。在质性研究中,个案研究居多,占 64.7%;行动研究和叙事研究共占 35.3%的比例。最后为混合研究,仅有 4 篇文章,占 0.4%。数据显示思辨研究是我国教育研究领域的主要方法,思辨研究主要以理论思辨为主;量化研究呈现逐年上升趋势,呈现多样化发展;质性研究和混合研究相对较少,质性研究主要以个案研究为主[①]。该研究结果基本反映出教育研究方法在自主发展阶段的使用情况。

21 世纪,基础教育进入关注内涵、重视质量的新阶段。2001 年,基础教育领域正式拉开了第八次基础教育课程改革的序幕。这一时期的基础教育研究主要以全面推进素质教育为目标,以基础教育课程改革为核心,围绕着课程改革中遇到的理论与实践问题进行。以实践为导向、指向教育实践改进的研究方法成为研究者的首选。研究者开始将能否解决教育实际问题作为检验教育研究方法好坏的重要标准。教育研究的目的也从传统的知识生成、理论构建,转向推进基础教育课程改革、指导教育教学实践改进等方面。就具体方法而言,行动研究、叙事研究等越来越多地出现在教育实践的一线教师的研究成果之中。质性研究获得一线教师的广泛认同,为研究方法的发展带来了新视角。与此同时,随着科技的进步,量化研究方法也不断增多,在方法领域仍然占据着重要的地位。此外,随着具体的教育研究方法种类和教育研究方法的学术成果日益增多,对所采用的这些研究的方法本身的探讨也受到研究者的追捧。

自主发展阶段,我国教育研究方法发展的特征主要表现在以下几方面。第一,在不断借鉴和反思的基础上,我国教育研究方法体系得到初步构建。第二,不同的质性研究方法逐渐引入教育研究领域,并且新的量化处理手段与方法层出不穷,但总体上看,我国的教育研究方法仍以思辨研究为主。第三,研究中所采用的各研究方法存在交叉重复现象,学者开始注重对研究范式的探讨,探索教育研究方法的内在逻辑。

(六) 融合创新阶段(2010～至今)

2010 年《国家中长期教育改革和发展规划纲要(2010—2020 年)》文件第二十条明确提出要"提升科学研究水平"。2018 年 1 月《国务院关于全面加强基础科学研究的若干意见》指出"当前,新一轮科技革命和产业变革蓬勃兴起,学科交叉融合更加紧密[②]。"多学科学者的共同参与以及与教育实践的深度融合,必然要求采用多种研究方法"多管齐下"的研究路径,以实现各种方法之间的互相验证和补充。并且,随着信息化时代的到来,技术支持下的教育研究方法不断创新。"互联网+"、AI 智能、大数据、云计算、移动技术、卫星等信息技术手段不断更新,为教育研究方法提供了多种可能。有研究者归纳整理 2014～2018 年间,我国五大 CSSCI 期刊(《教师教育研究》《中国教育学刊》《课程·教材·教法》《电化教育研究》和《教育学报》)共发表文章 4 422 篇,其中思辨研究 3 068 篇,实证研究 1 354 篇,实证研究中所包含的质性研究、量化研究和混合研究分别

① 姚计海,王喜雪. 近十年来我国教育研究方法的分析与反思[J]. 教育研究,2013,34(03):20.
② 国务院. 国务院关于全面加强基础科学研究的若干意见[J]. 重庆与世界,2018(08):5－8.

为 710 篇、533 篇和 111 篇。行动研究、案例研究与文本分析的使用相对广泛,分别占质性研究文章总数的 35.5％、31.6％和 22.4％。其他如叙事研究、历史研究、民族志研究及话语分析等质性方法比例分别为 2.1％、4.2％、0.4％和 2.5％[①]。通过分析我国教育研究方法的运用情况,可以看出越来越多的研究者开始运用带有综合性的研究取向的混合研究方法。

现阶段,指导我国教育研究方法的三大主流范式是:实证主义范式、解释主义范式和批判理论范式。它们规范着广大教育研究者的研究行为,推动了教育学学科的发展。进入新时代,教学研究工作还存在机构体系不完善、教研队伍不健全、教研方式不科学、条件保障不到位等问题[②]。这反映出我国教育研究的文化自觉和理论自主意识还不够,也反映出传统的教育研究范式、方法与我国当下教育实践的联系还不够精准。石中英等人在研究中提出,目前我国教育研究中存在的两大问题,"一是当前教育研究无法系统指导实践改进,研究与实践改进之间的鸿沟依然巨大;二是当前主流研究范式基本是在国外产生并被国内借鉴,缺少中国本土文化的贡献,缺少与世界教育研究相媲美的中国特色的教育研究[③]。"因此,要综合运用各种研究方法,坚持借鉴和创新相结合,不断创新教育研究范式。事实上,一种研究方法往往是在社会情境和学术实践脉络中发展出来的。未来的教育研究及教育研究方法必将走向一种"融合式研究",它既基于之前的研究方法但又区别于之前的研究方法。2019 年,教育部在《关于加强新时代教育科学研究工作的意见》中强调,要坚持吸收借鉴和创新相结合,综合运用各种研究方法,创新教育科研范式,不断提升教育科研质量要创新科研范式和方法[④]。分解式研究与整合式研究相结合、跨学科交叉学科的研究、新型科学技术的发展必将给教育研究带来新的生机。

融合创新阶段,我国教育研究方法发展的特征主要表现在以下几方面。第一,教育研究方法呈现出百家争鸣的局面,思辨方法、理论方法、定量方法、定性方法、比较方法等均在教育研究的各个领域中贡献自身的力量,教育研究方法呈现出多元化取向。第二,在引进、借鉴、反思、实践的基础上,这一时期的教育研究方法呈现出"融合创新"的时代特色。质性研究与量化研究的有机整合,思辨与实证研究的结合都推动着我国教育研究方法向着创新化方向发展。第三,综合化将成为我国教育研究方法发展的重要趋势。教育科学的发展已经呈现出在分化基础上日趋综合,跨学科研究成为时代潮流。这要求教育研究者要充分吸取其他学科的新的研究成果,综合运用研究方法与技术开展教育研究。第四,知识图谱分析兴起,网络调查的在线化、智能化,基于计算机技术的仿真实验等使研究方法不断革新。教育研究方法呈现出融合的局面。这种"融合"并不

①　王晶莹,弋草,尚巧巧.中外教师教育研究方法的比较研究——基于国内外十本教师教育期刊的文本分析[J].外国中小学教育,2019(11):58-59.
②　教育部关于加强和改进新时代基础教育教研工作的意见[J].中华人民共和国国务院公报,2020(08):69-72.
③　张羽,刘惠琴,石中英.指向教育实践改进的系统范式——主流教育研究范式的危机与重构[J].清华大学教育研究,2021,42(04):78-90.
④　教育部关于加强新时代教育科学研究工作的意见[J].中华人民共和国教育部公报,2019(10):17-22.

是简单的"罗列"和"拼凑",而是一种遵循认识规律和研究内在逻辑,更具现代性、创新性、综合性的哲学理念与理论立场的整合。

新中国成立70多年来,我国的教育研究方法取得了令人瞩目的成就。从学习、借鉴到探索、超越,教育研究者将会以更加理性的态度来审视教育研究方法及其发展。未来,我国教育研究的方法的发展必然坚定不移地以马克思主义的基本原理和方法为指导;在理论思辨的基础上,强调以事实为依据的长期、系统的实证研究;坚持扎根中国教育实践,守正创新,形成在世界范围内有影响力的本土化教育研究范式。

本 章 小 结

教育研究方法是决定教育研究质量的关键因素。它是研究者在教育研究中所采取的步骤、手段和方法的总称。本章主要依据教育研究的范式、方法的地位结构、教育研究的阶段、数据收集的方式等标准对教育研究方法进行了分类。西方的教育研究方法经历了萌芽阶段、前学科阶段、独立学科阶段和综合发展四个阶段。我国的教育研究方法经历了学习借鉴、独立探索、空白停滞、重建恢复、自主发展和融合创新等阶段。掌握教育研究方法是现代教师专业发展的必备素养,是新时代赋予教师的新要求。为适应教育教学改革及其新要求,教育工作者要坚定信念,运用马克思主义的立场观点指导教育研究工作,创新教育研究方式,不断提升教育研究质量。

思 考 训 练

1. 华应龙执教《陈景润教我们学数学》一课。华应龙问:"关于'6 平方米'小屋,请你来当出题人,你认为可以编一道什么样的数学题目?""陈景润房间有 6 平方米,他们的烟囱占掉了房间的六分之一,请问居住面积有多大?"……学生根据华应龙的问题各抒己见,竟汇集了 5 种不同的命题思路,华应龙随即给了自己的示例,学生直呼"简洁""有逻辑"。以"问"为主的阅读方法指导,让学生们体验到了数学阅读带来的乐趣。华应龙继续追问:"6 平方米小屋是什么样子的?"他让学生把小屋的平面图画出来。通过数学还原小屋,孩子眼中小屋的样子五花八门:有的是梯形,有的是正方形,……"教师的教学设计要用数学的眼光阅读世界,这一过程是迷人的,"华应龙说:"作为学生们数学学习的引路人,我们要为他们种下一颗种子,期待有一天,这颗种子能开出'万物皆数'的花朵。"(节选自中国教育报《用数学教孩子》http://edu.gmw.cn/2024-01/05/content_37073100.htm)

思考:一位小学数学老师看后想写一篇题为《"提"的恰当,"问"的精彩:一堂小学数学课堂的反思》的文章,请问这位老师可以运用哪些教育研究方法写出教学反思?

2. 教育科研工作者要切实增强做好新时代教育科研工作的责任感和使命感。要信念坚定,学深悟透习近平新时代中国特色社会主义思想,善于运用马克思主义立场观点方法指导教育科研工作。要学识广博,努力掌握全面系统的教育学科等人文社会科学知识,积极拓展自然科学等跨学科理论支撑,富有全球视野和历史眼光,具备多视角、多领域、多层次研究问题、破解难题的能力。要敢于创新,主动学习新知识,善于运用新技术新方法开展研究,创新教育理论。要求真笃行,坚持理论联系实际,热爱教育、崇尚真理,脚踏实地、潜心研究,遵循科研规律,加强学术自律,力戒浮夸浮躁、投机取巧,杜绝"圈子"文化,自觉防范各种学术不端行为。(节选自《教育部关于加强新时代教育科学研究工作的意见》教政法〔2019〕16号)

思考:中小学教师学会运用新技术、新的研究方法开展研究的目的是什么?

拓 展 阅 读

1. 袁振国:《教育研究方法》,高等教育出版社,2000年版。
2. 弗朗西斯·C·神勒:《教育政策学导论》,许庆豫译,江苏教育出版社,2007年版。
3. 邵光华:《教育研究方法》,高等教育出版社,2016年版。
4. 侯怀银:《教育研究方法》,高等教育出版社,2009年版。
5. 刘良华:《教育研究方法》,华东师范大学出版社,2021年版。

参 考 文 献

[1] 李广,赵冬臣.小学教育研究方法[M].长春:东北师范大学出版社,2005.
[2] 罗伯特·C·波格丹,萨莉·诺普·比克伦.教育研究方法 定性研究的视角[M].钟周,李越,赵琳,等译.北京:中国人民大学出版社,2008.
[3] 杨小微.教育研究的理论与方法[M].北京:北京师范大学出版社,2008.
[4] 钟鲁斋.教育之科学研究法[M].福州:福建教育出版社,2009.
[5] 俞爱宗,金哲华.教育科学研究方法[M].延吉:延边大学出版社,2009.
[6] 曾晓洁,张洪萍.小学教育研究方法[M].北京:高等教育出版社,2015.
[7] 郑启学.教育研究方法[M].长春:吉林人民出版社,2019.
[8] 姚计海,王喜雪.近十年来我国教育研究方法的分析与反思[J].教育研究,2013,34(03):20-24+73.
[9] 王嘉毅,曹红丽.新中国70年教育研究方法:变迁、反思与展望[J].中国教育科学(中英文),2020,3(01):28-37.
[10] 徐冰鸥,张旭芳.新中国教育研究方法教材建设:回顾、审思与前瞻[J].中国教育科学(中英文),2023,6(01):134-144.

扫码查看
本章资源

第三章 教育研究选题与文献综述

📗 **章首语**

　　教育研究的选题与文献综述是开展教育研究最起始、最基础的阶段，需要教育研究者用大量时间去思考研究领域、确定研究主题、查阅文献资料、撰写文献综述等，这一环节做得是否扎实直接影响研究质量高低。本章阐释了教育研究选题的原则、来源和技巧；介绍了教育文献的内涵和分类；说明了教育文献检索的途径、要求、过程和方法；展示了教育文献综述的定义、分类、特点、价值和撰写的步骤、格式、方法、常见问题以及规范。通过理论阐释和案例指导，引导学生关注教育教学的热点和难点问题，增强学生主动思考、积极探究问题的研究意识，以及基于研究问题进行文献查阅、撰写文献综述的能力。

学 习 目 标

1. 掌握教育研究选题的重要性和方法。
2. 了解教育文献的检索方法和文献综述的撰写方法。

思 维 导 图

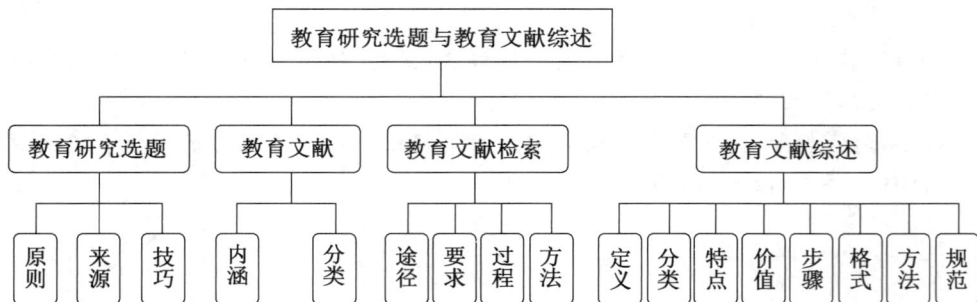

导入案例

> 如果你是才刚要开始执行你的第一个研究计划,这项任务或许会重得让你吃不消:我要如何找到一个题目? 我要去哪里找与这个题目有关的信息? 当我找到相关信息时,又该如何处理? 甚至于,即使曾经在写作课程上写过研究论文,一想到这次是玩真的,你可能会感到害怕。就算是资深的研究者在着手新的研究计划时,也会觉得焦虑,尤其当这个计划是全新的时候,更是如此。所以你这样的焦虑,大多数的研究者也曾感受过。不同的是,有经验的研究者知道他即将面对的是什么样的处境:辛苦的工作,但也有探索的喜悦;有些挫折,但有更多的满足;有困惑的时候,但也有信心一切终会水到渠成。(引自[美]布斯等.研究是一门艺术[M].陈美霞,等译.北京:新华出版社,2009:3.)

第一节　教育研究选题

选题是研究的起点,是一个复杂的、由开放思维向收敛思维不断聚焦的过程,不仅规定着研究的方向、内容和方法,而且在很大程度上决定着研究的价值。一个好的研究选题,可以体现研究者敏锐的观察力和运用理论解释教育问题的能力。

一、教育研究选题的原则

为发现有价值的、能够予以实施的高质量教育问题,研究者在选题时要遵循价值性、创新性和可行性原则。

(一)价值性原则

价值性原则是教育研究选题得以确立的重要准则,主要体现在理论贡献和实践改进两方面。对于教育研究选题价值大小或有无的衡量,可从以下方面予以考虑:一是所选择的研究课题是否符合社会和教育事业改革与发展需要,是否有利于提高教育质量,促进青少年全面发展。这是出于应用价值的考虑,旨在解决争议性较大和被普遍关注的实践问题。二是选择的研究课题是否符合教育科学本身发展需要,为检验、修正、创新和发展教育理论,建立科学的教育理论体系需要。[①] 可见,教育研究选题要么强调理论价值,要么强调实践价值,或二者兼之。需注意的是,教育研究选题的价值有大有小,标准不具有唯一性,不应做狭隘的理解和判定。

---

① 裴娣娜.教育研究方法导论[M].合肥:安徽教育出版社,2006:75.

（二）创新性原则

创新性主要体现在是否涉及新观点、新领域、新问题、新方法、新角度、新材料、新论证等方面。研究本身就是创新，经常听到有专家提出这样的疑问：这个问题你也研究，别人也研究，你的研究和别人的研究到底有什么不一样？可见，创新性是教育研究选题必须予以考虑的。创新性原则要求研究者在选题时既立足于对教育实践的充分了解，又要掌握和阅读大量的学术研究资料，只有站在前人肩膀上，加上自己的独到见解，才有可能促成一个有新意的"真"教育问题产生。反之，既不了解教育实践，也没能掌握学术动态和研究前沿，就有可能做重复研究，很难取得新的发展和突破。

（三）可行性原则

可行性是一项研究选题得以顺利完成必须考虑的条件，包括客观条件、主观条件和时机问题，三者缺一不可。① 具体而言，研究者可从以下方面进行权衡：

客观条件包括：研究资料获得的难易程度和获得资料的可信度（尤其是涉及一些隐私和敏感话题、研究资料的历史比较久远和涉及一些保密资料等）；足够的研究经费（包括购买设备和调研的开销等）；足够的时间开展研究（学术研究往往周期长，需要较长的时间投入）。

主观条件包括：研究者的能力、经验、兴趣和专长；有坚持完成课题的信心。研究者要根据自己的优势选择感兴趣的、熟悉的教育问题，才更容易激发创造力，更有持久的耐心和毅力完成课题。

时机问题是指研究者要在适当的时候提出合适的问题，选题必须抓住关键期，要在相关理论、工具、资料和现实迫切的时候提出。为把握时机，研究者可选择当下的教育热点，一般可从新出台的教育政策、课题申报指南和高层次教育期刊的年度选题中获得或捕捉。

二、教育研究选题的来源

教育研究以发现有价值的选题为开端。著名科学家爱因斯坦曾说，提出一个问题往往比解决一个问题更重要、更困难，"因为解决一个问题也许仅是一个数学上的或试验上的技能而已，而提出新的问题，新的可能性，从新的角度看待旧问题，都需要有创造性的想象力，而且标志着科学的真正进步。"因此，提出问题是研究的第一步，没有问题就不会有研究冲动，没有研究冲动就不会有研究行动，没有研究行动就不会有问题的真正解决。② 教育研究选题的来源广泛，既可以是对理论空白的填补，也可以来源于实践难题和教育改革需要，更多时候是三者的交叉，前者旨在生产和创新知识，后者则偏重于解决教育教学中的实践和改革难题，更讲究实用性和迫切性。

---

① 裴娣娜. 教育研究方法导论[M]. 合肥：安徽教育出版社，2006：77-78.

② 阿尔伯特·爱因斯坦，利奥波德·英费尔德. 物理学的进化[M]. 周肇威，译. 长沙：湖南教育出版社，1999：66.

（一）教育理论空白

教育理论空白的填补来源于理论材料的占有和已有理论建构中存在的问题，包括提出新的教育理论和对已有教育理论的检验、突破、修补和创新两个方面。通过收集相关理论研究成果，加以系统比较后，研究者往往会产生用已有理论无法解释遇到的教育问题，从而颠覆已有理论的断言，实现自我突破，创生新的教育理论，即已有理论只是学术起点，但前提是要占有充足的理论材料，包括书籍、期刊、硕博学位论文等，并关注不同论点、论据之间的分歧和冲突。理论研究课题虽然学术价值高，具有更长远的知识生产价值，但往往比较专深，对研究者的能力、思维、理论功底要求更高。

（二）教育实践难题

教育实践难题是教师在教育教学过程中遇到的困惑或未解之题，也是教师最容易发现的选题类型，包括从教育教学疑难中寻找问题、从具体教育教学场景中捕捉问题、从阅读交流中发现问题和从学校或学科发展中确定问题①。常见的教育实践难题包括学生管理困境、教学形式僵化、教学方法单一、学生学习兴趣索然等，研究者应尽量选择那些被多数人忽略、有争议的或还没找到解决策略的实践难题，通过合适的研究方法对该问题进行描述，对困境进行剖析，在此基础上提出解决方案，从而指导教育实践。应当注意的是，教育实践中的一些难题可作为研究选题，但不是所有教育实践难题都能成为研究选题，有些教育实践难题在学术和实践层面已经得到了较好的解决，有些教育实践难题违反教育研究选题需要遵循的原则，有些只是一个教育现象，还不能称之为是一个可供研究的教育问题。

（三）教育改革需要

教育发展需要借助教育改革的力量，教育改革就是教育现状所发生的任何有意义的转变。为解决教育领域的课程、教学、评价、管理等存在的普遍和急需解决且有重大意义的问题，或先进教育理念的推广，从而促进教育实践向好的方向转变，相关部门会采取一系列教育改革措施。面向教育改革需要形成的研究选题具有一定的目的性，一是直接回应教育改革产生的效果或是立足于教育改革趋于不断完善进行的监测与评估。此类选题适合在教育改革实施一定周期后进行选择；二是对教育改革实施过程中所涉及的相关群体开展研究，主要关注相关群体发生的变化、对相关群体产生的影响等。此类选题适合在教育改革实施前期和中期进行选择，有助于反映教育改革过程中的群体反应，便于提出改进性建议及时解决问题。两类选题最直接目的就是服务于教育改革需要。

（四）教育研究中的发现

由于研究者前期掌握的学术和实践资料有限，很难将初步选题作为最终选题而不

---

① 郑金洲.教师如何做研究[M].上海：华东师范大学出版社，2012：58.

做出调整,相反,有些教育选题不是在研究之前就敲定的,而是随着学术资料掌握的不断增加和对教育实践的不断深入了解,研究者有可能发现初步确定的选题无人研究或研究已非常成熟、资料难以获取、与实践或理论的真实情况不符等,或发现更有趣的、新的方向和想法时,不得不对已确定选题做方向、思路和内容的调整,有时甚至要重新选题,从而在已有问题的回应中产生新的、有价值的教育选题。

➤ **线上链接** "教育研究自愿者组合"的建构——"合作的教育行动研究"的尝试 详见本章二维码

除上述来源外,教育研究选题也可以参考各级科研项目主管部门、各级教育行政部门和科研机构制定的课题指南,以及历年立项的课题,这些选题可拓宽研究者的思路,为其提供选题方向,研究者从中也可了解当前教育研究的关注点和趋向。可供教育研究者参考的选题主要包括:国家社会科学基金年度项目(全国哲学社会科学工作办公室)、全国教育科学规划项目(全国教育科学规划领导小组办公室)、教育部人文社会科学研究项目(教育部社会科学司)以及各省、自治区、直辖市的教育科学规划项目等。

➤ **线上链接** 可供教育研究者参考的选题网站链接 详见本章二维码

三、教育研究选题的技巧

为避免出现选题难以顺利开展、研究目的不明确、教育现象与教育问题分不清等误区,教育研究者需要掌握教育选题的技巧,包括善于质疑、选题宜小不宜大、有概念框架和理论视角、选择自己感兴趣的课题。

(一) 要善于质疑

成功的研究都始于提出疑问,善于质疑的研究者更具备勇于发问、考虑周到和不断反思的特征。善于质疑的人必定是有好奇心的人,而好奇心是打开科学研究大门的钥匙,也是进入科学殿堂的必备阶梯。教育研究者只有保持好奇心,才能用锐利的眼睛和足够的洞察力发现教育教学实践、教育文献和理论的不足之处和有待探索的领域,思考问题背后的原因和解决路径。若缺乏好奇心,就失去了教育科研活动的原动力,也会限制将教育科研引向深处的可能。因此,教育研究者在日常生活中要刻意强化自己的问题意识和反思能力,提高对问题识别的敏锐度,但要避免和排除个人的偏见、经历、价值观和观点对研究过程的干扰。

(二) 宜小不宜大

研究选题的确定要摒弃"大而美"的思维定势,遵循"小的就是美的"的思路。我们经常会遇到这样的情形:选题要么看不出问题,要么习惯于选择较大和较宽泛的问题,虽然能解决一些问题,但会陷入什么都研究,什么都研究不深刻、不透彻的误区。因各方面条件限制,一项科研选题只能同时解决一个问题,选择界限清晰明确的小问题,不断挖掘,才能研究透彻,也更容易出成果,即韩非子在《喻老》篇中指出的:"天下之难事必作于易,天下之大事必作于细。"然而,选题也并不是越小越好,太小的选题也意义不大，关键是能从小的选题中挖掘出关键问题或从中能提炼出较大的理论和实践意义。

（三）有概念框架和理论视角

概念框架和理论视角类似于照射研究对象的一个光源，如果没有研究视角，研究对象就一片漆黑。[①] 有些研究是用理论建构框架，有些研究是用理论展开具体内容的分析，但无疑一个好的选题都有自己的概念框架和理论视角。运用不同的学科、学派、学理和新概念往往对同一个教育问题会有不同看法，进而得出有新意的结论。以理论基础为依据的分析往往更深刻，能够避免起点低和盲目性大的研究缺陷，从而更能体现研究的创新性和学术价值。

（四）尽量选择自己感兴趣的课题

"真"问题不仅是教育理论发展和教育实践改善迫切需要的，还应当是研究者本人有研究欲望和热情的，且是其自身生命运动组成部分的教育问题。[②] 米尔斯主张，作为一名治学者要将自己的学术研究和个人经验相结合，并将自己的体验与整体的社会结构和社会变迁相联系。[③] 黄宗智亦提倡研究应该是有温度的，情感矛盾在学术研究"建设性问题意识"的确证中比理性认识起到更根本的作用，也更强有力、更有可能成为个人长期的激励，要在情感矛盾和理性求知间找到建设性的学术路径，否则，缺乏研究兴奋感则可能对研究陷入不十分在乎的心态。[④] 这足以说明选择自己感兴趣教育课题的重要性，不仅是研究者容易发现的研究选题，而且能坚定研究者克服困难、将研究进行下去的信心。

第二节　教育文献的检索

教育文献的检索是一篇出色教育文献综述得以呈现的前提和基础工作，但若不掌握教育文献检索的工具、正确搜集教育文献的方法，不仅会花费研究者大量时间，而且会将其置于找不到教育文献或收集大量无用教育文献的困局。为提高收集资料的质量和效率，需掌握系统的教育文献检索的理论知识和实践操作方法。

一、教育文献的内涵和分类

教育文献是教育研究开展的前提，贯穿教育研究的整个过程，包括选题、分析和收集论证阶段。为避免重复劳动，提高教育研究效益，都需要教育文献研究。了解教育文献的内涵和分类，有助于体会教育文献在研究中的重要作用。

① 刘良华. 教育研究方法［M］. 2 版. 上海：华东师范大学出版社，2014：27.
② 吴康宁. 教育研究应研究什么样的"问题"——兼谈"真"问题的判断标准［J］. 教育研究，2002（11）：8－11.
③ C·赖特·米尔斯. 社会学的想象力［M］. 陈强，张永强，译. 北京：生活·读书·新知三联书店，2005：3.
④ 黄宗智. 问题意识与学术研究：五十年的回顾［J］. 开放时代，2015（06）：123－134＋7.

（一）教育文献的内涵

"文献"一词，最早见于《论语·八佾》："子曰：夏礼，吾能言之，杞不足征也；殷礼，吾能言之，宋不足征也；文献不足故也，足则吾能征之矣。"朱熹注："文，典籍也；献，贤也。"至此，文献被解释为历史上所记载的文本典籍和贤人言论。① 1983 年全国文献工作标准化技术委员会制定的《文献著录总则》中将"文献"解释为："记载有知识的一切载体。"《中国大百科全书——图书馆学·情报学·档案学》对"文献"的定义是："记录知识和信息的一切载体。"1981 年北京大学图书馆学系出版的《科技文献检索》将文献解释为："文献是用文字、符号或图形等方式记录人类知识的一种信息载体。"《中国文学大辞典》将"文献"定义为："任何具有一定历史或科学价值的含有知识、信息的物质载体。"②

"文献"在英文语境中对应"Literature"和"Document"，前者从狭义上指某一学科或主题方面的图书或期刊资料，后者从广义上还包括印刷品以外的文字记录。③ 国际上，学者们更习惯用"document"，比如约翰·斯科特较早地给了一个常识性定义，即具有物理形式的书面文本，包括书籍、论文、手稿、日记和会议记录等。菲茨杰拉德和大卫·多洛维茨在此基础上，将前者进一步扩展了口头和虚拟文档的内容，后者也扩展为应该包括图片、绘画和录音材料。④ 基于此，迈克尔·巴克兰（Michael Buckland）于 1997 年撰文"What is a document?"，指出随着信息的物理形式在不断延伸，document 的定义扩展到什么程度，以及如何限制，值得探索。⑤ 21 世纪初，麦卡洛克做了一个更简单和具包容性的界定，将 document 描述为某一事件或过程的记录。⑥

综上所述，文献包含记录知识和信息的内容、手段和载体之意。因此，可以将"文献"定义为把人类的知识用文字、图形、符号和音像等手段记录下来的有价值的典籍。文献现在多指具有历史和资料价值的媒体材料，或者说它是用文字、图表、符号、声频和视频等手段记录下来的人类知识，是记录知识的一切载体。⑦ 作为一种主要情报源和信息源，文献是传递、交流研究成果的重要渠道和形式，是进行科学研究的基础。简言之，文献是前人研究成果的呈现，包括具有历史意义或研究价值的图书、期刊、典章、手稿、文物、影片和微缩胶片等，随着数字化时代的到来，文献数字化已成为一种潮流。因而，教育文献是指与教育相关的前人研究成果的呈现，包括具有历史意义和价值的教育

① 夏国强.《论语·八佾》"文献"礼源考［N］. 光明日报，2019－08－10(11).
② 武建鑫，魏丽娜. 超越研究方法的束缚：作为一种研究方式的文献研究［J］. 学位与研究生教育，2024(02)：12－20.
③ 武建鑫，魏丽娜. 超越研究方法的束缚：作为一种研究方式的文献研究［J］. 学位与研究生教育，2024(02)：12－20.
④ 武建鑫，魏丽娜. 超越研究方法的束缚：作为一种研究方式的文献研究［J］. 学位与研究生教育，2024(02)：12－20.
⑤ BUCKLAND MK. What is a "Document"? ［J］. Journal of the American Society for Information Science，1997(9)：804－805.
⑥ 武建鑫，魏丽娜. 超越研究方法的束缚：作为一种研究方式的文献研究［J］. 学位与研究生教育，2024(02)：12－20.
⑦ 王安全. 一个西部县农村教师结构五十年的变迁［D］. 陕西师范大学，2012：20.

类图书、期刊、手稿和影片等。

（二）教育文献的分类

根据加工程度不同，教育文献可分为零次文献、一次文献、二次文献和三次文献。

1. 零次文献

零次文献也被称为非正式出版文献。它主要包括两方面内容：一是形成一次文献以前的知识信息，即未经记录、未形成文字、口耳相传的材料；二是未公开发表的原始文献，或没正式出版的各种书刊资料，如书信、手稿、记录、笔记和一些仅供内部使用的书刊资料。①

2. 一次文献

一次文献也被称为原始文献或一级文献，是人们直接以自己的生产、科研、社会活动等实践经验为依据生产出来的文献，如期刊论文、研究报告、会议论文和学位论文等。一次文献具有内容独创性和学术性、数量庞大但分散的特点。

3. 二次文献

二次文献也被称为二级文献，是对大量分散、零乱、无序的一次文献进行加工、整理、浓缩和提炼，并按照一定逻辑顺序和科学体系加以编码储存，使之系统化，便于检索的一类文献，如书目、题录、简介、索引和文摘等。二次文献具有明显的汇集性、系统性和可检索性，相比一次文献，研究者花费的检索时间相对较短。

4. 三次文献

三次文献也称三级文献，是在掌握大量一、二次文献基础上，经过综合分析编写出来的文献，常被称为"情报研究"的成果，如综述、专题述评、学科年度总结、进展报告和数据手册等，具有较高的实用价值。在资料收集过程中，可充分利用三次文献迅速了解研究主题的发展历史、动态和水平等，以在较短时间内把握教育选题的创新点和突破点。

从一次文献到三次文献是一个不断深度加工的过程，对教育研究所起的作用也不同，应根据研究主题的资料占有情况恰当地予以使用。

二、教育文献检索的途径

教育文献的检索是从记录下来的知识中迅速找到与自己研究主题相关资料的一种方法和程序。在确定初步的研究选题、分主题和关键词之后，研究者就要开始集中搜集相关资料，通过预览、选择和组织的方式找出与论题相关的资料证据，获得教育文献综述的来源信息，进而根据收集到的资料聚焦和完善主题。初学者习惯于使用百度、谷歌等浏览器直接收集信息，但往往非学术性结果较多，信息的可靠性存疑，可通过中文数据库、外文数据库、省级和学校图书馆获得更有价值、更全面的信息。

---

① 刘良华.教育研究方法［M］.2版.上海:华东师范大学出版社,2014:43.

（一）中文数据库

中国知网（CNKI）是当前国内资料最全且学者们最常用的数据库，包括"中国期刊全文数据库"（CJFD）、"中国优秀博硕士学位论文全文数据库"（CDMD）、"中国重要会议论文全文数据库"（CPCD）、"中国重要报纸全文数据库"（CHKD）等。[①] 一般高校内学生通过校园网都可以免费查询和下载。与此同时，维普（维普中文科技期刊数据库）和万方（万方数字化期刊）学生也可以使用，但要注意辨别一些非核心期刊的低质量论文。

（二）外文数据库

研究者不仅要掌握研究选题的国内研究现状，而且要了解国外研究动态，需要收集相关外文文献。一般的外文检索渠道包括 JSTOR、OALib、SJO 和 Web of Knowledge[②]。

JSTOR 的全称是 Journal Storage，是一个于 1995 年成立的对过期期刊进行数字化的非营利机构，以政治学、经济学、哲学、历史等人文社会学科主题为中心，兼有一般科学性主题共十几个领域的代表性学术期刊全文库。鉴于期刊订费较高及图书馆对过期期刊存放产生的开销和空间问题，JSTOR 有计划建立的核心学术性过期期刊的数字化存档，提供资料检索功能，可浏览从创刊号到最近三至五年前过刊的全文，但只能提供最新一两年期刊的主题、摘要和参考文献信息。不过，部分有影响的期刊也尚未收录。

OALib 是 Open Access Library 开放存取图书馆的简称，可提供免费下载的学术文献，并发表自己的论文，是一个公益性网站，从中能搜索近 6 000 多种期刊资料和 5 000 多个 Open Access 的数据库资料，且在不断增加，但资源分布较散且存储格式不统一。

SJO 的全称是 SAGE 期刊在线，读者不仅可以检索和下载相关期刊文献，还能看到该文献的"影响因子"。[③]

Web of Knowledge 平台包括 Web of Science、CSCD 等数据库以及 ISI Essential Science Indicators 和 Journal Citation Reports 等分析工具，研究者从中可了解一些著名作者、研究机构和学术期刊的影响。[④]

此外，研究者也可通过 Springerlink、Public Library of Science、EBSCO 数据库、PQDD 硕士和博士学位论文数据库等途径下载外文文献，一些找不到的文献也可以通过文献传递的方式获得。

（三）数字图书馆和特色资源库

通过学校、省级和国家级图书馆的图书借阅和数据库使用权限，在"读秀""百度学

① 刘良华.教育研究方法［M］.2 版.上海：华东师范大学出版社，2014：41.
② 刘良华.教育研究方法［M］.2 版.上海：华东师范大学出版社，2014：42.
③ 刘良华.教育研究方法［M］.2 版.上海：华东师范大学出版社，2014：42.
④ 刘良华.教育研究方法［M］.2 版.上海：华东师范大学出版社，2014：42.

术""谷歌学术""道客巴巴""超星数字图书馆"等,研究者也可获得部分需要的教育文献。

三、教育文献检索的要求

为快速把握该主题已有研究信息,获取更有价值的资料,教育文献检索时需要满足全面性、前沿性、代表性和准确性等要求。

(一)全面性

"巧妇难为无米之炊",研究者应尽可能收集比较多的教育文献资料。教育文献资料收集的越全面和丰富,研究者对该选题的了解就会越广、越深。尤其是在初步确定选题前后,相比起精读,研究者更需要通过不同方法搜集大量国内外文献资料,才能更好地了解学术界针对某研究领域开展的具体工作、使用的研究方法和有待进一步研究的问题。

(二)前沿性

教育文献的检索应重视最新研究成果的收集。掌握最新研究成果才能帮助研究者更好地确定自己研究的价值,尤其是对于实践问题而言,如果不了解学术界近几年的研究成果,就有可能做重复研究,缺乏研究的价值和创新性。

(三)代表性

当教育文献较多的时候,应首先注重收集有代表性的文献。有代表性的教育文献包括发表在该学科领域权威期刊上的文章、权威专家发表的文章和出版的书籍等,接着可以收集更多次要文献。忽视教育文献检索的代表性要求则可能导致教育文献综述时轻重失衡、主次不分。

(四)准确性

国外有学者的调查研究表明,按质量看,文献中有 30% 左右的必要情报,有 5% 的错误情报,其余的是冗余情报,冗余情报又可分为必要的冗余和不必要的冗余。[①] 因此,在全面收集教育文献的前提下,要求研究者用较高的分析、综合、判断和识别能力,剔除重复、过时、错误和没有价值的教育文献资料,包括一些从浏览器直接获得的资料或一些低质量文献,从中识别出具有学术保障的高质量文献,且引用的文献要是自己看过全文的。

另外,还应关注计划性、针对性、预见性和持久性等教育文献检索要求。

四、教育文献检索的过程

要从大量教育文献中找到符合自己研究主题的文献资料,通常要经过以下三个过程:

---

① 裴娣娜. 教育研究方法导论[M]. 合肥:安徽教育出版社,2006:101.

（一）分析和准备阶段

分析和准备阶段即打磨和确定研究的主题和内容，提出要研究的教育问题，并理清学术界关于该研究主题已经做了哪些工作，继而确定需要获取哪些文献资料，确定"找什么"。

（二）搜索阶段

搜索阶段即获得与研究问题相关的文献，除通过使用不同数据库利用主题、篇名、关键词、作者、作者单位等方式不断扩大文献来源外，还可以搜集一些纸质的书籍和档案资料等。

（三）加工阶段

为确保获取教育文献的有效性和可靠性，需要对收集到的教育文献有一个加工和评估过程，通过较高的鉴别力和第三方协助剔除不必要的冗余情报和错误的、相互重复的和过时的文献资料，找出其中的必要情报。在加工阶段，需要建立一个专门的文件夹，将必要情报按时间、重要程度或内容归档，方便后续在写作过程中研究者能够很快定位到自己需要的文献。

五、教育文献检索的方法

检索教育文献的方法多种多样，需要根据教育选题、性质和所要获取文献的类型加以使用。以下介绍几种常用的教育文献检索法。

（一）顺查法

顺查法是指以相关课题研究的开始时间为起点，按照时间范围，由远及近，由旧到新的获取教育文献。它的优点是更有可能获取全部文献，且获取的文献能够反映该选题的研究进展，更适合于教育历史研究，缺点是要获取某选题的所有文献，往往工作量大，需要花费较长时间。

（二）逆查法

逆查法是按照时间范围由近及远，由新到旧的逐年回溯文献，直到满足需要为止。该方法能更快地反映某选题的研究现状，也能在一定程度上掌握研究的历史动态，比较适合于新的教育选题研究，缺点是不太关注历史发展，存在漏检的可能。

（三）引文查找法

引文查找法也称为追溯法，是指在查阅文献过程中，以其所附的脚注和参考文献为线索，再追查原文，从而逐一扩展，通过滚雪球方式获得越来越多的教育文献。该方法的优点是有利于教育文献的积累和查漏补缺，缺点是查得的教育文献较杂乱，没有线索，不易于整理。

（四）综合查找法

综合查找法是指根据需要交叉和综合使用顺查法、逆查法和引文查找法等获取资料，可充分利用各教育文献检索方法的优点，快速获取需要的教育文献。

此外，也可以通过知晓重要作者，研究该主题作者的单位等更有针对性地获取文献资料，当收集的教育文献较少时，应该通过思考自己的检索方法，包括更换同义词等方式扩大检索范围。

第三节　教育文献综述

教育文献的检索是通过掌握检索方法系统查阅和收集教育文献，教育文献综述的撰写是对收集到的教育文献资料进行整理和分析的过程。教育文献综述不只是教育研究的初始工作，通常贯穿研究始终。不论是初级研究者还是资深研究者，教育文献综述的撰写一直是需要不断摸索才能完成的复杂工作，研究者需要通过掌握一定的方法和技巧对收集到的资料进行归类、构建主题，从而展开论证。

一、教育文献综述的理论阐释

（一）教育文献综述的定义

文献综述又称为文献法，是人文社会科学研究的基本方法，是一种站在前人研究基础上的书面论证。它根据对研究课题现有知识的全面理解，建立一个合理的逻辑论证，通过论证，得出一个令人信服的论点，回答研究问题。[1] 教育文献综述是指在对教育学科或主题的文献进行收集、整理、分析与研究的基础上，撰写出关于教育研究选题的研究现状、动态及未来发展趋势，找出事物本质属性的研究方法，不仅能帮助研究者理清研究思路，而且能为研究者奠定研究的基石，帮助研究者看得更高、做得更好。

（二）教育文献综述的分类

根据不同标准，可将教育文献综述划分为不同类型。根据涉及文献的内容和对象，可将其划分为专题性和综合性的文献综述。

1. 专题性教育文献综述

针对某个教育研究问题做的文献综述为专题性文献综述，学生毕业论文多属于专题性文献综述。

2. 综合性教育文献综述

综合性教育文献综述是针对某个学科或专业做的文献综述。

根据综述的目的，可划分为会议综述、课题综述和论文综述。

---

① 马奇，麦克伊沃.怎样做文献综述：六步走向成功[M].陈静，肖思汉，译.上海：上海教育出版社，2011：3.

1. 会议综述

针对国内外教育热点和难点问题,每年都有很多高校和机构组织学术会议,届时邀请国内外相关领域的知名学者围绕一个特定主题分享最新研究成果,交流观点,通过智慧的碰撞产生新的见解、知识。

> ➢ **线上链接** *在传统与现代之间寻找教育的真义——全国教育哲学第二十届学术年会综述   详见本章二维码*

2. 课题综述

不论是中小学教师,还是专家学者在申报市厅级、省部级和国家级课题时,都需要有"国内外文献述评"部分,以体现研究者对该选题的已有研究对象、方法、结果的现状及局限性的了解程度,从而论证出本研究课题的意义、价值、创新性与可行性。

3. 论文综述

学位论文和学术论文通常情况下都会涉及文献综述内容。学位论文在开题和绪论部分有专门的国内外文献综述部分,有些在正文用一定的篇幅写文献综述。发表的学术论文可能会因版面限制,不一定明确地呈现出来,但基本是在文献综述基础上撰写的,有时可能会压缩字数放入引言当中。

> ➢ **线上链接** *中国城乡关系的演进脉络、结构性失衡及重构方略   详见本章二维码*

根据知识观和技术观的差别,方法学家佩蒂葛诺(Pettigrew,M.)于 2001 年将文献综述划分为叙述性文献综述和系统性文献综述。

1. 叙述性教育文献综述

叙述性教育文献综述即传统教育文献综述,是对教育文献进行描述性综述和判断性描述式综述,能够从中促成研究问题的提炼,并对该研究问题进行回顾,初步预测研究趋势,从而使得寄居于文献中的客观知识得以保存。但是,由于是基于研究者个人对文献的选择和评判,传统文献综述不能定位最前沿问题,也不能在已有研究的全局图景中甄别研究成果的权重,难以对后续研究提供准确可信的研究路径[①]。

> ➢ **线上链接** *大学生学习拖延研究综述   详见本章二维码*

2. 系统性文献综述

系统性文献综述的提出源于对传统文献综述具有的主观性和难以避免的偏见的批判,是对某一研究主题下的研究成果进行标准化的删选评价和系统化的分析综合,从而实现知识整合并获得更客观结论的研究方法,分为定量和定性的系统性文献综述。[②]系统性文献综述受明确的问题和方案驱动,研究过程透明、可审计、可重复,能获得确定

---

① 黄甫全,游景如,涂丽娜,等. 系统性文献综述法:案例、步骤与价值[J]. 电化教育研究,2017,38(11):11-18+25.

② 胡晓玲,韦慕春,袁民,等. 教育领域的系统性文献综述:本质、价值与实现[J]. 电化教育研究,2024,45(01):43-51.

研究结论,使得知识在互动中得以不断生成,具有趋近客观真相、知识整合创新、教育实践转化、调和研究范式的教育价值。①

> **线上链接** SPOC 翻转课堂教学有效性的系统评价与元分析 详见本章二维码

系统性文献综述和传统性文献综述并非相互割裂,系统性文献综述以传统性文献综述确定研究问题为前提和基础,是传统性文献综述的继承和发展。

(三) 教育文献综述的特点

1. 综合性

教育文献综述具有综合性,包括内容的综合、方法的综合、观点的综合等,以增强研究者对该教育问题认识的广度和深度,由点到线、由线到面、由面到体地了解不同的人从不同方面做的工作,立体把握某研究领域的空缺,找到自己的研究问题和切入点。

2. 评述性

教育文献综述是述和评的结合。研究者往往在"述"的基础上掌握研究进展,在"评"的过程中清楚研究的进度和不足。"评"可能是一小段,但确实是研究者研究思路形成的基础。

3. 前沿性

前沿性是指教育文献综述代表了最新的、最关注的热点,或能够就一个教育选题提供新的观点,或突出未来需要研究的一个领域,对刚步入一个领域或正在寻找潜在机会的研究者来说,是相当有价值的。

4. 学术性

综述本身就是一种研究,好的教育文献综述,尤其是对一个研究主题进行技术化处理的系统性文献综述可以作为文章在高层次期刊发表,形成新的知识,体现了其学术性的特点。

(四) 教育文献综述的价值

1. 教育文献综述本是研究成果

教育文献综述不只是简单照搬前人的研究成果,往往要经过研究者对既有研究的构思和深加工,能够对既有研究通过综述产生新的创新点和内容,可作为新的研究成果发表。

2. 教育文献综述是新研究的基础

通过文献综述的谱系图,能够了解关于某研究领域其他学者运用的方法和已解决的问题、提出的观点和需要进一步探索的问题,以此为基础凝练出自己的研究问题、观点和框架。如果不做文献综述或者基础打得不牢,只凭借自己的理解就展开研究,很难

---

① 黄甫全,游景如,涂丽娜,等. 系统性文献综述法:案例、步骤与价值[J]. 电化教育研究,2017,38(11):11 - 18＋25.

有独创性,而且可能做无用功。

3. 教育文献综述同时具有资料性

教育文献综述是一种经过加工的资料汇总,能为新的教育研究提供资料,其他研究者借此能更快、更好地了解当下这个学科或主题研究的情况。

二、教育文献综述的撰写

教育文献综述的撰写是教育研究中最常用且无法规避的基础性工作。它对教育学术研究的价值正如恩格斯所言:"即使只是在一个单独的历史实例上发展唯物主义观点,也是一项要求多年冷静钻研的科学工作,因为很明显,在这里只说空话是无济于事的,只有靠大量的、批判地审查过的、充分地掌握了的历史资料,才能解决这样的任务。"因此,教育文献综述的撰写需要教育研究者高度重视,并投入大量的时间和精力。

(一)教育文献综述撰写的步骤

教育文献综述是教育研究者的基本功和教育学术研究中不可或缺的内容。为更轻松、更高效地完成一个高质量且符合学术规范的教育文献综述,不仅要求要有安静、舒适的写作空间,研究者有足够的耐心、专注度、勤奋精神,保证足够的时间投入,同时要求研究者要掌握一定的文献综述撰写方法,了解教育文献综述撰写的步骤。

1. 明确教育研究主题

一个有价值的教育主题往往和研究者自身的经验、关注的现实问题和相关知识积累有关,刚开始呈现在研究者脑海中的多是表面的教育现象,还不是背后真正的教育问题,研究者需要在兴趣的驱使下一步步进行追问,找到可以和值得研究的"真"问题,并转化为学术想法,进而产生学术观点。在确定总的研究主题之后,能够保证研究者集中注意力获取相关教育文献,接着进一步分解成具体的分主题。论文的主题不明确,就无法进行下一步。

2. 搜索教育文献

搜索的教育文献数量和质量基本决定了教育文献综述的信息,决定了关于教育文献的整体评价。因此,需要尽可能收集全面的、最新的和有代表性的研究成果,尤其是高层次期刊的高质量文章。研究者在搜索教育文献时,可以创建一个文件夹,借助浏览、资料快速阅读和资料制图等技巧对收集到的教育文献加以分类和存储。

3. 整理教育文献

整理教育文献是指研究者对检索到的教育文献进行阅读、分类、综合和分析,建立自己的论证逻辑。首先,根据研究主题对收集到的教育文献进行初步分类;其次,通过浏览摘要、提纲和分主题的方式做进一步分类;最后,研读有价值的文献,建立一系列合逻辑的结构和论断。

4. 教育文献评价

教育文献评价是指立足现有教育研究选题,分析前人用什么方法做了哪些工作,哪些工作是有价值的,论证过程和结论还存在哪些漏洞和不足,为现有研究选题服务。例如,现有研究在……方面已对(研究主题)进行了一定的研究探讨(总结现在的研究),为相关的后续研究提供了理论基础(肯定现有研究的成果)。然而,在以下几方面还存在不足或进一步拓展的空间:其一,……;其二,……;其三,……研究者要对文献有一个大致评价,以便于自己研究的推进。

5. 撰写教育文献综述

在明确主题和对搜索到的教育文献进行分析、整理、分类和评价之后,就到了正式的教育文献综述撰写环节。应当注意的是,所收集的教育文献皆是为自己的教育研究选题服务的,必须以自己对文章结构、内容的拆分和思路的确立为基础组织收集到的文献资料,不被已有教育文献牵着鼻子走才有可能写出高质量的教育文献综述。

（二）教育文献综述撰写的格式

不同类型的教育文献综述遵循不同的撰写格式,比如学位论文和著作主要以研究的分主题为线索予以呈现,与期刊发表论文在格式上有所不同,但都会包括引入情境、综述研究和总结观点三个主要部分。下面主要介绍期刊论文中教育文献综述撰写的格式,包括题名、著者(作者)、摘要、关键词、正文(前言、主体和总结)和参考文献。

1. 题名

题名作为门面,应该简洁地反映出综述的主题或焦点,一般以(研究主题)的(具体的文献综述类型)文献综述命名。好的题名能直观看出综述的焦点问题,也能从中大致看出文章的创新点,激发读者的阅读冲动。

2. 著者

著者即作者,是主要承担教育文献综述撰写的个体或团队。一般在某个研究领域内有影响的著者的文章可读性更强。

3. 摘要

摘要是对教育文献综述主要内容、方法、结果或结论简要的说明,读者不看全文也能大致了解主要内容,也从一定程度上决定了读者是否要细读这篇文章。

4. 关键词

关键词是用于检索和分类的标签,应涵盖综述的主题和关键概念,以便读者更容易找到相关综述。关键词不宜过多,一般 3～5 个为佳。

5. 正文

正文是综述的核心部分,包括引入主题的前言、详细讨论相关研究和观点的主体与对主要发现的概括和总结。在前言部分,一般要向读者交代本研究的背景、划分研究综述的范围,并引出自己的选题论点。在主体部分,要按照一定逻辑结构呈现过往研究有代表性的发现和观点,并做出评估,基于过往研究的缺陷提出自己的研究问题。在总结部分,除了概括正文中该研究领域的发展历史和现状外,还应包括对研究方向和趋势的展望。

➤ **线上链接**　乡村教师离职意愿影响因素的变与不变——基于《云南省乡村教师支持计划(2015～2020 年)》实施前后的比较　详见本章二维码

6. 参考文献

参考文献是这篇教育文献综述引用的其他文献,这些文献构成了这篇论文的主要信息,也给读者提供了进一步获取文献资料的来源。因此,参考文献的内容应准确,格式应符合国家、期刊和出版社标准,数量应足够多且新。

(三)教育文献综述撰写的方法

教育文献综述的撰写是研究者在研究开始前通过对已有教育文献的回顾,与其他学者就某教育问题进行的时代和历史对话,并在开展对话中对所要研究的教育问题做系统的评判性分析,通过质疑寻求突破点,从而明确教育研究选题的科学价值,也是研究者在研究过程中对某教育问题的求证和补充过程,关系到研究的速度、质量和能否出成果。教育文献综述的撰写是一项非常严肃的工作,应该说,没有一个可完全能够照搬的方法,但为了研究者能稳健切实地逐步撰写教育文献综述,这里介绍几种常用方法,以供需要的教育研究者参考。

1. 时序型教育文献综述

根据语义,时序型教育文献综述是指按照特定主题研究的时间顺序组织材料、提炼阶段主题、呈现观点。它的优点是易于理解,从中能清晰看到该主题学术研究的发展脉络,以及在发展过程中存在的问题。采取时序型的呈现方式时,要特别注意发生学术转向的重要时间点,呈现具有影响力的文章和著作,读者能够从中找到关于某研究主题相关的研究最早开始的年代,所采用的研究方法,所提出的观点或理论框架,后期研究的进展,研究发生转变的拐点,以及最新的研究成果、应用领域和存在的局限,从而完整呈现其发展脉络。

> **线上链接** 口语测试评分标准研究与实践三十年 详见本章二维码

2. 主题型教育文献综述

主题型教育文献综述是一种常用的教育文献综述写法,主要是根据核心概念将文献分别展开叙述,内容之间存在逻辑关联。在主题性教育文献综述撰写过程中,要明确以下几个问题。首先,有没有发现明显的逻辑线索;其次,在梳理逻辑关系时,可以参考以往研究者的主题分类法;最后,是否每个研究主题都能找到相应文献支持该论点,如果没有,写起来就相对困难。

> **线上链接** 我国学习文化研究二十年:成就与展望 详见本章二维码

3. 对比型教育文献综述

对比型教育文献综述是指按照对比的对象呈现文献,对象可以是研究方法,比如质性研究、量化研究或是混合研究,它们各自的优缺点、情境;对象也可以是研究理论,比如不同学派对于某一概念的理论、构建的区别。通过对比,形成自己研究的核心论点和理论框架。

> **线上链接** 寻找"最佳证据":如何运用元分析进行文献综述——以 STEM 教育对学生成绩的影响研究为例 详见本章二维码

4. 现状与应对策略型教育文献综述

该方法适用于研究某一现象或事物的由来、发展现状、特点、存在问题及提出针对性解决方案的论题。现状分析与应对策略法旨在通过深入研究现实情况，揭示问题本质，为解决问题提供有力的策略和建议，从而引导读者深刻思考问题，为他们提供实际操作的方向。

> ➤ **线上链接**　数字化转型期如何培养职前教师的数字胜任力？——基于2012～2022年25项国际实证研究的系统性文献综述　详见本章二维码

5. 因果关系分析法

因果关系分析法侧重于分析影响主题发展的因素，或被主题影响的因素。该方法要求把每个潜在的原因或影响详细罗列出来，然后分别加以论述，能够帮助读者了解主题与各方面之间的因果联系，为深刻理解主题的综合影响提供了关键线索，因而读者能够更全面地认识问题，并为研究提供有力支持。

> ➤ **线上链接**　乡村教师离职意愿影响因素的变与不变——基于《云南省乡村教师支持计划（2015～2020年）》实施前后的比较　详见本章二维码

6. 述评分析法

述评分析法主要由研究者取得的研究进展和不足两部分组成。文献综述客观上具有阐明作者的研究在学理上有正当性的功用，因此，在教育文献综述撰写中，作者首先要勾勒既有研究传统的轮廓，还要阐述所做的研究和既有研究的关系，点出自身研究的意义，即要有对既有研究进行评的过程。

> ➤ **线上链接**　强势普遍主义与弱势再生产——高校学生干部身份获得的机制检验　详见本章二维码

（四）教育文献综述撰写常见的问题

1. 文献收集的不全、不新、不具有代表性

由于研究者收集教育文献的途径和方法有限或受限，或是对学术前沿掌握不足，导致教育文献综述撰写过程中难以把握该研究主题的学术脉络，更难以准确预测未来研究的聚焦点。研究者应聚焦前沿，扩展教育文献收集的途径，掌握科学检索教育文献的方法，尽量收集全面的、有代表性的和前沿的文献资料。

2. 文献分类不科学，阅读不到位，思路不清晰

在教育文献梳理过程中，由于研究者基础不扎实，方法不科学，态度不认真，可能导致对教育文献的分类不科学，阅读不到位，从而思路不清晰的现象，应通过聚焦研究问题发展的脉络、整体的面向和观点的争议予以解决。

3. 对作者的观点缺乏综合提炼

在教育文献综合过程中，研究者可能会因为目的不明、归类不当、研究不深和提炼不够，只是单纯罗列作者的观点，所列文献的代表性和权威性不足，缺乏综合提炼，应通过明确目的和比较研究，辨明研究间的关系，找出观点的异同，发现内在矛盾，采取内部分类呈现教育文献的方式予以解决。

4. 有"综"无"述",评不对路

由于研究者的目的不明、理解不透、研究不深和把握不足,在教育文献综述撰写过程中经常发生有"综"无"述"、泛泛而谈和评不对路的问题。虽然教育文献综述撰写过程中,"述"的内容要远远多于"评"的内容,但并不是说"评"的内容不重要,恰恰"评"即呈现观点的内容才能看出研究者的功底,也最能验证该研究课题的价值。研究者应在吃透教育文献资料和肯定前人研究成果的基础上,找到质疑和可供突破的地方,从而肯定自己的研究价值。

(五)教育文献综述撰写的规范

做好教育文献综述对整个研究而言,会达到事半功倍的效果,反之,做不好教育文献综述,往往事倍功半。要交出一份令自己满意的出色教育文献综述,必须掌握一定的撰写规范,从而规避撰写过程中常犯的错误。

1. 教育文献综述撰写讲究"述、评"结合

综述是综合和述评,"综"是要求对教育文献资料进行综合分析、归纳整理,使材料更精炼明确、更有逻辑层次;"述"就是要求对综合整理后的教育文献进行专门的、全面的、深入的、系统的评述。"述"是"评"的前提,"评"是"述"的升华。"述"的目的是"评",在吃透别人研究成果的前提下,找到自己研究问题的切入点和思路。

古人讲:"六经注我,我注六经。"教育文献综述的撰写不仅要关注"六经注我"的文献阅读和罗列过程,更要重视"我注六经"的文献评述环节,即既要"述",更要"评",以"述"画龙,以"评"点睛。只"述"不"评"的教育文献综述会给人一种明显的"未消化感",而"述、评"结合的教育文献综述不仅能体现出研究本身的意义,且有生动而不至于死板的写作美感。

2. 教育文献综述撰写要有一定的逻辑结构

第一,在时间顺序上,要由远及近地呈现一定的递进关系,读者从中可看到已有研究主题逐步深入的历史发展脉络。第二,观点的呈现要全面、客观。既呈现正向的、主流的观点,也呈现有争议的、反向的观点,同时也应关注中立的观点,相同观点不需要一一列出,要进行整合,尽量呈现具有代表性的观点,一些缺乏见解和没有知识贡献的学术观点可以忽略。撰写教育文献综述时忌没有时间顺序、层次和秩序地罗列学术观点,或呈现大量与研究主题无关的文献。第三,如果国内外学者对该教育选题研究的内容相似,可以按照分主题叙述国内外学者的文献和主要观点,若国内外研究的关注点不同,可分开进行国内外文献综述。

3. 引用的文献要完整而规范地标明出处

根据学术规范要求,同时本着尊重他人研究成果的态度,文献综述部分直接或间接引用的文献都要根据中华人民共和国国家标准的参考文献著录规则,以脚注或在文末根据引用顺序以要求的格式规范地列出来,如一般采用的 APA、MLA 格式。应当注意的是,要尽量引用一手文献,转引别人的文献时要考察原出处,若找不到原出处,需要引用二手文献时,需标明转引,并简单陈述转引的理由。否则,会存在抄袭他人成果之嫌。

本 章 小 结

教育研究选题是研究的开端,教育文献综述是进行研究设计的基础,掌握教育研究选题和撰写教育文献综述的方法是本章知识应用的重点。本章主要介绍了教育研究选题的原则、来源,进行教育文献检索的方法以及教育文献综述撰写的方法,这些都是实践性、应用性很强的内容,需要研究者在知识学习的基础上进行专项训练,切实思考一个教育研究选题,认真撰写一篇教育文献综述,这样才能真正体会研究问题不断聚焦、研究思路不断清晰的探究过程,才能真正掌握撰写教育文献综述时建构框架的方法和文字梳理的技巧。

思 考 训 练

1. 撰写教育文献综述的方法有哪些? 如何评价?
2. 在日常观察、实践经验和文献浏览基础上大致确定一个选题,然后查阅和整理文献,完成一份完整的文献综述。

拓 展 阅 读

1. 马奇、麦克伊沃:《怎样做文献综述:六步走向成功》,陈静、肖思汉译,上海教育出版社,2011 年版。
2. 袁方、王汉生:《社会研究方法教程:重排本》,北京大学出版社,2020 年版。
3. 张丽华、王娟、苏源德:《撰写文献综述的技巧与方法》,《学位与研究生教育》2004 年第 1 期。

参 考 文 献

[1] 布斯,等.研究是一门艺术[M].陈美霞,等译.北京:新华出版社,2009.
[2] 裴娣娜.教育研究方法导论[M].合肥:安徽教育出版社,2006.
[3] 刘良华.教育研究方法[M].2 版.上海:华东师范大学出版社,2014.
[4] 郑金洲.教师如何做研究[M].上海:华东师范大学出版社,2012.
[5] 程猛."读书的料"及其文化生产——当代农家子弟成长叙事研究[M].北京:中国社会科学出版社,2018.
[6] 胡晓玲,韦慕春,袁民,等.教育领域的系统性文献综述:本质、价值与实现[J].电化教育研究,2024,45(01):43-51.
[7] 黄甫全,游景如,涂丽娜.系统性文献综述法:案例、步骤与价值[J].电化教育研究,2017,38(11):11-18+25.
[8] 王艳玲.乡村教师离职意愿影响因素的变与不变——基于《云南省乡村教师支持计

划(2015～2020 年)》实施前后的比较[J].华东师范大学学报(教育科学版),2023,41(09):85-99.

[9] 吴康宁.教育研究应研究什么样的"问题"——兼谈"真"问题的判断标准[J].教育研究,2002(11):8-11.

[10] 武建鑫,魏丽娜.超越研究方法的束缚:作为一种研究方式的文献研究[J].学位与研究生教育,2024(02):12-20.

第二篇

实证主义研究方法

第四章 教育观察法

章首语

　　观察是人类认识世界的基本的方法之一,也是从事科学研究的重要手段之一。本章首先讲述教育观察法的概念和特点、作用与局限以及教育观察法的类型。其次,围绕常用的叙述性观察法、取样观察法、观察评定法进行讲解,分析如何运用这些技术进行教育观察。最后,从观察前的准备工作、实际观察与记录、资料整理与分析的角度讲解教育观察法实施的过程,提出教育观察法的实施要求。在教育教学过程中,教育研究者只有细心观察学生,才能全面了解学生并针对每个学生的发展特点提供切实可行的教育支持,只有细心观察教学过程,才能发现教学中存在的问题,从而改进教学、提高教学质量。

学 习 目 标

　　1. 理解教育观察法的概念、作用与局限、类型、观察法的实施步骤和实施要求。

　　2. 掌握叙述性观察法、取样观察法、观察评定法的概念及其运用,能在教育教学实践中根据情况灵活选择适宜的观察法进行研究。

　　3. 通过对教育观察法的学习和运用,树立运用教育观察法发现教育现场问题的意识,从而增进对教育研究的热爱之情。

思 维 导 图

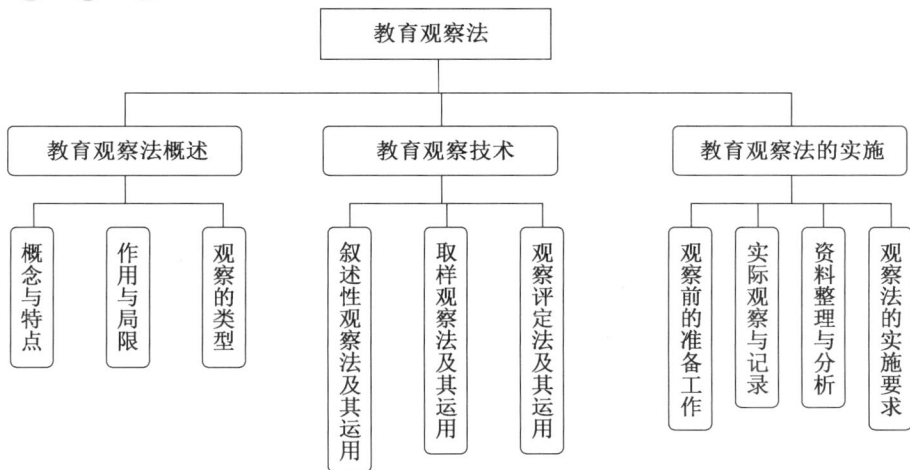

导入案例

陈鹤琴先生曾用日记法进行观察研究,观察的对象是他的儿子。其研究成果为著作《儿童心理发展之研究》。下面是他对于观察对象出生第一月第一星期第一天的日记:

1. 这个小孩子是在 1920 年 12 月 26 日凌晨 2 点零 9 分生的。

2. 生后 2 秒钟就大哭,一直哭到 2 点 19 分,共连续哭了 10 分钟,以后就是间断地哭了。

3. 生后 45 分钟,就打呵欠。

4. 生后 2 点 44 分,又打呵欠,以后再打呵欠 6 次。

5. 生后 12 点钟,生殖器已经能举起。这大概是因为膀胱盛满尿的缘故,随即就小便了。

6. 同时大便是一种灰黑色的流汁。

7. 用手扇他的脸,他的皱眉肌就皱缩起来。

8. 用手触他的上唇,他的上唇就动。

9. 打喷嚏两次。

10. 眼睛闭着的时候,用灯光照他,他的眼皮就能皱缩。

11. 两腿向内弯曲如弓形。

12. 头是很软的,皮肤带红色,四肢能动。

13. 这一天除哭之外,完全是睡眠的。

陈鹤琴是通过观察发现儿童发展规律,其中"用手扇他的脸""用手触他的上唇""用灯光照他"的主动设计,都是为观察儿童感觉器官的生长情况服务的。(节选自《儿童心理发展之研究》)

第一节 教育观察法概述

一、教育观察法的概念与特点

(一)教育观察法的概念

观察是人类认识世界的基本方法之一,也是从事科学研究的重要手段之一。"观"是"看","察"是"思考",顾名思义,就是"一边看,一边想",它不只是人对事物的自然的直接的感知,而是人的思维积极活动的过程,输出的结果取决于观察者的视角和透镜。就像一千个读者就有一千个哈姆雷特,即使我们看的是同样的作品,但是每个人的理解和感悟是不同的。观察中的洞察力特别重要,只有在观察的基础上认真进行洞察,才能分析出有价值的信息。在教育现场我们每天会见到许多教育现象,只有"观"没有"察",形不成问题,不进行思考、洞察,大多惯于经验教学,就不能进行教育创新。

观察法分为两种,一种是日常生活中的观察,观察是日常生活中经常进行的一项活动,是人们搜集信息的基本方法。由于观察是人的本能,如果不通过有意识地反思,我们一般对自己的观察习惯没有意识。另一种是科学研究中的观察,是研究者有目的、有计划的一种活动,是指在教育研究过程中研究者按照计划,明确规定研究对象、条件和方法,有目的地运用自己的感觉器官或借助科学仪器对处于自然条件下的研究对象进行感知和描述,搜集事实材料并加以分析从而获得对问题的深入认识的一种方法。虽然,科学观察与日常观察相比有诸多优点,但这并不意味着日常观察不重要。教师对学生的了解,大量的信息来自日常观察,许多研究中的问题和假设,也建立于研究者在日常观察中获得的经验和启示的基础之上。因此,教师可以将日常观察和科学观察有效结合,善于发现学生日常生活或教学工作中的问题。①

(二)教育观察法的特点

教育观察属于科学观察,有别于日常生活中的观察和其他方法,它具有以下特点。②

1. 观察的目的性

教育观察是根据研究课题的需要,为解决某一问题而进行的。因此,观察前有明确的目的并确定观察的对象、范围、形式和方法,在观察中,搜集能够回答观察任务的事实材料。

2. 观察的选择性

教育观察不是笼统的观察,而是要根据研究问题,按事先制定的计划,从大量教育现象中选择典型对象、条件,全面具体把握研究对象的各种属性并以科学理论去分析、判断和理解观察结果。

3. 观察的计划性

在观察之前,研究者应根据需要有意识地制定研究计划,保证观察有计划地进行。如确定观察对象、观察范围、观察时间、观察方法、记录方法、观察过程等。周密的观察计划不仅可以大大提高观察的效率,也可以增强所获得资料的准确性和可靠性。

4. 观察的自然性

教育观察是在自然状态条件下进行,在观察过程中,观察者应努力避免影响事件自然发生的一切因素。观察者不可改变或干预观察对象所处的条件和发展过程,直接观察教育现象的发生发展过程,保证观察的自然性,确保研究者获得真实的材料。

5. 观察的客观性

由于观察是在自然的状态下进行的,因此,这有助于保证观察结果的客观性。观察者在记录时要如实、客观反映所看到的情况,避免主观偏见、防止个人偏好和主观臆想。

---

① 金哲华,俞爱宗. 教育科学研究方法[M]. 北京:科学出版社,2011:132.
② 和学新,徐文彬. 教育研究方法[M]. 北京:北京师范大学出版社,2015:238.

为了确保材料的客观性,观察者可通过多次观察训练,提高自身的观察能力,使观察结果更加客观。

二、教育观察法的作用与局限①②

教育观察法方便易行,不需要准备复杂的仪器或特殊的条件,它适用于广大的教育研究领域,贯穿在教育研究的全过程,并起着十分重要的作用。

（一）教育观察法的作用

第一,观察一般是在非干预的自然状态下进行的,观察者通过有目的、有计划地对教育领域中的某个现象或对事件的发生过程进行全面、细致的观察,从而获得比较真实、可靠、客观的第一手资料。

第二,对所观察到的现象有一定的感性的认识。当观察者亲身参与到观察对象的生活中时,往往能够直接地、真切地感受到观察对象的思想感性和行为动机,有利于观察者"设身处地"地理解观察对象。

第三,通过观察能发现教育中的新现象、新问题,从中受到启发,形成新的研究问题。同时,观察可以触发研究灵感,促使研究者产生新的观点和理论,为教育研究指明新的方向和领域。

第四,当对无法通过语言正常交流的研究对象,比如对婴儿、聋哑人、使用不同语言的人进行研究时,参与型的观察法具有一定的优势。

第五,观察法适用范围普遍,它可以辅助其他的研究方法,比如在访谈前对研究对象进行预备性观察或在访谈过程中对研究对象的表情、行为等变化进行观察,使研究内容更加丰富、具有针对性。

（二）教育观察法的局限

观察是在自然条件下进行的,因此,会受到不可预测因素的干扰,且观察者在观察时不能支配和控制观察对象的行为或事情发展的过程,从而带来以下几个方面的局限。

第一,无法对所观察到的现象进行准确的因果分析。观察只能明确地回答"何时,何地,发生了什么事情"这类问题,无法回答"他们为什么这么做"。这一观点在质性研究界里仍然存在分歧。有些学者认为通过全面、深入的观察也可以对人的行为现象及其原因进行进一步推论。

第二,因受到观察者本人的主观意识的影响,对资料的解释存在主观性。观察在很大程度上依赖于观察者的观察技巧、领悟能力和解释能力,在观察、分析和解释的过程中受主观因素的作用很大,难以做到客观化。

第三,尽管观察是非干预性、非控制性的,但是观察对象仍然会受观察者的影响。观察者的存在会使观察对象有意识地调整自己的语言、行为或状态,同时观察者的价值

① 和学新,徐文彬.教育研究方法[M].北京:北京师范大学出版社,2015:241.
② 陈向明.质的研究方法与社会科学研究[M].北京:教育科学出版社,2000:233.

观、表情姿势也可能会影响观察对象的态度和行为,使观察结果缺乏真实性。

第四,观察时受时间和空间的限制,同一时间内可观察的对象有限,观察取样小,无法对研究对象进行大规模的宏观调查,研究结果的代表性和可推广性受到限制。

三、教育观察的类型

教育观察可以从不同的观察角度分为不同的观察类型,不同观察法相互之间并不是排斥关系,而是相互联系、相互补充、相互渗透的,有可能在同一观察活动中出现不同类型的观察法,在此分开讨论只是为了理解上的方便。了解各种观察法的特征及相互之间的关系,可以使我们在制定观察计划、确定观察对象和具体实施观察时有一个系统的理论概念。

（一）自然观察与实验室观察

按观察的情境条件,可以分为自然观察与实验室观察。

自然观察是指观察者对观察场所和观察内容不进行任何干预,对观察对象的自然行为的偶然现象和系统的现象进行的观察。自然观察能够搜集到客观真实材料,但是耗费大量的观察时间,且搜集的材料往往仅限于观察对象的外在行为表现。实验室观察是指教师或学生的教育活动按照严密的计划,研究者根据详细的观察指标体系开展的观察。这种观察有利于探讨事物的内在因果关系,但是对环境的人为的控制程度要求较高。[1]

（二）直接观察与间接观察

按观察是否借助技术手段,可分为直接观察与间接观察。

直接观察是观察者身临其境,凭借自己的感官在现场直接对观察对象进行感知和描述,所搜集到的资料直接、具体,且有较高的真实性和可靠性。但由于人的感官本身存在不精确性,有一定的生理限制,有可能会遗漏观察对象的许多信息,因此对观察者具有较高的要求,要时刻全神贯注,认真观察并及时记录相关信息。为了提高直接观察的优势,降低缺点带来的影响,观察者可以提前制定观察指标进入教育场所进行观察。

间接观察是指通过物化了的现象进行查看,以此来认识观察对象或现象。信息技术的发展为教育观察提供了有利的条件,观察者可以使用摄像机、录音机、计算机等工具对教学过程中的各种信息进行记录。通过信息技术工具搜集的资料易于保存且支持回溯,观察者可以根据需要反复查看,详细观察和记录所有可用信息。但是,间接观察由于受资料本身的限制,只能够通过视频的画面或声音来观察,工具没有捕捉下来的画面和声音,观察者是无法观察的。因此,观察者可以采用多机位同时记录教学活动的过程或观察对象的活动场所,在一定程度上可以弥补该缺陷,使观察的信息更为全面。

---

① 和学新,徐文彬.教育研究方法[M].北京:北京师范大学出版社,2015:239.

（三）参与式观察与非参与式观察

按观察者是否直接参与观察对象所从事的活动,分为参与式观察与非参与式观察。

参与式观察是研究者直接参与到观察对象群体中,作为其中的一员参加活动,而观察对象也把观察者作为群体的一员。在课堂研究中,观察者可以以教师或学生的身份参与课堂,在教学过程之中观察师生互动、学生同伴关系及班级文化等现象。按参与的程度,参与观察又可以分为完全参与和部分参与。完全参与是指完全置身于观察对象之中,与观察对象一起生活、一起工作;部分参与则时不时地介入观察对象,有些活动和观察对象保持一致,有些活动则独立行动。参与式观察法是在不破坏和影响观察对象的原有的结构和内部关系的前提下,缩短了观察者与观察对象的心理距离,因而能够获得事物的较深层次的结构和关系材料。但是,该观察的缺陷是观察结论易带观察者的感情色彩。观察者在进入现场时,必须保持清醒的头脑,保持敏锐的观察触角,以防止被观察对象同化。[①]

非参与式观察是观察者不加入观察对象的群体中,不参与他们的任何活动,不要求观察者与观察对象保持同一地位上,完全以旁观者的身份公开或隐蔽的方式进行观察。例如,在研究幼儿攻击性行为的发展特点时,观察者进入指定班级开展两周的观察,观察时间段为上午 8:30～11:30,在观察期间观察者不与班级幼儿或教师进行任何形式的互动,让研究者的观察成为班级上的例行公事,观察行为基本上被忽视。[②] 这种方式能得到的结论比较客观、公正,但是由于观察者始终未参与到观察对象中,只能留于观察对象或事件表层,无法了解深层原因。最理想的非参与式观察是观察者隐蔽起来,使观察对象完全意识不到有研究者在场正在观察他们,这种观察常用来研究幼儿的行为。为了不干扰幼儿和教师的正常行为,有些场所专门设置行为观察室,通过单向透视玻璃进行观察。

在实际研究中,观察者也可以根据情况混合使用参与式观察和非参与式观察。例如,研究乡村教师的生活研究时,观察者对比较私人的生活场域采用非参与式观察,而在一些公开的生活场域,如学校的工作生活,则混合使用参与式观察和非参与式观察,既可以作为旁观者记录观察对象的生活,也可以参与到观察对象的生活中去。

（四）结构式观察与非结构式观察

按研究者是否有统一的设计、有结构的观察内容和要求,分为结构式观察与非结构式观察。

结构式观察是指研究者有明确的观察目标、研究问题和观察范围,严格按照观察计划和观察指标体系,对整个观察过程进行系统地、有效地控制和完整、全面地记录的可控性观察。例如,在研究幼儿攻击性行为特点时,使用包含 24 个项目的幼儿攻击性行

---

① 陈向明.教师如何作质的研究[M].北京:教育科学出版社,2001:122.
② 武旭晌,张天羽,张向葵.在园幼儿学期内攻击性行为的发展特点——基于观察的短期追踪研究[J].陕西学前师范学院学报,2020,36(12):44-59.

为观察表,幼儿每出现一次目标行为,记相应的攻击行为 1 次,最终观察结果以攻击性行为和相关要素的频次进行统计。通过对数据的分析,研究者得出在学期中期,小班和中班幼儿的攻击性在行为上无显著差异;但是,大班却发生了明显的变化,男孩在身体攻击和语言攻击上强于女孩的结果。结构式观察法可以获得大量的确定且翔实的观察资料,并有利于对观察对象进行定量分析和对比分析,常用于对研究对象有较充分了解的情况。上述案例中观察者在正式观察前进入预选班级适应,在 2 周的适应阶段观察者熟记所在班级每位幼儿的名字,同时根据自己的喜好对每个幼儿进行个性化编码,以便于后期有效记录。但是结构式观察法缺乏弹性,对观察人员的要求也比较高,进入观察前要做好大量的准备。

非结构式观察是观察者对研究问题的范围和目标采取弹性态度,对观察内容与观察步骤不预先确定,没有具体的记录要求的非控制性观察。这种方法比较灵活,适应性强,简便易行,但获取的材料比较零散,难以进行定量和严格对比研究,多用于探索性研究。[①]

综上所述,研究者在教育研究过程中可以根据研究主题和需要灵活选择不同的观察方式,但是在一般情况下,通常使用体验性的观察方式。不管使用哪些方法,观察者都必须事前阐明自己的身份和研究目的,不得对观察对象有所隐瞒。对公不公开研究者的身份,学界有不同的看法。有学者认为只有通过对研究对象隐瞒研究者的身份进行观察才能够发现"真实"的情况。持反对意见的学者认为,研究的情境本身就是"真实"的,因此,研究者不应该刻意隐瞒身份。从研究伦理的角度看,研究者隐瞒自己的身份进行观察,是违背了"志愿参与"的原则,观察对象有权利了解研究的真实目的和实施计划,可以根据自己的意愿决定是否参与研究。在观察中研究者应该注意科研道德,如实地阐明身份和研究计划,不能观察和过问个人不愿意公开的隐私,需要进行录像或录音时要征求研究对象及其利益相关者的同意。[②]

第二节　教育观察技术

从上节可知,各种观察法都有其优点与不足,所以在实际使用观察法进行教育研究时,研究者可根据研究的目的和具体的情况加以选用。本节主要围绕观察记录的方式区分叙述性观察法、取样观察法与观察评定法。

一、叙述性观察法及其运用

叙述性观察法也称描述性观察法,是观察者在没有预定的研究范畴或类别的情况下,依据简要的观察纲要,随着行为或事件的发生,作详细的、全方面的记录,然后对观察资料加以分类,以非数字化的形式呈现观察结果的方法。叙述性观察属于定性观察,

---

①　和学新,徐文彬.教育研究方法[M].北京:北京师范大学出版社,2015:239.
②　陈向明.教师如何作质的研究[M].北京:教育科学出版社,2001:124.

定性观察一般需要较长的时间,在观察的过程中研究问题可以不断地重构,资料分析的手段也是质化的。叙述性观察法主要有以下三种类型,即日记描述法、轶事记录法和事件详实记录法。

(一) 日记描述法

日记描述法是对观察对象进行长期的跟踪观察,以日记的形式记录同一个或同一组观察对象行为表现的方法。记录内容有两种①:一种是把观察对象各个方面的行为表现如实、全面地记录下来。另一种是只记录观察对象某一方面或某几个方面的行为表现。日记观察法是在日常生活中边观察边记录,观察者与观察对象关系较密切或接触频繁时常运用的方法。由于观察是在自然情景中进行的,所获取的资料真实可信。日记观察法通过长期的观察记录连续变化、新的发展或新的行为,能够系统地获取观察对象的完整的、连续性的行为发展变化。现代的儿童心理学家皮亚杰用日记描述法记录自己孩子的认知发展过程,我国著名的陈鹤琴先生,也是采用日记描述法进行观察,在大量原始资料的基础上,编写了《儿童心理发展之研究》一书。

日记描述法比较适用于长期跟踪研究、个案研究与生态学研究,有利于对行为进行定性分析。通过长期的观察记录,可以掌握观察对象发展的阶段性和连续性,记录的材料真实可靠。日记观察法的局限是因需要观察者长期跟踪观察,耗费大量的时间和精力。且往往用于对个别对象的日常观察,搜集到的样本太小,较缺乏代表性。观察者在选择观察对象时往往会选择身边的、亲近的人,因此研究过程易带有主观意识。②

(二) 轶事记录法

轶事记录法是教师最常用的一种方法,是以记事为主,从事件或行为刚刚发生到结束,全过程都要完整地记录下来的一种方法。它不仅便于观察与记录儿童的新行为或言语反应,还可以记录观察者感兴趣的,认为有价值的、有意义的行为和反应以及可表现观察对象个性的行为事件。记录时通常要求将行为或事件发生的过程客观、准确、具体地记录下来,如观察对象的行为、语言、音调、面部表情等情绪变化,除此之外还要记录观察对象行为发生的背景以及与之联系的其他人的活动③。

轶事记录是观察法中最容易、最简便的方法。它不受时间限制,不需要特殊的情境和步骤,不需要编码或分类、制表等,随时随地都可以记录。凡是观察者认为有价值、有意义的行为或事件,均可以观察记录。无法在现场详实记录时,教师可将事件记在脑中或将关键内容快速记在纸条上,事后一定要及时用文字把当时的情况写下来,以免时间过长,影响事实的完整性和客观性。以下是轶事记录的例子(表 4-1,表 4-2)。

---

① 侯怀银.教育研究方法[M].北京:高等教育出版社,2009:125.
② 淘保平,钱琴珍.学前教育科研方法[M].3 版.上海:华东师范大学出版社,2014:61.
③ 淘保平,钱琴珍.学前教育科研方法[M].3 版.上海:华东师范大学出版社,2014:61.

表 4-1　幼儿园教师的轶事记录①

观察日期	2022.10.18	观察时间	10：20～10：30	观察者	金老师
观察对象	张磊	观察对象年龄	4 岁	观察地点	自然科学区

观察记录：为开展自选游戏，我们重新设置了活动室环境，提供了娃娃家、积木区、美工区、自然科学区等各类游戏活动区域及相应的玩具、活动材料。科学区设在有阳光的一面窗前，有一些动植物如金鱼、花草、种子等。一天，张磊很高兴地跑来告诉我，他发现了"七色光"，并拉着我来到科学区。只见孩子们聚在金鱼缸旁，正兴奋地喊着"七色光""七色光"。孩子们对七色光彩虹如何产生纷纷发表着意见。原来，太阳光照射在盛满水的鱼缸上，反射出七色光。张磊说，是他先看到并告诉大家的。张磊这孩子在班上最顽皮，平时捣乱惹事的总有他，拿他简直没办法。今天看到他这么认真的样子，真为他的进步而高兴。

行为分析：我意识到环境对儿童的影响作用，教师应注意创造适宜幼儿发展的条件，要使环境能够激发和促进幼儿积极思维，发现问题和探求答案。幼儿正是在他们的生活和游戏中不知不觉地学习的。

表 4-2　小学教师的轶事记录②

观察记录：一段优美动听的古筝曲在一(7)班的教室里回荡。这美妙动听的曲子震撼了班上的同学，也震撼了我的心。为何？弹奏这首曲子的孩子是我们班学习最吃力的孩子。一篇短短的课文就要背上几天才勉强背诵下来。这样的一个孩子，却能将这段长长的曲子记下来并娴熟地演奏出来，不得不让人刮目相看。

解读与反思：教师总认为只有学习好的学生才是人才，对他们总是高看一眼，平时的态度和赞赏也是比较积极的。而对那些学习态度不端正的学生则打心眼里看不上，也赞赏不起来。认为他们不是读书的料，将来也不会有多大出息。因此，对他们的评价也是消极的，眼睛总是被蒙蔽着，看不到他们身上的闪光点。"尊重、赞赏每一位学生"，说起来容易，做起来难。这就要求我们更新观念，要尊重每一位学生，还要会赞赏，赞赏学生取得的极其微小的成绩；赞赏孩子付出努力时所表现出来的善意；赞赏学生的个性、爱好和成长。

轶事记录法不像日记描述法需要连续记载新的发展或新的行为，而是着重记录某种研究者认为有价值的行为或感兴趣的事例。轶事记录可以帮助教师分析儿童成长和发展，了解不同儿童的个性发展，以便有针对性地进行教育干预。但是这种典型事件可能是偶发的，缺乏说服力和代表性，只有在不同的背景下，通过多次、多方收集资料，才能有效分析其行为的意义。

（三）事件详实记录法

事件详实记录法是详细、完整地记录观察对象在自然状态下所发生的行为，可以是对观察对象的行为进行连续的定期观察，也可以是定点的持续观察。事件详实记录法是从日记描述法和轶事记录法发展而来的，它比轶事记录更详细完整，尽可能地获得行为或事件的最重要因素。这种观察法是研究者有目的、有计划地进行的，并且运用多种观察手段，可以借助录像、录音等设备，将观察行为和事件全部记录下来，供后期分析处

①　张燕，邢利娅.学前教育科学研究方法[M].2 版.北京：北京师范大学出版社，2014：63-64.
②　鲁海华.走进孩子的心灵——对班级轶事的解读与反思[J].小学德育，2008(15)：54-55.

理。这些资料既可以做定性分析,也可以依照定量分析的要求进行分析。

事件记录过程中观察者应该尽可能对行为进行详细客观的描述,不做主观推断和分析,要注意将描述事实与对事实的解释和评价区分记录。以下是一段幼儿园图书角的现场记录(表4-3)。

表4-3 幼儿园图书角的现场记录①

观察对象:丽丽
幼儿年龄:4岁
观察地点:幼儿园教室
观察时间:上午9:20~9:35
活动内容:自由游戏

时间	幼儿行为	解释与评价
9:24~9:29	丽丽慢慢地走到图书角。乐乐、冬冬和天天已经坐在那儿看书了。她坐下来,但没有和任何人说话。天天对丽丽的到来立刻做出了反应,说:"嗨!丽丽,来和我一块儿读书好吗?"丽丽说:"我不会读。"天天说:"我们先看画画吧!"丽丽慢吞吞地表示同意:"好吧。"天天高高兴兴地走过去取书。丽丽没有跟乐乐和冬冬打招呼,乐乐和冬冬也没对丽丽说什么。	看起来,丽丽是个胆怯、羞涩,近乎有些畏惧的孩子。她没有搭理天天的招呼,甚至连看也没有看别人一眼。她回避天天的靠近,似乎拒绝别人身体与心理上的接近。丽丽易分散注意,不能集中目标进行社会交往,因为天天邀请她一块儿看书时,她却东张西望、心不在焉。但她的行为并没有表现出对天天的敌意,或任何不喜欢的迹象。我觉得丽丽缺乏丰富的情感,对与别人的交往不大感兴趣。
9:29~9:30	天天拿了一本书回来,想靠近丽丽坐下,但丽丽却往边上移了移,使他们之间保持了一段距离。乐乐问:"你们两个在干什么呀?"天天回答说:"不用管,我们忙着呢!"丽丽却一语不发,站起身来慢慢地走向积木角。	

如果在初次进入课堂开始进行观察,还没有确定观察重点时,观察者可以以时间为线索,结合课堂活动的变化对能够观察到的各方面做详细记录,并且可以将自己的现场感受和理解体现出来。以下是一位研究者在中学进行课堂观察时所做的田野笔记。

➤ **线上链接** 上海市第三女子中学课堂观察田野笔记 详见本章二维码

在教育实践和研究实践中,可以采用事件详实记录法,比如,可以对教师的教学活动进行记录,分析活动中师生互动情况,从而发现存在的问题,提出改进建议。事件详实记录可以提供详细丰富的有关观察对象的行为及其发生环境等资料,并可以长久保留。但是此记录方法对技术要求高,需花费较多的时间与人力处理所记录的资料。

叙述性观察法的特点是手段简便、易行,所获得的资料完整、自然、真实且生动。三种不同的方法所强调的着重点不同。日记观察法是在较长时间内,对行为事件作详细记录,有相关背景和情节;轶事观察法是对研究者认为有意义的、典型的事件进行记录;事件详实观察法是在一段时间内研究者有目的、有计划地对某一事件或行为作连续的、

---

① 淘保平,钱琴珍.学前教育科研方法[M].3版.上海:华东师范大学出版社,2014:63.

完整的记录,强调事件或行为的前因后果。叙述性观察法是一种定性研究的方法,比较适合教育类实践性强的学科,通过观察能获得大量的资料可以进一步分析和数量化研究,也可以提出新观点、建立新理论。

二、取样观察法及其运用

取样观察法与叙述性观察法不同,它不是详细地描述行为或事件,而是根据预先确定的标准,选取行为的样本进行观察研究。取样观察法结构比较严谨,需要周密计划,属于封闭性观察,对观察对象做有控制的系统观察。它对研究者的要求较高,需在观察前要做大量的准备工作,包括选择行为样本,严格规定行为定义,决定观察所运用的结构或形式,设计记录表格,预先训练观察者,建立观察信度等[①]。

取样观察法可以减少观察和记录时间,观察者在较短的时间内获得需要的、大量的有代表性的资料,且便于统计整理。取样观察法常用于对较多对象作观察,主要有以下两种类型,即时间取样法和事件取样法。

(一) 时间取样法

时间取样是研究者以时间作为选择标准,专门观察和记录在特定时间内所发生的特定的行为。研究者事先确定所要观察的维度,然后选择时间段进行观察,并把观察到的结果记录到事先拟定好的记录表上。

时间取样法可以收集到的内容有:某一行为或事件出现或发生与否;该行为或事件出现或发生的频率;该行为或事件出现或发生的持续时间。由上可知,时间取样法的使用前提是将在一些较短时间内观察到的行为视为它们平时一般行为的代表性样本。它只适用于某个时间段经常发生或出现的行为。因此,研究者进行观察前要初步了解确定所要研究的行为或事件是否经常发生或出现。比较典型的时间取样法有弗兰德斯互动分析系统(Flanders interaction analysis System,简称 FLAS),是美国学者弗兰德斯在 20 世纪 60 年代提出的一种课堂中观察师生互动行为的系统,也是记录和分析教师的教学行为和师生互动事件的分析系统。[②] 该系统仅针对师生的言语性相互交往活动进行判别,它有明确的编码方法和具体的分析步骤,通过编码分析可以客观地记录师生言语互动过程。相比传统的听课记录,此系统可以进行量化分析,结果显得更为公正客观,因而被广泛用于指导教师的课堂教学。

弗兰德斯以课堂言语活动的十个种类为基础,把十个课堂上的语言互动行为分为教师语言、学生语言和沉默或混乱三类(表 4 - 4)[③]。

---

① 张燕,邢利娅. 学前教育科学研究方法[M]. 北京:北京师范大学出版社,2014:68.
② 玉冬兰,郭猛,严燕华. 弗兰德斯互动分析系统在幼儿园集体教学中的应用[J]. 学前教育研究,2009(8):3 - 8.
③ 戴维·霍普金斯. 教师课堂研究指南:第三版[M]. 杨晓琼,译. 上海:华东师范大学出版社,2009:89.

表 4-4　弗兰德斯互动分析编码系统

分类		编码	内容
教师语言	间接作用	1	接纳学生的感受:以一种毫无威胁的方式接纳并解释学生的感受。感受可能是积极的,也可能是消极的,包括对学生的感受的预言和回忆。
		2	表扬或鼓励:表扬或鼓励学生的行为。这包括既缓解紧张气氛又不伤害另外一个学生的玩笑话、点头肯定、用"嗯嗯"或"继续说"表示赞成等。
		3	接受或采纳学生的观点:阐明或阐发学生的观点或建议。当老师开始更多地表达自己的观点时,转向第5类。
		4	提问:同一个关于内容或程序的问题,目的是让一个学生来回答。
	直接作用	5	讲解、发表个人看法:列举事实或提出对内容或程序的看法,表达自己的观点;设问等。
		6	给予指示:希望学生遵从的指示、指令或命令。
		7	进行批评或维护权威性:声明,旨在转变学生行为,使之从不可接受的行为模式转变到可接受的行为模式;大声训斥学生;说明老师为什么这样做的原因。
学生语言		8	学生被动回应:学生发言以回应老师。老师主动与之交流或点名要学生回答问题。
		9	学生主动发言:学生主动发言。如果"点名"只是为了表明一下该谁发言的话,老师必须判定学生是否想发言,如果他想发言,就点他。
沉默(混乱)		10	沉默或表述不清楚:停顿、短暂的沉默或表述不清楚,在这些时候,交流活动无法被观察者所理解。

　　弗兰德斯互动分析系统要求在课堂观察中每隔3秒钟记录最能描述教师和班级言语行为种类的相应编码,类别号码按时间的延续顺延记录在小方格中,每个方格代表3秒钟。如表4-5,数据表的每行共有20个方格,代表大约1分钟的时间,整个表格共15列,可以记录15分钟的活动。

表 4-5　弗兰德斯课堂互动情况观察表

1																				
2																				
3																				
4																				
5																				
6																				
7																				
8																				
9																				
10																				

（续表）

11											
12											
13											
14											
15											

弗兰德斯互动分析系统最适合用于收集课堂数据，这些数据可用来作为行动的基础。因此，如果使用弗兰德斯系统进行分析之后，教师发现自己讲得太多，那么就可通过课堂研究程序对之进行改进与监控。

时间取样法省时、简便、客观，可进行量化分析。但是，它只适用于容易被观察到的一些外显行为，观察对象内隐或隐蔽性行为是无法观察记录的。这种方法所获得的资料往往说明行为的种种特征，不能掌握有关环境、背景的资料。

（二）事件取样法

事件取样法是以特定的行为或事件为取样标准，是专门观察记录预先确定的行为表现或事件的完整过程的观察方法。与时间取样法不同，事件取样法不受时间间隔和时段规定的限制，只要预定的行为或事件出现，就必须马上记录并可随事件的发展持续记录其全过程。事件取样法关注的是行为如何发生、如何变化、结果如何等问题，而时间取样法则注重在规定时段内预定行为的出现与否、出现的频率以及持续的时间。在记录方法上事件取样法即可采用时间取样法的行为分类系统，也可结合事件详实记录法记录。①

研究者先确定研究的行为或事件，确定其操作意义。观察前应该了解这类行为或事件的一般情况，以便于在最适当的时机与场合进行观察。记录时可以采用提前编码记录法，也可用描述性记录法。记录要包括以下内容：任性者与任性行为的对象；任性行为的起因；任性行为的表现形式（双方的语言、动作及表情等）；行为结果；持续时间。

观察中班幼儿结构游戏中的求助行为时，研究者采用事件取样法，只要幼儿在结构区进行结构游戏并出现求助行为就进行记录，如此连续观察三天。研究者事先设计《幼儿在结构游戏中的求助行为》（表4-6）观察记录表，并将其作为观察记录工具，采用画记号的方式，记录不同结构游戏中的求助背景、求助者性别、求助原因、求助对象、求助效果等方面的信息。②

---

① 淘保平，钱琴珍. 学前教育科研方法［M］. 3版. 上海：华东师范大学出版社，2014：65.
② 黄瑶，莫文. 中班幼儿结构游戏中求助行为的现状与分析——以某幼儿园为例［J］. 教育观察，2021，10（12）：22-33.

表4-6 幼儿在结构游戏中的求助行为观察记录表

姓名	年龄	求助背景	求助者性别	求助原因	求助对象	求助效果	求助手段
A							
B							
C							

　　事件取样法也可运用于课堂提问行为的观察上,就是要对发生在课堂上的某一个或某几个提问行为的完整过程进行记录。表4-7是一份课堂提问过程取样记录表。在这份表格中,观察者将教师的课堂提问过程分为问题设计、提问、叫答、候答、理答5个环节,并把这5个环节作为5个观察维度,每一个观察维度又划分出几个观察点和具体的指标。这是为了研究课堂提问的有效性而设计的,包含了课堂提问事件的完整过程中的每一个环节。①

表4-7 课堂提问观察记录表

观察维度	观察点	观察指标	具体呈现
问题设计	类型与层次	1. 思维水平:低层次问题还是高层次问题	
		2. 思维方式:聚合式问题还是发散式问题	
		3. 思维比重:内容性问题还是加工性问题	
	针对性	1. 针对教学任务中的哪一部分	
		2. 针对学生中的哪部分群体	
提问	清晰性	1. 与授课内容直接相关	
		2. 仅包括学生回答该问题时所需的词汇、术语	
		3. 用语简洁、明确,与学生认知水平相符	
	启发性	1. 答案的非简单应答性	
		2. 答案的非唯一性	
		3. 答案的非修饰性	
		4. 答案的非自答性	
	少量性	问题数量	
候答	时间	1. 老师提问和学生反应之间的暂停时间	
		2. 学生回答和老师反馈之间的暂停时间	
叫答	课堂参与	1. 参与的对象、次数、时间	
		2. 叫答的方式与技巧	

----

　　① 荆雁凌.观察记录方法在课堂提问研究中的应用[J].教育理论与实践,2009(11):39-41.

（续表）

观察维度	观察点	观察指标	具体呈现
理答	澄清	用不同的术语重新陈述同一个问题	
	追问	1. 让学生解释这样回答的原因	
		2. 让学生举例解释	
	转问	让另一个学生回答同一问题的数量及解决技巧	
	悬置	1. 对待悬置问题的态度	
		2. 问题的数量及解决方式	

事件取样法兼有时间取样法和轶事记录法的优点，它可获取有代表性的行为样本，又可以观察行为事件的全过程，还可得到与行为事件有关的背景材料，有助于分析行为事件的因果关系。收集资料所用的时间比较经济，运用预先编码的记录方式，还有助于集中观察和组织压缩资料。事件取样法没有特别限制的条件，可运用于比较广泛的行为事件研究。[①]

三、观察评定法及其运用

观察评定法是研究者在观察的基础上，对行为或事件作出判断，观察者根据预定标准，在观察行为的同时，要对观察的行为作出评价。观察评定法包括两种类型，即行为核查法与等级评定法。

（一）行为核查法

行为核查法是研究者将要观察的行为项目排列成清单式的项目表，然后通过观察，检查核对该行为或事件是否出现或发生的一种方法。行为核对法具有诊断、测量的功能，它使观察更具有针对性，是教育研究中常用的一种观察记录技术。

实施行为核查法，一般有以下三个步骤[②]：

第一，研究者根据研究目的，列出主要观察的项目。

第二，根据主要项目分解出具体项目，即将各类行为的详细表现，细化到观察对象在特定情境中可能出现的行为。

第三，排列制表，把细化的行为表现根据观察的需要按一定的逻辑顺序进行排列。如根据难易度为序，最后编制成表格。

为了解中学生学习行为问题，围绕学习能力、学习态度与动机、学习策略和学习情绪4个方面编制了行为检核表，以下是其中学习能力方面的行为表现检核表（表5-8）[③]。

① 金哲华,俞爱宗. 教育科学研究方法[M].北京:科学出版社,2011:138.
② 张燕,邢利娅. 学前教育科学研究方法[M].2版.北京:北京师范大学出版社,2014:80.
③ 范晓玲,杨永韵,沈莹盈,靳展.中学生学习行为问题检核表的初步编制[J].教育测量与评价,2016(04):9-15.

表 4-8　中学生学习行为问题检核表

分量表	学习行为表现	有	无
学习能力	1. 常常忘了带书、带笔记、交作业		
	2. 听课的时候会经常走神		
	3. 做题会粗心做错		
	4. 经常漏看题目		
	5. 阅读时呈现不流畅的情形		
	6. 说话啰唆，抓不住重点		
	7. 作文经常有文法上的错误		
	8. 学到的知识很少运用到实际生活		
	9. 不同学科知识不会融会贯通、灵活运用		
	10. 空间知觉较差		
	11. 方向感不好		
	12. 动作笨拙		

　　行为核查表还可以用于记录观察对象参与活动的时间和类型。表 4-9 是记录幼儿在室内区角活动的选择和兴趣情况，画"√"表示一般参与，画"★"表示在该区角花了大量时间。通过此表教师可以了解班级幼儿对各个区角的参与情况和兴趣。

表 4-9　幼儿参与区角活动行为核查表

日期：				记录者：			
姓名	阅读区	建构区	自然角	美工区	角色区	科学区	益智区	备注
A	★		√	√	√		√	
B		√	√	★		√		
C	√	★	√	√		√		
D								请假
……								
总计								

　　如表 4-10 中针对教师提出的每个问题，就每类问题的提问的次数予以统计，提问一次画一个√。[①]

　　① 荆雁凌. 观察记录方法在课堂提问研究中的应用[J]. 教育理论与实践,2009(11):39-41.

表 4 - 10　课堂提问核查表

核查教师提出的每个问题,并计入下面的分类中	次数	总数
A. 要求学生在黑板上解决问题	✓✓✓✓	4
B. 要求学生在座位上解决问题	✓✓✓✓✓✓✓	7
C. 提问有问题的学生以及已经理解的学生	✓✓	2
D. 其他	✓✓✓✓✓	5

　　行为核查表的特点是观察目标明确,能迅速有效地记录所观察的内容,省时、易行。缺点是行为核查表仅限于记录行为之有无或存在与否,无法保留原始实况包括行为或事件发生的情景和背景资料。

　　(二)等级评定法

　　等级评定法是用等级评定表对所观察的行为或事件作出评估的一种方法。它不必对观察的具体事实进行描述或记录,而是观察之后,按评定量表规定的项目,凭借研究者的印象,对观察对象的行为给予数量化的评定,用数量化的形式判断出现的行为在程度上的差别。如表 4 - 11,纵向维度列出需要观察的行为,横向维度关注的是行为的完成程度,分为"无""完成得一般""完成得较好"三个等级水平,并赋值"1""2""3"。观察时,观察者可根据自己的印象在代表程度水平的相应处打钩或画圈。①

表 4 - 11　有效教学观察表

教师行为	无	完成得一般	完成得较好
清晰告知本课程教学目标	1	2	3
阐释本次教学内容与前几次教学内容的关系	1	2	3
按照逻辑顺序呈现教学内容	1	2	3
回顾整节课的教学内容	1	2	3
概括本课的主要观点	1	2	3
在本次教学与未来教学之间建立关联	1	2	3
教学速度恰当	1	2	3
运用语调变化强调教学重点	1	2	3
恰当地运用体态语	1	2	3
清晰地阐释观点	1	2	3
……	……	……	……

　　关于对教师的科学教学情况进行等级评定时使用的量表。每一项有 3 个等级,从

①　丁炜,陈静逊.小学教育科学研究方法[M].2 版.上海:华东师范大学出版社,2012:100.

5 分到 1 分,依次递减,5 分为最高分,1 分为最低分。[①] 可参见线上资料。

> **线上链接**　*小学科学教师课堂教学能力观察量表　详见本章二维码*

等级评定法适用范围广泛、操作简单,是教育研究中经常使用的一种方法。教师可以根据评定表对学生的学习态度、基本运动技能等进行评价。但是评定过程本质上是主观的,依靠评定者个人作出判断,而非实际行为的客观记录。且评定量表所用术语较模糊,容易造成评定者之间对术语理解不一致导致评定等级存在偏差。

在使用等级评定法时应该注意以下几点:其一,在编制量表时尽可能拟定具体的标准,如对评定等级的数字或词语应附有意义说明。其二,在不同时间做多次评定,最后求出平均值;或由多个观察者做出判断而计算平均值,增强观察的客观性和可靠性。其三,等级评定法应在多次观察的基础上进行。评定法主观成分强易带偏见,因而观察者应在实地观察的基础上进行,尽可能排除观察的偶然性和片面性。[②]

第三节　教育观察法的实施

运用观察法获取观察对象的资料,需要经历观察前的准备工作、实际观察与记录、资料整理与分析等三个阶段。这些阶段可以相对独立,但是在实际操作时各个阶段之间的分界并不清楚,因为质性研究本身具有循环的特性,观察中不同阶段实际上都在以螺旋上升的方式往前发展,各自之间也有不同的交叉和融合。[③]

一、观察前的准备工作

在正式观察之前,研究者需要确定观察问题与明确观察目的、制定观察计划和编制观察提纲。

（一）确定观察问题,明确观察目的

在进行观察之前,研究者首先要确定观察的问题。"研究问题"与"观察问题"不同。前者是研究者所要探究的研究现象中提炼出来的;后者是研究者确定了"研究问题"之后决定选择使用观察的方法,根据观察的需要而设计的、需要通过观察活动来回答的问题。"观察问题"是回答"研究问题"的工具。观察问题是一个次级的问题,要与研究的问题区分开,且研究问题是一个比较抽象的问题,而观察问题则应该是具体的、可操作的问题。除了观察问题,还需明确观察目的。观察问题和观察目的回答了"要观察什么"和"为什么观察"两个重要问题。只有明确观察问题和观察目的,才能进一步制定详细的观察计划和合理的观察提纲。在这一阶段,研究者需要广泛搜集并阅读相关文献资

---

①　王碧梅. 小学科学教师课堂教学能力的评价研究[D]. 西安:陕西师范大学,2017.
②　张燕、邢利娅. 学前教育科学研究方法[M]. 2 版. 北京:北京师范大学出版社,2014:87.
③　陈向明. 质的研究方法与社会科学研究[M]. 北京:教育科学出版社,2000:236.

料,可以请教有关专家或同行交流,更全面、更深入地认识和了解观察问题的相关背景。[①]

（二）制定观察计划

根据观察问题和观察目的制定详细的、可操作的观察计划,计划应该包括以下几个方面的内容。[②]

第一,观察对象、观察范围:我要观察哪些人？我要观察什么现象？这些人和现象为什么值得观察？

第二,观察内容:我要观察什么？观察的具体内容是什么？内容和范围有多大？要搜集哪些资料？通过观察这些事情可以回答什么问题？

第三,观察地点:我打算在什么地方、哪个位置进行观察？这些地方有什么特点？我为什么要在这里观察？

第四,观察时间:我打算在什么时间进行观察？一次观察多长时间？每个观察对象或现象进行多少次观察？我为什么选择这个时间、长度和次数？

第五,方式与手段:我打算用什么方式进行观察？是参与式还是非参与式？是直接观察还是间接观察？用叙事观察法、取样观察法还是等级评定法？观察时是否使用仪器设备？具体要用什么仪器？这些仪器有何利弊？

第六,观察效度问题:观察中可能出现哪些影响效度的问题？我打算如何处理这些问题？我计划采取什么措施获得比较准确的观察资料？

第七,研究伦理问题:观察中可能出现什么伦理道德问题？我打算如何处理这些问题？我如何使自己在研究中尽量不影响观察对象的行为或事件的发生？

第八,其他:有多个研究者共同进行研究时如何分工？有多个观察者时是否需要提前培训？

制定观察计划一定要符合实际情况、考虑周密、条理清晰、明确具体、有指导性和可行性。如果观察者对观察活动不太熟悉,那可以先进行预观察,初步了解观察对象和现场之后再制定观察计划。观察计划书的结构没有固定的格式。计划书不是绝对的,在实施过程中如果发现新情况、新问题或原定的观察计划不符合实际,也可以根据实际情况做调整。

（三）编制观察提纲

拟定好观察计划后,需要编制具体的观察提纲,观察提纲是对观察对象和观察内容的具体化。在编制观察提纲时,一定要查阅有关文献资料,掌握一定的理论框架,厘清有关变量的内涵,并结合实际制定。通常,观察提纲要回答以下六个问题。[③]

第一,谁？（有谁在场？他们是什么人？他们的角色、地位和身份是什么？有多少人在场？这是一个什么样的群体？在场的这些人在群体中各自扮演的是什么角色？谁

[①]　陈向明.质的研究方法与社会科学研究[M].北京:教育科学出版社,2000:236.

[②]　陈向明.教师如何作质的研究[M].北京:教育科学出版社,2001:126.

[③]　金哲华,俞爱宗.教育科学研究方法[M].北京:科学出版社,2011:141.

是群体的负责人？谁是追随者？）

第二,什么？（发生了什么事情？在场的人有什么行为表现？他们说/做了什么？他们相互之间的互动是怎么开始的？不同参与者在行为上有什么差异？他们行动的类型、性质、细节、产生与发展的过程是什么？）

第三,何时？（是什么时候发生的？持续了多长时间？出现的频率是多少？）

第四,何地？（这个行为或事件在哪里发生的？这个地点有什么特点？）

第五,如何？（这件事是如何发生的？事情诸方面关系如何？）

第六,为什么？（为什么这些事情会发生？促使事情发生的原因是什么？）

观察提纲有一定的开放性和变通性,它只是一个大致的框架,为观察活动提供方向,研究者在进行观察时,应根据实际情况对观察提纲进行修改。

二、实际观察与记录

实际观察是指观察实施的具体过程。进行实际观察应尽量按照计划进行,如果计划内容有所变动,则可以根据实际情况灵活应对,但是不建议轻易改变观察对象或观察的重点。在进入正式观察之前,需要安排预备观察。因为当不熟悉的人进入他们的生活或工作环境,观察对象可能会有意无意地改变自己原有的行为。为了消除这种干扰,可安排 1～2 次预备观察。观察者在实际观察时应注意以下几点。[①]

第一,选择最佳观察位置。观察者应该要保持观察对象的常态下自然进行,既要保证观察的最佳视野,也要保证不影响观察对象的活动。选择合适的观察位置,对于观察效果有重要的意义。为了准确的观察到观察对象的行为和表情,观察者要面对观察对象,且在观察的过程中,根据事件的发生适当调整自己的观察位置,保持合适的距离。

第二,不干预观察对象的活动。在观察过程中,观察者尽可能避免与观察对象直接交流意见,更不能对观察对象的行为表现作肯定或否定的评价。观察的目的就是对观察对象自然行为的产生进行观察记录,如在观察儿童的攻击性行为时,当两位儿童为了争夺玩具而产生争吵,观察者没必要去制止他们,因为研究目的就是要观察儿童的攻击性行为。如果制止事件发生,那我们如何去获取这些信息呢？观察者的任务就是客观的、详细地记录事件发生的过程,至于对争吵儿童的教育批评可以在观察结束后予以适当处理。当然,观察过程中发现导致身体伤害或危及生命安全的情况,这时制止是必须的。

第三,善于抓住引起各种现象的原因。科学的观察不仅要搜集事实,更重要的是要对事实进行分析,找出各种现象间的相互联系。因此,在观察过程中,一定要与分析相结合,必须一边观察一边思考。在做记录的时候,观察者对观察的现象有自己的某种思考,或对观察结果有看法时,观察者可以简要地在观察记录的旁边注明,研究者的这种思考一定要与观察记录严格的区分开。这种记录在今后对资料进行分析时可以提供有意义的观点。

第四,善于与观察对象建立良好的关系。在教育研究中,观察对象往往是人,因此,

---

① 欧群慧,刘瑾.小学教育研究方法[M].北京:北京师范大学出版社,2013:116.

与观察对象的关系有可能会影响观察效果。尤其是参与观察,更要与观察对象建立和谐良好的关系,以免其产生戒备心理。最重要的是获得观察对象的信任,而要获得观察对象的信任,研究者自己必须做到坦率、真诚、信任对方。研究者应该向观察对象作自我介绍,告诉对方自己的个人背景、研究目的与内容、研究结果的去向等。研究者还要向对方承诺自愿原则和保密原则,明确告诉对方可以选择不参与研究,自己会对对方提供的所有信息保密。与观察对象建立关系不是一次性的工作,在研究开始时建立的良好关系,可能在研究的过程因种种无法预料的原因使观察者与观察对象的关系变质,因此,观察者需要对关系进行不断地修补或重建。

第五,坚持观察的客观性。客观性是观察的基本原则。如果观察者带有偏见去观察,收集到的资料其客观性、真实性就很难得到保证,那么资料也就失去了它应有的价值。因此,在观察时,观察者要摒弃一切先入为主的观念,要实事求是地进行观察和记录,不得把个人的主观推测和客观事实相混淆。为了增强观察的客观性,研究者可以利用仪器设备进行观察,也可采取两个以上的观察者同时观察记录,然后相互核对记录以达成共识。

在进行观察时,研究者除了使用自己的感官以及其他的仪器设备以外,还可以通过笔记的方式进行记录。如何做好观察笔记,是实际观察中较困难的一个环节。对观察活动进行记录要求按时序进行,所记的事情之间要有连续性,记录应该与事件同步进行,不要对所有事情做一个整体性的总结,尽量把观察到的所有的事情都记下来。如果当场有的细节记不下来,可以先使用一些代号或缩写形式,离开情境后马上就写,就是将从观察到撰写的时间间隔缩减到最低程度,这样才能激发出更新鲜的、更详细的回忆。

记录最基本的原则是清楚、有条理,便于今后查找。通常的做法是,在记录的第一页上方写上观察者的姓名、观察内容的标题、地点、时间、本笔记的标号,然后在笔记的每一页标上本笔记的标号和页码。笔记的段落不宜过长,每当一件新的事情发生、一个不同的人出现、一个新的话题被提起,都应该重点标记或重起段落。①

陈向明建议记录纸的页面应该分成至少两大部分,从中间垂直分开,左边是事实笔记,是指观察者在观察中看到的和听到的"事实"。右边是观察者个人的思考,是指观察者本人对观察内容的感受和解释,是对观察者的同步思考活动的一个现场记录。这个部分非常重要,应该及时地记录下来(表4-12)②。

表 4 - 12   实地观察记录表一

时间	观察到的事件	观察者的解释和疑问
10:10	教师阅读课文,眼睛始终盯着课本,没有看学生一眼。	教师似乎对课本内容不太熟悉。
10:20	教师问了一个课本上有答案的问题(内容略),学生用课本上的答案齐声回答。	教师似乎不注意鼓励学生用自己的语言回答问题。

① 陈向明.质的研究方法与社会科学研究[M].北京:教育科学出版社,2000:247.
② 陈向明.教师如何做研究[M].北京:教育科学出版社,2001:138.

（续表）

时间	观察到的事件	观察者的解释和疑问
10：30	教师问问题的时候,用自己的手示意学生举手发言。左边第一排的一位男生没有举手就发出声音,教师用责备的眼光看了他一眼,他赶紧举起了左手。所有学生举手时都用左手,将手肘放在桌子上。	教师似乎对课堂纪律管理得很严;绝大多数学生对课堂规则都比较熟悉。
10：40	教师自己范读课文,学生眼睛盯着书本,静听教师范读。	教师为什么不要学生自己先读呢? 是否可以请一位学生来范读?

　　叙兹曼和斯特劳斯的现场记录更加精致,将现场观察笔记分成四个部分:①"实地笔记",主要用来记录在现场看到和听到的事实性的内容;②"个人笔记",记录观察者个人在实地观察时的感受和想法;③"方法笔记",记录观察者使用的具体方法及其作用;④"理论笔记",用于记录观察者的初步理论分析。表4-13是一位观察者按照这种格式从中午12：00到12：30在一所大学食堂做的观察笔记①。

表 4-13　大学食堂记录表

实地笔记	个人笔记	方法笔记	理论笔记
12：00　食堂里大约有300人,10个窗口前队伍平均4米长。	我感觉很拥挤。	这个数字是我的估计,不一定准确。	中午12点似乎是学生就餐的高峰期。
12：05　在卖馅饼的窗口排了一个足有2米长的队,而且排队的大部分(大约3/4)是男生。	我想是不是今天的馅饼特别好吃? 是不是男生特别喜欢吃馅饼。	我站在离卖馅饼的窗口5米远的地方,看不清馅饼的质量,不知道这些人买馅饼是不是因为馅饼好吃。	也许买某一样食物的人数与该食物的质量之间存在正相关。
12：10　食堂里有5对成双的男女坐在一起吃饭,两个坐得很靠近,都是男的坐在女的左边。	也许他们是恋人。	我只是根据他们坐在一起的亲密样子判断他们是恋人,这个猜想需要进一步检验。	也许在食堂里就餐时,男生习惯于坐在女生的左手边。
12：20　一位女生将一勺菜送到旁边男生的嘴边,望着对方的眼睛说:"想不想吃这个菜?"	为什么这些"恋人们"在公共食堂里如此"放肆"?! 我对此有反感。	我现在与他们坐在同一张桌子上,可以听到他们的谈话。	似乎女生喜欢主动向男生"献殷勤",这一点与我平时的印象不一样,需要进一步观察和检验。

　　在实际记录时除了对格式有一定的要求外,还对记录的语言有一定的要求。观察中的文字记录提供的是观察活动的一个文本,这个文本是为不在现场的读者理解观察中的"事实"的一个依据。因此,研究者在作记录时,一定要对自己使用的语言进行严格的推敲,保证观察记录的语言要具体、清楚、实在地对观察到的现象进行描述。记录时

---

①　陈向明. 质的研究方法与社会科学研究[M]. 北京:教育科学出版社,2000:248.

的语言要注意以下几点。

首先,观察笔记应该使用具体的语言,不能用抽象的、概括性的或总结性的词语。比如,当在观察幼儿园集体教学活动时,如果观察者写下"今天的集体教学活动是听故事,乐乐坐在椅子上,眼睛看着老师,在听故事的 20 分钟内,乐乐先后出现了与旁边的图图说话、摆弄自己的裤子、离开座位等行为。"这样的笔记,就是过于概括、笼统。在集体教学的 20 分钟内会发生很多行为,但是观察者的记录却寥寥几句,读者无法从上述笔记中了解乐乐的行为发生的过程。观察记录不仅是观察者本人读,还有给不在现场的读者提供信息,因此,当对一个读者可能不太熟悉的现象进行描述时,观察者要尽可能用具体、详细的语言描述其现场,使读者仿佛就在现场一同观察一样。

其次,观察记录使用的语言要求清晰、易懂。这里的"清晰、易懂"主要针对阅读观察记录的读者而言的。比如,我们在观察幼儿园室内环境时,观察记录中写道:"幼儿园的科学区有点小,工具也不全。"当读者读到这个描述时,很可能感到疑惑,他们可能要问:"科学区到底有多小? 可以容纳几个小朋友? 都有哪些可用于小朋友探究的工具? 为什么觉得工具不全? 工具不全的标准是怎么定的?"在作上述记录的时候,也许观察者心里是有标准的,知道自己在说什么,但是其他不在现场的读者很难根据这种描述作出判断。不仅是对读者,若干时间后,如果研究者需要找回当时记录进行核对时,可能会发现,当时的情形已经淡忘了,而眼前的记录又如此含糊不清。因此,在记录时要考虑到现在和将来,考虑读者和自己,记录语言要尽量清晰。

最后,观察者在做记录时应该尽量使用朴实"中性"的语言,避免使用过于文学化的语言、过于通俗的民间语言以及学术性的语言。比如,文学语言虽然能生动、形象的描述当时的情境,但会给读者留有较大的想象空间,容易造成解释上的歧义。民间语言通常带有独特的民族文化特色或地方特色,读者需要有一定的相关文化背景才能理解。有研究者在观察某学校升旗仪式时写道:"升旗仪式庄严肃穆,四处万籁俱寂、鸦雀无声。仪仗队队员一个个英俊潇洒,昂首阔步,观看的人心潮澎湃,但见五星红旗冉冉上升……"此描述过于华丽、文学化,妨碍读者"客观地"了解观察内容。[①]

三、资料整理与分析

结束观察后,要对观察资料进行初步的整理,如对实地观察记录分类、归类存放,对录音、录像、照片等资料要登记并做卡片,以免事后因记忆模糊而造成资料混乱。

观察者亲自观察获得的资料一般是比较真实的,但有时由于观察对象用假象掩饰真实的面目或受观察者主观的因素,影响观察资料的准确性。因此,在资料整理与分析时,要注意几个问题:第一,要检查观察资料是不是通过严格遵循科学方法的程序而获得的。第二,如果资料是用多种方法收集的,则应把通过观察获得的资料和通过其他方法获得的资料进行比较,如发现问题可再去核实。第三,当观察是以小组形式进行时,可将观察者之间获得的资料进行比较。如有差异,小组要进行讨论和验证。第四,对于较重要的问题应注意观察时间的长短。一般来说,长时间的观察比短时间的观察更可靠。

---

①　陈向明.教师如何做研究[M].北京:教育科学出版社,2001:140.

根据观察所搜集到的资料形式,观察者可以做定性分析或定量分析。

（一）定性资料的整理与分析[①]

1. 初步浏览

通过观察,研究者会得到一堆凌乱的、无结构的、无顺序的现场笔记,在整理与分析之前要先对整个资料进行初步浏览,目的是对全部资料有整体的了解和熟悉,同时也可以重新回想起许多实地参与中的情景和感受。这个过程使研究者对原始资料进行各种处理时更能做到心里有数。

2. 整理笔记

对搜集的资料有了初步的了解后,就是对这种凌乱的记录资料进行整理。定性资料的整理工作量大,难度也大,它主要包括分类、建档、编码等具体内容。传统的做法是以手工操作为主,将材料分门别类地写在卡片上,分别标以不同的代码,然后按不同的类别归类放置。随着计算机技术的发展,研究者可以利用计算机将实地记录或现场笔记全部输入文档内,变成可以随时调用、复制、任意组织的文件。要注意在输入计算机时不要对原始资料进行任何修改,确保计算机里的文本与原始记录保持一致。现在也出现了许多专门处理定性资料的分析软件,如 Nvivo,使得研究者分析定性资料的能力大大加强。

3. 资料编码

编码是研究者将原始资料组织成概念类别,创造出主题或概念,然后用这些主题或概念来分析资料的过程。编码是在研究问题的指导下进行的,它使研究者摆脱原始资料的细节,站在更高的层次思考这些资料,引导研究者走向概况和理论。研究者需要逐段逐行地仔细反复阅读每一段记录,分析每一段笔记的内容,并且在阅读中进行资料的各种编码工作。资料编码的方法可分为开放式编码和轴心式编码。

开放式编码关注资料本身,不断为资料中所呈现出的各种主题分配编码标签,不关心主题之间的连接,也不解析主题所代表的概念。研究者可以在阅读笔记时对关键的事件或主题进行标记,写一个初步的概念或标签。在这个过程中研究者可以不受任何约束地创造出新的主题,也可以在后来的分析中改变原来的编码。这时研究者的大部分编码主题都产生于阅读资料和实际记录的过程之中,这个过程要求研究者以开放的心态,尽量排除个人的偏见和研究界的定见,将眼前的材料按其本身呈现的属性进行分类。

轴心式编码与开放式编码相反,编码过程中研究者更为注重的是主题,而不是资料。它着重于发现和建立类别之间的各种联系,包括因果关系、时间关系,并寻找将它们聚合在一起的类别或概念。研究者带着基本的编码主题去看待资料,阅读资料,也会在阅读的过程中会添加新的编码,在分析过程中不断将各种观点、主题组织起来,同时识别作为轴心的关键概念。

---

4. 形成概念

概念化是定性资料分析过程中用以组织资料、概括资料含义的一种主要方式。根据不同的标准或从不同的角度，对资料进行编码后，要思考和比较各种不同主题及分析，看看哪些是反复出现的，哪些存在明显的差异，并从中归纳出解释和说明现象的关系或模式。定性资料分析的关键是能够从大量的经验材料中识别更大的结构和关系，不能仅停留于具体的、特别的行为上。比如，在观察教学过程中的教师行为时，面对具体的教学行为，研究者可以思考，比如"这是教师角色冲突的一种表现吗？""这是新教师和老教师的差异吗？""这是一般的或特殊的表现吗？"等，在依据这些问题对资料进行编码的过程中，我们就将资料概念化了。当然，这一环节是定性资料分析中最为困难的工作。

在观察中研究者所得到的资料是丰富的、生动的和具体的，研究者必须从中进行选择和组织，利用它们来展示更带有普遍意义的教育现象或模式。

（二）定量资料的整理与分析

定量分析可以借助于确立的概念和分析工具。行为核查法、时间取样法、事件取样法比较适合做定量分析。定量分析是对原始资料进行量化处理，运用数理统计的方法进行加总、求平均数、进行差异检验等，得到具有普遍性的结论。

四、观察法的实施要求

为了确保教育观察的科学性和有效性，必须遵循基本要求和原则。遵循原则才能进行有价值的观察活动，使我们获得更加客观的事实，从而提高观察质量及科研水平。运用教育观察法应遵循以下几个原则。

（一）观察要有目的、有计划

研究者要明确观察目的的基础上，制定严密的观察计划，知道每次观察的重点和方式，排除与观察无关的干扰因素，使研究的主要对象及其过程得到充分的暴露。还需要进行预备观察，熟悉观察对象，消除观察对象的陌生感，观察者也可以适应观察环境。预备观察期间，研究者可以选择典型的观察对象或教育现象，这样才能为研究提供足够的观察材料，使研究结论加以推广，产生教育科学研究的效果。

（二）要有一定的相关知识准备

观察者要做好必要的知识准备，要对观察的目的和问题有较清楚的认识。比如，观察教师的课堂教学行为，就应预先对课堂教学行为的特征有所研究。又如，想运用 Nvivo 软件进行分析，就预先对软件的操作有所了解。观察前的知识准备与观察结果的准确性有正相关关系，研究者要将观察与阅读和思考相结合，这样才能通过观察、透过现象抓住本质的东西。

（三）不干预或控制观察对象的活动

为保证观察的客观性，不应对观察对象进行干预或控制，对观察对象的表现不做任何评价，目的在于不影响观察对象的自然行为表现，保持观察对象的常态，这样才能观察到最真实的行为。

（四）全面观察与重点观察相结合

全面观察的同时也要重点观察，没有全面、系统地观察，就不能正确地认识观察对象与其他事物之间的相互联系，无法观察观察对象在周围环境或更大系统中的表现。如果没有重点观察，就不能深入研究问题的本质。因此，在观察过程中一定要注意全面观察与重点观察的结合。

（五）观察记录要全面、系统和准确

观察记录是确保观察到的事实材料准确、客观的重要一环。因此，观察者要做到记录全面、系统和准确。在记录时不能有任何个人的成见或偏见，更不能把个人主观的推测填补观察中的空白。同时，为了观察记录的准确性，观察者要正确理解所观察的行为的操作定义及其类型等。通常是要进行反复的观察和讨论分析，从而达到观察者之间统一的观察标准，使观察结果一致可靠。

本 章 小 结

体现教师专业化的最好途径就是参与研究，对自己的日常行为和学生的学习进行系统、规范、严谨的探究。观察是教育研究的一种最基本的方法，它对于认识教育现象，搜集第一手材料起着重要作用。教师只有对自己的教学行为进行观察和研究，才能够了解自己在课堂上做了什么，这些行为有什么意义，对学生的学习有什么影响，从而改进自己的教学，并提出切实可行的教育改革方案。同理，教师只有观察学生在平时和各项活动中的行为表现，才能了解和掌握他们的学习和思想情况，以便正确引导学生成长。在教育教学工作中，时时需要观察，时时离不开观察，观察活动始终伴随着教育教学的全过程。因此，观察活动在教育工作中意义非常重大。

思 考 训 练

1. 请简述教育观察法的概念与作用。
2. 请阐述教育观察法的实施步骤。
3. 请简述事件取样法与时间取样法、轶事记录法的区别。
4. 请运用事件详实记录法，写一篇小学课堂观察记录。
5. 请自选研究主题，设计一个观察计划和观察提纲。

拓 展 阅 读

1. 陈向明：《质的研究方法与社会科学研究》，教育科学出版社，2000 年版。
2. 陈向明：《教师如何作质的研究》，教育科学出版社，2001 年版。
3. 陈瑶：《课堂观察指导》，教育科学出版社，2002 年版。

参 考 文 献

[1] 陈向明. 教师如何作质的研究[M]. 北京：教育科学出版社，2001.

[2] 陈向明. 质的研究方法与社会科学研究[M]. 北京：教育科学出版社，2000.

[3] 陈瑶. 课堂观察指导[M]. 北京：教育科学出版社，2002.

[4] 丁炜，陈静逊. 小学教育科学研究方法[M]. 上海：华东师范大学出版社，2012.

[5] 戴维·霍普金斯. 教师课堂研究指南：第三版[M]. 杨晓琼，译. 上海：华东大学出版社，2009.

[6] 风笑天. 社会学研究方法[M]. 北京：中国人民大学出版社，2001.

[7] 和学新，徐文彬. 教育研究方法[M]. 北京：北京师范大学出版社，2015.

[8] 侯怀银. 教育研究方法[M]. 北京：高等教育出版社，2009.

[9] 金哲华，俞爱宗. 教育科学研究方法[M]. 北京：科学出版社，2011.

[10] 欧群慧，刘瑾. 小学教育研究方法[M]. 北京：北京师范大学出版社，2013.

[11] 淘保平，钱琴珍. 学前教育科研方法[M]. 3 版. 上海：华东师范大学出版社，2014.

[12] 张燕，邢利娅. 学前教育科学研究方法[M]. 2 版. 北京：北京师范大学出版社，2014.

扫码查看
本章资源

第五章 问卷调查法和测量法

章首语

你最喜欢的一门课是什么？你每天使用手机的时间是多久？你最常用的交通工具是什么？你对自己的学业成绩是否满意？或许我们在不同场合被别人问过类似的问题。教育研究中常常运用问卷调查来获取在教育教学过程中教师、学生和家长的想法或感受,也经常采用测量法对教育对象、教育教学的某些方面进行评价。本章主要介绍问卷调查法和测量法的基本概念、类型以及使用时的注意事项等。教育研究者在掌握问卷调查法和测量法相关知识点的基础上,更重要的是学会在实践中如何使用这两种研究方法,它们在教育研究中的应用范围较为广泛,可以帮助研究者获得大量的数据资料,有助于研究者了解教育的现状,帮助教育者获得更加客观的认知,同时也有助于教育者发现教育过程中的问题,总结教育经验。

学 习 目 标

1. 掌握问卷调查法和测量法的内涵和特点。
2. 熟悉问卷调查法和测量法的基本类型。
3. 掌握问卷调查法和测量法的基本步骤与要求。
4. 能够运用问卷调查法和测量法这两种具体的研究方法进行教育研究。

思 维 导 图

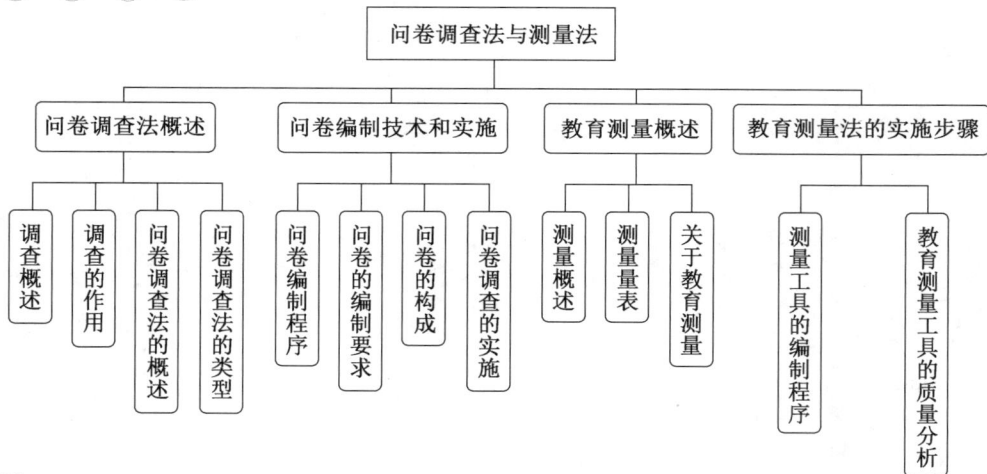

导入案例

关于幸福感的调查研究

　　"中国最具幸福感城市"调查推选活动于 2023 年度开始,历时近五个月,经过大数据采集、问卷调查、材料申报、实地调研、专家评审等环节的严格遴选,成都、杭州等 10 个省会及计划单列市,温州、台州等 11 个地级城市,北京市西城区等 3 个直辖市辖区,广州市天河区、杭州市富阳区等 10 个城区,太仓、瑞安等 11 个县级城市当选①。

　　实际上,迈尔斯和迪纳在 1995 年就开展过关于幸福感的调查研究,它是面向全球范围的调查研究。除南极洲外,他们从各大洲具有代表性的 24 个国家中抽取样本。研究中关心这样一个问题:较富裕国家人民的幸福感是否高于相对贫穷国家人民的幸福感? 即"国力昌盛"是否与人民的"幸福感"相关? 调查结果显示,国家的富裕程度(以人均 GNP 为衡量标准)与国民的幸福感呈正相关。但是两者的关系并非如此简单,因为国家富裕程度也与其他变量存在相关,这些变量也与国民幸福感存在高度相关。由此可见,调查研究也可用于考察较复杂的全球性课题。

第一节　问卷调查法概述

一、调查概述

　　调查起源于奴隶社会初期,是在奴隶主阶级治理国家中产生并发展起来的。据史书记载,古巴比伦、古印度、古希腊、古罗马、古埃及以及古代中国都做过关于人口、土地、财产的调查。从字面上看,"调",具有计算、算度的意思。"查",指查究、查核、考查。因此,"调查"就是对客观事物进行考察、查核和计算。② 中国是进行人口、土地调查历史悠久的国家之一。据《后汉书》记载,在大禹治水划九州时就进行过人口和土地调查,当时全国人口数为 13 553 923 人,土地为 2 438 万顷,其中适垦田为 930 多万顷。

二、调查的作用

(一) 有助于了解教育现状

　　调查研究是做好各项工作的基本功,也是掌握第一手资料的重要手段,尤其在教育

---

　　① 李强强,章华维. "2023 中国最具幸福感城市"调查结果发布[N/OL]. 人民网,2023 - 11 - 25[2024 - 05 - 29]. http://sc. people. com. cn/n2/2023/1125/c345167 - 40654620. html.

　　② 张性秀,常艳娥. 调查研究理论与方法[M]. 长沙:国防科技大学出版社,2001:1.

活动中,用好调查研究有利于教育者更好地了解现状和分析问题。习近平总书记指出:"调查研究是谋事之基、成事之道,没有调查就没有发言权,没有调查就没有决策权。"

> ➤ **线上链接**　用好调查研究这个传家宝　详见本章二维码

(二)有助于发现教育问题

通过搜集与分析材料等调查手段,可以帮助教育者客观地发现教育发展存在的问题,还可以发现先进的教育思想或经验。例如,自 2021 年 9 月以来,教育部启动基础教育综合改革试点工作,并于 2021 年、2022 年分两批确定了 24 个基础教育综合改革实验区,覆盖东中西部 19 个省份。经过改革试点,既发现了问题,也总结了经验,不仅能对我国基础教育发展现状进行调查,还能对推进过程中存在的问题进行调查。在此基础上,2024 年教育部启动的第三批基础教育综合改革实验区推荐工作更具有针对性。

(三)有助于为教育提供预测服务

通过教育调查,搜集教育现象的事实材料,可以为各级教育行政主管部门制定政策、法令法规和教育发展大计提供依据。例如,2023 年教育部、国家发展改革委、财政部联合印发了《关于实施新时代基础教育扩优提质行动计划的意见》,正是在调查研究的基础上发现我国基础教育发展不平衡不充分的问题仍然比较突出,优质资源总体不足、配置不均,育人水平仍需进一步提升。因此,在此基础上颁布的教育政策有利于深化基础教育供给侧改革,有利于进一步扩大优质教育资源,加快构建幼有优育、学有优教的高质量基础教育体系。在调查中,既发现了问题,也总结了经验,不断推进教育改革的发展和进步,比较好地发挥了教育调查的作用。

> ➤ **线上链接**　《关于实施新时代基础教育扩优提质行动计划的意见》　详见本章二维码

三、问卷调查法的概述

教育调查研究是研究者在科学方法论和教育理论指导下,围绕一定的教育问题,通过运用问卷、访谈、个案研究以及测验等手段,有目的、有计划、系统地搜集有关教育问题或教育现状的资料,从而获取关于教育现象的科学事实,对教育现象作出科学的认识分析并提出具体工作建议的一种研究方法。

在教育调查研究中最主要的研究工具就是问卷(Questionnaire),问卷法是问卷调查法的简称,它是指运用统一设计的问卷,向被调查者了解情况并收集信息的方法。与其他研究方法相比较,问卷调查法实质上是访谈法的延伸和发展,但在许多方面它又与访谈法不同;问卷调查法比观察法在使用方法上更灵活,目的更明确,适应性更强;同时,与测量法和实验法相比较,问卷调查法对变量的控制不太严格,但如果问卷的构建良好、使用正确,那么它也是测量不同变量的强有力的科学工具。

（一）问卷调查法的特点

1. 自然性

问卷调查法通常是在常态的教育实践中收集资料，不必像实验法那样要求控制实验条件。

2. 间接性

问卷调查法主要通过问卷这一间接手段了解教育现象。

3. 标准化

问卷调查法通过统一的、标准化的程序来获得信息。

4. 代表性强

问卷调查法能够通过研究具有代表性的部分对象去概括总体的特征。

（二）问卷调查法的优点

1. 省时省力

问卷调查法可以同时调查很多人，调查范围十分广泛，且不受时空限制，不受人数限制。往往能在短时间内搜集大样本信息资料，数据采集的效率较高。同时，调查研究只需印刷费、邮费，在经费方面较为经济，还不需太多人力，易实施。特别是信息技术的快速发展，网络平台为问卷调查法的实施提供便利，诸如问卷星、腾讯问卷、金数据、调研家等，进一步节约了时间和人力成本，扩大了调查的范围。因此，问卷调查法是一种快捷、方便、经济的收集资料的方式，这也是问卷调查法最大的优点。

2. 客观性强

一般问卷调查法大都采用匿名的方式，问卷的回答也不署名，因而在调查过程中被调查者的顾虑较少，他们通常能自由地表达意见，这也便于调查一些不宜当面询问的问题，也有利于被调查者能够表达自己的真实情况和想法，一定程度上保证了调查的客观性。此外，问卷调查法会让被调查者有充分考虑的时间，不易受别人干扰，这些都可以保证调查结果更具有一定的可靠性。

3. 便于定量分析

问卷调查法的对象通常是经过科学抽样方法选取的有代表性样本，且样本量往往大于其他研究方法。问卷中的问题都是在将研究假设中的概念操作化之后而编制出来的，且大部分是封闭型的问题。因此，如果调查问卷设计科学，其结果往往能较好地代表总体，具有较强的说服力。特别是对于结构型的问卷调查资料，便于进行定量分析。

（三）问卷调查法的局限

1. 大多只能获得数量化的资料信息

由于问卷调查法是书面收集信息，所调查的问题和封闭型的回答方式都是固定的，被调查者只能根据限定的问题来回答，被调查者可选择的余地较小，因而有可能会丢失许多信息，不利于问题的深入分析和研究。尤其是面对复杂的教育现象，问卷调查法的作用就非常局限,往往很难深入了解到生动、具体的事物和情境,如果被调查者不合作,就会出现漏答、不答的现象,直接影响调查结果的可靠性。

2. 对问卷设计要求高

如果问卷设计得含糊不清,就不能得到确切的回答;如果问题设计得散漫零乱,就难以应用统计方法对结果进行科学解释。如果问题设计的太多,便会令被调查者生厌;若问题太少,又无法达到研究的目的。

3. 回复率和有效率不高

问卷调查法是一种书面调查,它多适用于有一定文字理解能力和表达能力的调查对象,有的被调查者文化程度低或理解能力差,有的由于对问题不理解或对回答方式不清楚而随意乱填,数据收集过程中难以控制无关因素的干扰,问卷效率就会受到一定的影响。

因此,研究者常将问卷调查法用作对某一问题初步了解探索的方法,全面深入的研究则要配合使用其他方法。

四、问卷调查法的类型

(一) 根据调查对象的选择范围划分

1. 普遍调查

普遍调查又称全面调查。普遍调查就是对全部研究对象进行调查研究。其中,全国人口普查就是由国家来制定统一的时间节点和统一的方法、项目、调查表,严格按照指令依法对全国现有人口普遍地、逐户逐人地进行一次全项调查登记。国务院于2020年11月1日开展的第七次全国人口普查就是普遍调查的一种形式。这类调查有助于了解全国人口的基本状况。普遍调查的主要优点是调查资料具有全面性和准确性。但是存在工作量大,精力、财力以及人力的投入也大,组织工作复杂,时效性差等局限。

2. 典型调查

典型调查是根据调查目的和要求,在对调查对象进行初步分析的基础上,有意识地选取少数具有代表性的典型单位进行深入细致的调查研究,借以认识同类事物的发展变化规律的一种非全面调查。例如,在某省选择一个县或若干县作为典型进行调查;在某市选择有代表性的中小学进行系统调查等。"解剖麻雀"是对典型调查方法的形象比喻,具体是要选好麻雀,也就是要选好调查研究的典型:"要从个别问题深入,深入解剖一个麻雀,了解一处地方或一个问题。"

案例:解剖麻雀,重在以小见大、由点带面。2019年4月15日,习近平一早从北京出发,乘飞机、转火车、换汽车,来到重庆石柱土家族自治县中益乡华溪村。他对乡亲们说:"换了三种交通工具到这里,就是想实地了解'两不愁三保障'是不是真落地。"回到重庆市里,习近平表示:"看了这么一个村,我心里是有底的。"

习近平指出,在调研方法上要多样化,一种方法不如几种方法好。关键要见实效,要解决一些突出问题、重点问题。①

典型调查可以弥补全面调查耗时耗力多、组织难度大、缺乏针对性和灵活性不足等缺点,也可以验证全面调查的真实性和可靠性,在解剖典型的基础上,由点及面,以小见大。但是,在实际操作中选择真正有代表性的典型单位比较困难,而且还容易受人为因素的干扰,从而可能会导致调查结论有一定的倾向性。

3. 抽样调查

抽样调查是从全部调查研究对象中,抽选一部分单位进行调查,并据以对全部调查研究对象做出估计和推断的一种调查类型。抽样调查被公认为是非全面调查方法中用来推算和代表总体的最完善、最有科学根据的调查方法。教育调查中常用的抽样方法有简单随机抽样、系统抽样、分层抽样以及整群抽样等。其中,抽样调查在教育研究中运用比较多。如"某地小学生学情的抽样调查",以学校的分布不同将学校分群,然后随机选择群体为抽取的样本,也可以对教师、校长、家长等人员进行调查。抽样调查的优点是经济性好、实效性强、适应面广、准确性高。但是,抽样调查也会遇到调查的误差和偏误问题。

4. 个案调查

个案调查是在对被调查的教育现象或对象进行具体分析的基础上,有意识地从中选择某个教育现象或对象进行深入而全面的调查。如对"优秀教师专业成长"的个案研究,可选取不同类型的优秀教师,如特级教师、教学名师、教坛新秀、教学标兵、道德标兵等,总体探寻优秀教师专业成长的学习经历、发展动因、关键影响因素等方面的独特之处,从中再依据某种特征进行分类比较,如基于年龄、荣誉类型、学校类型等,分析优秀教师专业成长的类型差异,从而为青年教师或普通教师的专业成长提供可遵循的路径。个案调查的优点是形式灵活多样、方法不拘一格。个案调查的局限是对调研人员要求高和取样缺乏代表性。

> **线上链接**　影响特级教师成长的关键因素探究——基于百位特级教师的实证调查　详见本章二维码

普遍调查、典型调查、抽样调查和个案调查各有特点,但并不是各自独立的,而是彼此关联的。普遍调查往往包含典型调查和个案调查,而典型调查也包含抽样调查和个案调查。

(二)根据问题形式的不同划分

1. 现状调查

现状调查是对现状有了全面了解而进行的调查。它是一种描述性的调查,主要目的是对研究对象当前的真实状况进行具体描述,以便为政策的制定或后续研究提供依

---

① 学习小组.习近平用过哪些调研方法?跟总书记学调研[N/OL].中华人民共和国司法部,2023 - 04 - 26 [2024 - 05 - 29]. https://www.moj.gov.cn/pub/sfbgw/zwgkztzl/2023zt/20230414xxgcztjy/yw20230414/202304/t20230426_477737.html.

据。如"中小学劳动教育实施现状的调查研究"①,研究采用问卷调查与实地访谈和考察相结合的方式,获得劳动教育、日常生活劳动以及服务型劳动开展的总体情况。

> **线上链接** 大中小学劳动教育实施现状的调查研究 详见本章二维码

2. 区别调查

区别调查是为了了解研究对象的共性和个性而进行的调查,也称作比较调查。主要是通过调查两个或两个以上的研究对象,对比分析它们之间的差异特点。如"专家型教师与新手教师课堂提问的比较研究",通过课堂观察、音像分析和访谈等方法,分别对12名专家型教师和12名新手教师的课堂提问进行比较研究。② 研究表明,专家型教师在课堂提问的质量、频次,问题的层级、类型和教师行为介入等方面均比新手教师科学合理。

> **线上链接** 专家型教师与新手教师课堂提问的比较研究 详见本章二维码

3. 相关调查

相关调查即为了了解研究对象之间的相关性而进行的调查。它主要调查两个或两个以上教育现象或调查对象是否存在相关,如果存在,调查其是正相关还是负相关。如"中小学生积极心理品质与心理健康状况的相关研究"③,结果发现,积极心理品质与心理健康问题的各维度均呈显著相关,积极心理品质对心理健康问题有显著的反向预测作用。这类调查往往需要借助于线性相关分析和线性回归分析方法。

> **线上链接** 中小学生积极心理品质与心理健康状况的相关研究 详见本章二维码

4. 预测调查

预测调查为了对研究对象的将来进行科学预测而进行的调查。预测调查也称作发展性调查,它主要是为了调查研究对象随着时间变化而表现出的特征和规律,从而推断出在未来某时期研究对象的发展趋势与发展动态,如"21世纪中学教师所需素质的调查"。

(三) 根据问题结构的不同划分

1. 非结构型问卷

非结构型问卷又称无结构型问卷或开放式问卷,它的特点是在问题的设置和安排上没有严格的结构形式,调查对象可以根据本人的意愿自由作答。这种形式的问卷多半用在探索性研究中,一般被访问的人数较少,不用将资料量化,也不需要向有关人士询问相同的问题。对于被调查者来说,没有固定的回答格式与要求,可以与其他被调查者回答相同,也可以完全不相同。例如,关于小学生课后服务的调查问卷,可以使用如

---

① 王飞,徐继存.大中小学劳动教育实施现状的调查研究[J].课程·教材·教法,2020,40(02):12-19.
② 郑友富.专家型教师与新手教师课堂提问的比较研究[J].教育科学研究,2009(11):57-60.
③ 卫萍.中小学生积极心理品质与心理健康状况的相关研究[J].中国特殊教育,2014(09):60-66.

下问题展开调查:您参与过的课后服务一般有哪些形式? 您理想中的课后服务是哪些形式?

2. 结构型问卷

结构型问卷又称封闭式问卷,是把问题的答案事先加以限定,只允许在问卷所限制的范围内进行挑选。它的特点是,问题的设置和安排具有结构化形式,问卷提供有限量的答案,调查对象只能选择作答。例如,"中小学生学情现状调查问卷",我们将学情分为:学习条件、学习品质、学习态度、学习观念和学习行为五个方面,以此为编制问卷的框架,从中反映中小学生学情的整体状况和每个方面的具体情况。

这两种问卷类型各有其优点和缺点,要根据研究的目的、任务和被调查者的特点选择使用。通常情况下,设计问卷以一种类型为主,辅之其他类型。

(四) 根据填答方式的不同划分

1. 自填式问卷

自填式问卷是指通过邮寄或现场分发的方法,由被调查者自己填写问卷。例如,为调查中小学生延迟服务的现状,通过邮寄和现场分发问卷的方式,在某省的 N 所城市共计发放问卷 18 500 份,最终回收问卷 17 117 份,回收率为 92.5%。从回收率来看,被调查者较好地配合了此次调查。但是涉及敏感性问题的调查,回收率会受到影响,例如,一项研究用来调查城市居民的道德观念,最后收回的问卷大多是那些有助人与合作倾向的居民寄回的,这样得到的结果就会高估了实际的道德水平。因此,保证较高的回收率是邮寄问卷的关键。同时,自填式问卷通常使用标准化的指导语,不会因为调查人员对问卷的主观随意解释和诱导而造成问卷填写的错误。

> **知识卡片:**
>
> 一般邮寄问卷回收率至少要有 50% 才是"足够的",达到 60% 才算是"好的",达到 70% 以上就是"非常好"。[1]

2. 访问式问卷

访问式问卷是指调查人员通过现场询问,根据被调查者口头回答的结果代为填写的问卷。如电话调查,往往用于一些内容比较简单,时间在三五分钟内能完成的。例如,关于"开学第一课"的授课满意度访问,通过电话调查可以迅速得出满意度评价的结果,然而,这种调查结果很容易出现偏差,至少不是每个家庭都能及时接通电话,没接通电话的家庭也可能看了这个节目,但调查结果并没有覆盖这一群人。近年来,随着互联网的发展和广泛使用,网络调查成为非常普遍的调查形式。网络调查借助软件可能对调查题目的呈现、调查过程以及调查者随机分配等进行有效控制,有利于快速获得单样本的数据,但网络调查也存在样本偏差、虚假作答等问题,缺乏对调查过程的全面控制,

---

[1] 巴比.社会研究方法基础[M].邱泽奇,译.北京:华夏出版社,2002:223.

会增加误差因素。

此外还有面对面的访问式问卷,这类问卷的回收率高,并且调查人员能够按照问卷的设计顺序控制调查者的答题顺序,从而保证回答的完整性和有效性。同时,调查人员还可以通过观察调查者的态度、行为举止获得额外的信息,有利于进一步分析判断相关问题,但是这类问卷耗费的时间和精力要大于自填式问卷,也容易受到调查人员的影响。

第二节　问卷编制技术和实施

一、问卷编制程序

问卷的编制要围绕研究的主题进行整体设计,编制者首先要对问卷调查的目的有清晰的认知,比如,要从哪些维度进行调查,每个维度调查哪些内容,内容涉及哪些方面等。编制一份高质量的问卷要有框架思维,从而保证问卷中出现的所有题目能够支撑调查的总目标,回应研究的主题。具体来说,问卷编制可分为四个步骤。

(一)建构问卷框架

1. 分解中心概念

主要是对问卷中的中心概念进行分解,一般通过查阅文献、专家论证等方法,确定中心概念的维度。一份问卷通常要设计至少一个,多则三至五个中心概念,通过多角度定义中心概念可以分解出不同的子概念,以此为基础构建问卷框架,并编写问卷题目。

例如,要编制中国学生核心素养问卷,首先"核心素养"是问卷的中心概念,通过对学生核心素养的教育政策研究、国际比较研究、传统文化分析、课标分析和实证研究等支撑性研究结论的整合,初步遴选出了能够解释学生核心素养的 12 项指标,形成了学生核心素养总框架。紧接着,经过多轮专家意见征询,又将总框架的核心素养指标缩减为 6 个。最终,确定学生发展核心素养总框架。[①]

2. 以多种理论为基础构造问卷框架

通过文献综述,通常可以了解某个研究领域常用于解释的理论,这些理论就可以作为设计问卷的框架或概念的基础。例如,要编制农村儿童社会适应问卷[②],一是根据社会效能理论,编制 6 个题项;二是参考根据生态系统理论,编制 9 个题项;三是根据情绪智力理论编制 9 个题项,以此形成问卷框架,编制涵盖这三种理论支撑下的题项,最终形成共 24 个题项用于测量农村儿童社会适应。

> **线上链接**　农村儿童社会适应问卷的编制　详见本章二维码

---

① 林崇德.中国学生核心素养研究[J].心理与行为研究,2017,15(02):145-154.
② 戴斌荣.农村儿童社会适应问卷的编制[J].心理与行为研究,2019,17(04):504-511.

3. 通过开放式调查提取问卷框架

对于一些比较新的研究领域,文献不多,理论依据也不多的情况下,缺乏明确定义的中心概念,也可以拟定简单的开放性问题进行访谈或征求该领域的专家意见,以了解他们对问题的看法,从中提炼出所需要的问卷框架。[①] 例如,研究者尝试"编制'双减'政策实施效果评估问卷",由于政策提出的时间较短,目前成熟的问卷很少,这时就可以通过开放式调查询问教师、教育工作者、家长等参与教育事业的各类群体,有助于建立问卷框架。

(二)拟定问卷题项

在确定好编制问卷的框架后,就可以围绕中心概念设定可操作的行为指标,设定可观测的具体行为表现,拟定能体现这些概念的问题。具体可以从已有理论描述或已有类似工具中拟定问题表述,也可以从前期访谈中发现的实际情况提出问题。总之,要尽可能多地列出问卷题项,然后仔细分析各个问题与所调查的概念之间的逻辑关系,确保调查到想要调查的内容。例如,要调查"家校合作的满意度",可以直接问"您对学校开展的家访、开放日等家校合作的活动满意吗?""您期待学校组织的家校活动吗?""学校开展的家校活动您能积极配合吗?""老师经常邀请您参与教育活动"等。总之,要深入分析问题的含义和问题的内容,使之有明确的理论意图,且能反映实际情况。

另一种是针对确定好的一级指标,把其解构成二级问题,在此基础上再解构成三级问题,以便使问卷维度明确。例如,在编制"'双减'政策实施状况"问卷中,如表5-1所示,围绕江苏"双减"政策实施效应的一级指标事实标准、价值标准和影响因素三方面展开,确立二级指标,并在二级指标基础上进一步细化三级指标,最终形成问卷的初步题项。拟定题项的同时还要确定表述问题的形式,正如第一节介绍,问题形式最常用的是封闭性问题和开放性问题。例如,"您是否了解'双减'政策的工作目标",这就是封闭性问题;请您谈谈您是如何配合学校做好"'双减'的相关工作",这就是开放性问题。研究者在拟定问题时一定要考虑好问题的表述形式,通常一份问卷不要采用过多的问题形式,否则会造成答题者的理解和作答困难。

表5-1　江苏"双减"政策实施效应研究指标体系

一级指标	二级指标	三级指标	
事实标准	政策认知	政策目的、政策内容、政策目标理解、政策范围等	
	响应行为	延时服务	"双减"政策实施后学校延时服务主要是辅导作业和巩固课堂知识。
		学业考试	"双减"政策实施后孩子的考试取消排名。
		作业管理	"双减"政策实施后孩子能在规定时间内完成书面作业。
		课堂教学	"双减"政策实施后课堂教学逐渐开展注重探究式、合作式、体验式的教学活动。

---

① 张林,刘燊. 心理学研究设计与论文写作[M]. 北京:北京师范大学出版社,2020.

（续表）

一级指标	二级指标	三级指标	
		课外辅导	"双减"政策能有效遏制了校外教育培训乱象。
		学生学情	"双减"政策实施后孩子的学业负担明显减轻。
价值标准	政策支持	对政策本身的评价与支持	"双减"政策有利于社会教育环境朝着更健康的方向发展。
	政策执行满意度	对政策执行的评价	学校积极落实"双减"政策的相关文件精神。
	主体观念	主体观念的变化程度	"双减"政策有效减轻了孩子的学业负担。
影响因素	客观条件	经费	学校有用于"双减"政策的专项经费。
		人员	学校师资力量能满足教学与延时服务的需求。
		资源	学校现有的硬件教育资源较为充足。
		群体文化	家长共同落实"双减"任务的氛围浓厚。
		配套政策	学校制定的"双减"举措具有实效性。
	主观条件	价值观念	我能积极参与学校的"双减"工作。
		政策期待	我对"双减"政策目标的达成充满信心。
		执行能力	我能严格执行学校制定的"双减"政策工作方案。
		利益诉求	我能转变"唯分数"的教育观念。

（三）形成初步问卷

题项拟定后，就要把问题组织起来，初步形成较为完整的问卷初稿。在这一步，有几点需要注意。

1. 问题排列的顺序

问卷的最初几个问题尤为重要，因为它们不仅确立了其余问题的基调，而且也影响被试回答其余问题的意愿和态度。原则上通常是先呈现客观问题，后呈现主观问题；先呈现封闭问题，后呈现开放问题；先呈现核心概念的问题，后呈现相关因素的问题；先呈现简单的问题，后呈现复杂的问题。例如，在自陈量表中，询问被试个人信息的问题一般放在问卷的第一部分，因为这些问题很容易回答，这样做可以提高调查对象的信心。

2. 完善问卷的结构

该阶段需要为问卷拟定标题，编写前言、指导语、结束语，并加入人口统计学变量方面的问题。

3. 问卷的检查和修改

这是问卷编制中的重要一环，编制者认为客观和清晰的问题，也许在别人眼中却不够客观明确。因此在此步骤，最好能够请一些在调查研究方法方面以及对在该研究领域熟悉的专家共同检查问卷。例如，调查学生对学校延时服务的态度，最好能够听取基础教育学段教师的意见和建议。

（四）预测问卷

在编制有效问卷的过程中最关键的一步就是问卷预测。预测是指尽可能在与正式测试相同的情境下，用小样本被试进行测试。预测所选取的被试也必须能够代表最终样本中的被试。如果研究最终样本是小学生，但在预测中并不是面向小学生群体，那么这种预测就没有任何意义。不过，预测与正式施测确实存在一点不同。在预测中，要对被试进行详尽的调查，了解他们对每一道题目以及整个问卷的反应。这有助于研究者剔除一些意思含混或者唐突的题目。

案例：某课题组编制《中学生家长教育焦虑问卷》，在确定了中学生家长教育焦虑的五维度结构后，研究设置了 43 个条目组成了中学生家长教育焦虑的问卷。将自编原始家长教育焦虑问卷作为初测问卷，选取 200 名中学生家长作为被试进行小范围原始教育焦虑问卷初测，用于初测的项目区分度分析和探索性因素分析。根据分析结果进行项目筛选，编制正式的家长教育焦虑施测问卷。

最后，对问卷进行排版。无论是电子问卷还是纸质问卷，排版时尽量要做到层次清楚、重点突出。为了防止被试选择时看错行，可以加背景颜色，或改变表格边框颜色等起到提醒作用。总之，研究者要仔细监控整个调查过程，认真分析调查结果，从中发现有价值的问题，找到完善问卷的思路。

二、问卷的编制要求

编制问卷时应遵循一些基本要求，从问卷设计的原则和标准出发，获得真正需要的信息，信息真实可靠，才能保证调查研究的科学性。

1. 问题设计

根据课题的性质和研究的目的，选用不同的问卷形式。如果研究课题是了解现状，那么设计客观题型用封闭式问卷比较好，这样便于统计分析；如果研究目的是为了了解态度观点，那么用开放式问卷比较好，便于了解被研究者的内心动态。

2. 问卷用语

根据研究对象的不同，针对文化程度高、理解力强、见识广的被调查者，问卷设计可以用术语或书面语较强的文字；针对文化程度低、理解力低、见识少的被调查者，问卷设计要尽可能口语化，甚至语言的运用尽量和他们的日常用语相结合。

3. 问卷维度

围绕研究问题和目的，把其解构成二级问题，在此基础上再解构成三级问题甚至四级，以便使问卷维度明确，降低离题的可能性。

4. 问卷选项

问卷选项要包含所有可能的情形，例如，要让被试选择自己的文化程度，选项要包含所有的学历水平，要确保对于任何被试而言，问题的选项中总有符合自己的情形，要有一个答案可选。此外，问卷选项要互斥，不要有交叉。

5. 问卷立场

要保持价值中立,不要问诱导性的问题。题目与答案要避免"社会认可效应",对敏感问题最好由自评改为他评,另外,使敏感问题只涉及"一般人"而非被试本人。

三、问卷的构成

问卷的一般结构包括:标题和前言、指导语、问题和答案选项以及结束语等部分,下面具体介绍每一部分的内容和设计要求。

(一)标题和前言

标题即问卷的题目,是对整个问卷调查目的和内容的集中反映。标题应该在问卷之首,字数不宜太多,要简洁明了,不能有歧义,应尽可能使调查对象通过题目明白问卷要调查的主题,如"'双减'政策实施状况调查问卷"。

前言是对研究目的、意义和内容的简要说明,一方面是为了引起被试的重视和兴趣,另一方面是为了消除其戒心,以取得良好的合作。前言中一般包括:称呼,即对调查对象的称谓;敬语的使用;本研究或本调查的目的是什么;答谢词。如图 5-1 所示。

> 尊敬的老师:
>
> 您好! 感谢您填写本问卷,我们希望了解"双减"政策实施后您的工作情况,以及对"双减"政策的看法。请您根据实际情况填写问卷! 填写问卷时避免漏填、缺填,更不必对答案的对错有所担心。因为,我们会对您的回答完全保密,调查数据仅作研究之用。
>
> 感谢您的填写,祝身体健康、工作顺利!

图 5-1 "双减"政策实施状况调查问卷的前言

(二)指导语

在前言之后,要正确写清楚指导语。指导语是用来指导调查对象填写问卷的一组说明性文字,其作用是对填表的方法、要求、时间、注意事项等做一个总的说明,有时还要附一至两个例题,帮助调查对象更好地理解如何填写。

请如实评价您对"双减"政策相关内容的了解程度,并在相应数字上划"√"! (1=不了解;2=不太了解;3=一般;4=比较了解;5=非常了解,分值越高表明了解程度越高。)

如下面两题的填写方式:

题 项	不了解	不太了解	一般	比较了解	非常了解
1."双减"政策的工作目标。	1	2	3	4 √	5
2."双减"政策中对作业量的要求。	1	2 √	3	4	5

（三）问题和答案选项

这是问卷的重点部分，也是问卷的主体部分。问题设计的好坏、详略和难易程度直接关系着调查的结果和资料收集的质量。

1. 问题的形式编制

问卷的问题形式一般有陈述句式、一般疑问句式、疑问句式和不完整句式。

（1）陈述句式。陈述某种观点或描述某种情形，请被调查者作出回答。如"我喜欢学校"。被调查者可以从给出的"是""否"选项中做出自己的选择。

（2）一般疑问句式。设计者以一般疑问句的形式来问被调查者，让被调查者选择一个适合自己意向的答案。如"你经常阅读关于本专业的书籍吗？"被调查者可以选"经常"，可以选"偶尔"，也可以选"根本不读"。

（3）疑问句式。疑问句式的问题通常是开放性的，设计者并不给出选择答案而是让被调查者根据问题和自己的实际情况来如实写出答案。如"你喜欢师范专业的原因是什么？"

（4）不完整句式。设计者以半句话作为问题，句子的另外部分由作答者在备选的答案中选出最符合自己意向的选项。如"你对自己目前的学业成绩：A. 满意；B. 较为满意；C. 满意；D. 有点不满意；E. 很不满意。"

2. 问题的内容编制

问题的设计一定要紧扣研究目的或研究问题，可以以问题树的方法来提出问题，紧紧围绕研究问题这一树干来展开问题的设计。

案例：为调查中小学生心理健康问题家校协同预防现状，研究工具为自编的《中小学生心理健康问题家校协同预防调查问卷》（家长卷和教师卷）[①]。家长问卷和教师问卷均由背景信息和家校协同两部分组成，构建家校协同预防状况调查指标体系（见表5-2）。调查问卷的具体题目基于二级指标制定，共5道单选或多选题。主要包括家校协同预防责任认知、家校协同预防方式、家校协同预防参与度、家校协同预防成效满意度及影响因素五个维度。一是家校协同预防责任认知，主要由家长和教师对开展学生心理健康问题家校协同预防责任的看法（1项多选题）构成；二是家校协同预防方式，主要由家长和教师参与和开展学生心理健康教育方式（1项多选题）构成；三是家校协同预防参与度，包括家长和教师参与和开展学生心理健康教育频次（1项单选题）构成；四是家校协同预防成效满意度，主要由家长和教师对学生心理健康问题家校协同预防满意度（1项单选题）构成；五是影响家校协同预防成效的家长因素或教师因素（1项多选题）构成。

---

① 戴斌荣,杜思佳,邱慧燕,等.中小学生心理健康问题家校协同预防的现状及对策[J].教育理论与实践,2024,44(10):23-29.

表 5-2 中小学生心理健康问题家校协同预防指标体系

维度	问卷	一级指标	二级指标
背景信息	家长卷	家长基本信息	居住地、孩子年级、家庭类型和文化程度
	教师卷	教师基本信息	学校所在地、教龄、任教学段和职务
心理问题家校协同预防现状	家长卷和教师卷	心理健康家校协同预防责任认知	家主校辅、校主家辅、家校共担
		心理健康家校协同预防方式	心理健康讲座、推送心理健康信息、家长会等
		心理健康家校协同预防参与度	0 次、1~5 次、5~10 次、10 次以上
		心理健康家校协同预防成效满意度	不满意、一般、满意
		影响心理健康家校协同的因素	不重视、忙于生计、教育能力有限和其他

3. 关于答案选项的编制

常用的答案选项形式有以下几种：

（1）选择式

将问题的几种可能答案统统列出，让答卷者选择一个或几个符合自己情况的答案。

例如，关于小学生课后服务的调查问卷，使用如下问题与选择答案：1. 你是否参加学校的课后服务？（　　）

A. 参加　　　B. 有时参加　　　C. 不参加

（2）排列式

答卷者对问题的多种答案，依实际情况或喜欢程度、满意程度排序。

例如，关于小学生课后服务的调查问卷，使用如下问题与选择答案：请将您最感兴趣的课后服务形式，从最感兴趣到最不感兴趣排列：

A. 做作业　　　B. 体育锻炼　　　C. 开展兴趣、社团活动　　　D. 技能学习

（四）结束语

这是问卷的最后一部分，可以简单进行，一般有两种结束方式：一是以开放问题结束，二是以致谢结束，即再次感谢被调查者的合作。

知识卡片：

调查研究中还通常包括人口统计学变量，人口统计学变量是一种经常被测量的重要变量。人口统计学变量常被用于描述调查对象的特点，如种族、民族、年龄、社会经济地位等都是非常典型的人口统计学变量。在调查研究中无论我们是出于研究或是出于其他考虑，都不可避免地需要对人口统计学变量进行测量。

四、问卷调查的实施

问卷调查的实施是问卷调查法的重要环节,是用问卷来收集研究所需要的各种数据、资料的过程。实施问卷的一般程序包括:

(一) 选取调查对象

如果是全面调查应向所有对象发放问卷,如果是抽样调查,抽取的样本要具有代表性。例如,某课题组采用随机抽样的方式,在东部、中部、西部各随机选择 1 个省,再从中随机抽取该省的 1 个市作为样本市,结合分层抽样,继续从该市的中小学(含幼儿园)中分别抽取各学段的学生 5 000 名,以此了解学生的身心发展状况。

(二) 发放问卷

可以直接面对面发放,这样有助于解决现场出现的突发事件,也可以采用邮寄或网络调查(如问卷星)的方式来发放,这样可以省时省力,但不利于解决现场问题,如对问卷中问题的理解等。

(三) 回收问卷

面对面发放可以直接回收,一定程度上可以保证回收率。但如果是邮寄或网络调查,要注意回收率。影响问卷的回收率有多种原因,如被调查者的主观倾向,填写问卷时是否乐于合作;问卷本身的问题,问题过多使人疲乏(答卷时间一般控制在 20～30 分钟);涉及个人情感、隐私;语言含糊、生硬、费解、有歧义;选项内容表述不清;没有可选择的选项等,上述情形都可能影响问卷的回收率。

(四) 对问卷的处理与分析

问卷回收上来以后,为了保证研究的科学性和精确性,首先要对回收的问卷进行逐一审查,辨析其有效性,主要内容包括:分类整理,淘汰不合格的无效问卷(不完整或不可靠)和进行编号、登记等,同时要统计有效问卷的回收率。在此基础上,对有效问卷进行统计分析。

第三节　教育测量概述

一、测量概述

测量(Measurement)普遍存在于人类生产与生活之中,诸如采用产品生产指标测定产品生产规格,依据人体不同生理指标开展医疗测量,学校教师使用不同量表对学生身心发展水平进行测验等。按照测量对象的性质,可分为对事物物理特征的测量、对动植物生理特征的测量、对社会构成因素的测量,以及对诸如智力、人格与态度等不同心理特征的测量。关于测量的定义多种多样,其中,史蒂文斯(Stevens)所界定的"从广义而言,测量是根据法则给事物分派数字",被广为接受。测量涵盖法则、事物与数字运用三个主要维度。

法则是测量的依据与标准,即测量根据什么来开展,是测量所具备的最为重要的特性,因为采取不同法则对同一测量对象施测,其结果不同。例如,一般而言,同一批大学生同时分别采取 5 分制与 7 分制选项设置对自身心理健康水平进行自我汇报,在采取不同选项设置的量表中同一学生的观测数据很可能是不同的。高质量测量标准的择取,是获取比较理想测量结果的必要条件,同时,由于测量法则精确过程的渐进性,因此,这也是最具挑战性的事情。此处的法则包括测量的内容,测量步骤、评分标准以及测验分数数量化的方法。

事物指测量对象,即开展测量所针对的不同事物属性或特质,诸如物体的质量、尺寸、高度与运动速度。例如,青少年学生心理健康水平的测量,首先需要明晰学生心理健康是什么,包括哪些维度,才可以制定出一组测量题项,并让学生进行填写和作答,进而开展心理健康水平的测量。

数字是呈现测量结果的具体形式,这是测量之所以为测"量"的原因。数字可以用于区分、排序与加减乘除计算等不同目标,从而将测量区别于以质性数据为依据的定性评价。具体而言,区分性用于指一个数不同于其他数字(1 与 2);序列性,如 $1 < 2 < 3 < 4 \cdots\cdots$;等距性,即 $2-1=1,3-2=1$;可加性,即不同数字累加产生新数字。

二、测量量表

为完成测量一定事物的特定属性,并加以量化,需要兼有固定单位与测量参照值的度量工具,用以对相关测量属性进行对照,从而获取表征相应特征的数值,具备这一特征和功能的测量工具,即数字连续体称为量表(Scale)。

依据量表测量精确度和测量变量属性,可将其分为四类,即称名量表、顺序量表、等距量表与比率量表。

称名量表为最低水平的量表,仅仅使用数字表示事物的构成因素或者进行分类,数字仅为具有事物属性的符号,不具备固定原点、等距性的固定单位和数字大小的序列性,即该类数字不具备数量含义。称名量表又可分为:一是命名量表,该量表数字仅指代个别事物,如学号、身份证号;二是类别量表,即数字仅指示事物种类,如运用数字 1、2 指代男女性别。

顺序量表比称名量表更精确,其数字不仅指明类别,而且表示不同类别间的等级或者在某种属性的程度高低。例如,年级等级,大一、大二、大三与大四;等级制考试名次,优、良、中、差。

等距量表中数字不仅可以进行排序,亦具有相等的单位和相对零点。例如,温差计算是基于等距量表中的相等单位来实现,60 ℃～50 ℃的差值等于 40 ℃ 与 30 ℃ 之间的差值。但等距量表不具备绝对的零点,其零点是人为假设的。因此,该类量表获取数据只可以进行加减运算,而不能进行乘除。例如,称 20 ℃ 为 10 ℃ 的两倍是不合理的;智力绝对零点也是难以确定的。

比率量表是最高级别和最具精确性的量表,其数字不仅可以表示类别、等级和等距的特征外,还具有绝对的零点。比率量表被应用于许多物理属性的测量,如用厘米计算长度、以千克测量重量。该类量表可以用来测量不同对象间的相差程度,也可以计算它们间的比例。

三、关于教育测量

教育测量是测量学的原理与方法在对教育现象及其属性进行量化研究中的具体应用,例如,对学生学习成绩、智力、品德发展与人格特质等学生特征属性的测量。

教育测量具备三方面主要特点:

（一）间接性

教育测量主要针对教育场域下各主体的内在心理特性或隐性特征,即无法直接测量的内在心理特性,需要依赖其外显的行为,开展心理活动的间接性测量。除对身体和生理发育等直接测量之外的教育测量,大多属于间接测量。例如,学生认知水平的测量需要借用经过严格设计的认知测验题目的作答来完成。

（二）复杂性

这一特性取决于其测量对象主要为教育活动参与主体教师与学生的精神属性的不可直接测量特性,而且该属性处于不断变化发展之中,增加测量的难度。环境因素对测量对象的影响难以得到彻底控制,这一定程度上也影响了测量结果。同时,测量往往借助测量对象对某组题项的行为反应,而测量与某一心理特性联系的全部行为难以实现,这也增加了教育测量的复杂性。

（三）目的性

教育测量是有明确目的驱动的,如为了解学生在学业、智力和思想品德等方面的发展水平,把握教师教育教学的效果,从而更为合理地组织教育教学活动、安排教学内容、选择教学方法等。教育测量的开展不可以脱离教育目的而任意开展量表编订和随意施测。

第四节　教育测量法的实施步骤

一、测量工具的编制程序

整体而言,测量工具的编制主要包括五个步骤[①]:

---

① 罗伯特·F.德威利斯.量表编制:理论与应用(第三版)[M].席仲恩,杜钰,译.重庆:重庆大学出版社,2016:10.

（一）确定测验目的

在开始编制之前，明确测验的目的是关键。这包括确定测验将要评估的内容（如智力、某方面的能力等）。还要对测量目标加以分析，将此转换成可操作的术语，也就是将目标具体化。具体而言，主要围绕三方面问题开展：一是测量对象是什么？要明确定义测验的实际对象与可能的适用人群，明确该群体的基本特征。需明确目标群体的特征，如年龄、性别、文化背景等。二是测量什么内容？要明确阐明测量的具体内容，提取出其中的理念概念，并加以操作化。三是明确测验的用途是什么？如用于描述、诊断抑或选拔。

（二）制定编制计划，初拟测验题项

通过广泛的文献回顾，收集与测验目的相关的理论和先前的研究成果，建立测验的理论基础。这一步骤有助于形成测验的初步构想和内容范畴。之后是基于理论基础和研究目的，编制初步的测试条目。这可能包括编写题目、回答选项以及指导语。条目的编写需尽量清晰、简洁，避免歧义。

（三）完善测验题项

在编制项目时，要注意以下几点：一是注重题目表述的准确性，内容表达准确性，以及题目的内容范围与测验目的、测验计划的一致性。二是题项数量通常要比预计最终量表题项数多一倍或多倍，以备后续题项筛选和复本编制。三是项度难度必须符合测验目的和实际需要。四是确保测验指导语必须清楚。题项编制完成后，将题项按照合适顺序和结构组织起来，补充相应的指导语和人口学特征等内容，形成初步测验。

（四）测验的试测与分析

试测是指在小规模的样本上进行预测试，以评估条目的理解度、测验的时间长度、指导语的清晰度等。此阶段可能需要多次修正以达到最佳的测验格式和内容。具体操作中，应当在与实际应用相同或相似的群体上进行预测试。这一过程中，模拟的实施环境和情境应尽可能模仿未来正式测试的条件，以确保结果的准确性。虽然在预测试阶段，时间限制可以适当放宽，但必须精确记录参与者的每一种反应和表现。这样做是为了更好地理解测验在实际应用中的潜在表现，以便及时调整测验内容，确保其最终的效度和可靠性。

（五）正式测验的确定[①]

在确保初始量表和题项不存在较大问题的基础上，要确定测验的质量指标，包括利用项目分析（如难度分析、区分度分析等）和因子分析等统计方法，选择最优的测试条目，并剔除表现不佳的条目。可靠性与效度验证：通过计算测验的内部一致性（如

---

① 张林，刘燊. 心理学研究设计与论文写作［M］. 北京：北京师范大学出版社，2020：9.

Cronbach's alpha)和重测可靠性等信度系数,评估测验的可靠性。同时,进行效度研究,包括内容效度、构建效度及效标效度,确保测验能有效测量预定的变量。

二、教育测量工具的质量分析

(一) 项目分析

在进行教育测量工具质量分析之前,通常要对测量工具题项的难度、鉴别度进行分析。难度指测验题项的难易程度或通俗性,不仅对题项的区分度产生影响,而且对其信度和效度产生影响。难度也是一个相对概念,因为一组测量题项对一组被试难度较低,不意味着对另一组被试难度较低。换言之,笼统地说某测量工具的难度如何是有失准确性的。区分度是编制测量工具时筛选题项的主要依据之一,亦称为项目鉴别力,主要对测量对象的实际水平进行区分的程度。难度与鉴别度取值范围分别位于 0 至 1 和−1 至 1。

在对测量工具进行检测的过程中,项目分析是必要环节,主要是对测量工具题目的区分度进行分析,即题目对被试特征的区分能力。其基本假设是,具有良好区分度的题目能够有效地将不同水平的被试区分开来,即在该题目上表现好的被试其得分高,表现差的被试其得分低。具体计算上,先求取量表的总分并按总分高低进行排序,之后选择分数在前 27% 的被试作为高分组,选择分数在后 27% 的被试作为低分组,比较高分组和低分组在每个题项上的差异显著性。根据差异性检验的结果,删除未达到显著性的题项。如果题项数过多,为降低被试答题过程中的认知载荷,可以通过提升临界值的方法,进一步删除题项。

(二) 效度

1. 效度概述

效度指一个测验或量表能够测出所要测量的东西的程度。即一个测验工具必须能够测出它要测定的功能或达到其测量目的才算是有效[①]。效度具备以下特征:

(1) 相对性。首先,效度仅就具体测量目的一致性程度而言,一个测验或量表是否有效主要看它是否达到了测量目的。若用它来衡量其他目的,则必然会效度较低。其次,教育测量对象多为潜在特质,具有较高隐蔽性特征,需要依靠行为表现来推测,从而使得教育测量不可能达到完全准确。同时,正常情况下,一个量表通常具备某种目的从而其效度总不会为零。例如,无论文字表达如何晦涩,一个数学测验总能测量一定的数学能力。

(2) 双重误差影响性。除受测量工具本身质量影响之外,效度亦是随机误差和系统误差的综合反映。两种误差的存在均会影响效度。

(3) 证据多元化,效度测量需要多方面数据的支撑。受测量对象的未知性、抽象性和隐蔽性的影响,导致无法将测量结果与潜在特性进行比较,因此,从多角度对测量特

---

① 戴海崎,张峰. 心理与教育测量[M]. 广州:暨南大学出版社,2018:5.

性进行描述十分必要。例如,对学生抽象逻辑思维的测量效度,可以从课堂表现、书面表达以及日常生活实际表现来多方证实。

2. 效度类型

根据对测量目的的解释角度来进行划分,包括三种效度类型。一是内容效度,用测量内容来说明目的;二是效标效度,用对标实效来说明目的;三是结构效度,用某种理论结构来说明目的。

(1)内容效度。内容效度是效度验证中重要的一环,指的是实际的测试内容和想要测量到的内容或行为之间的吻合程度,即测量题项的代表性或合适性。例如,有关教师职业倦怠的测量,任意选择一题都应该是准确精要地体现职业倦怠的典型特征。题目越能代表测量对象的主要领域或体现其共通性,其内容效度越好。比较常见的评价方法为内容效度指数,包括题项水平的内容效度指数(Item-level CVI,I-CVI)和量表水平的内容效度指数(Scale-level CVI,S-CVI)。

内容效度指数主要通过专家评分来完成,邀请研究领域专家就题项与所要测量对象之间的相关性进行评价,例如,请有关专家对各 2 级条目与对应的 1 级条目的吻合度(相关性)做出判断,并在 1~4 进行选择,分别代表不相关、若相关、较强相关与非常相关。通常来说,题项水平的内容效度指数(Item-level CVI,I-CVI)≥0.78,认为该题项内容效度较好。量表水平的内容效度指数(Scale-level CVI,S-CVI)全体一致性 S-CVI≥0.8,提示量表内容效度较好,平均 S-CVI 大于 0.90 说明量表内容效度好。[①]

(2)效标效度。效标效度是指一个测验的分数与某些独立的效标(标准)之间的相关性。这种效度的检验旨在确认测验结果与特定效标间是否具有相关性,从而验证测试结果的实用性和适用性。效标是评估测验有效性的参考标准,通常由一种被广泛认为可靠或权威的测验结果来代表。实际上,这涉及使用一个已知并被认为有效的测验结果来验证另一种新测验的有效性。选择不直接使用效标测验替代新测验的原因通常是因为新测验可能在操作上更简便或易于实施。简单地理解效标效度:如果你想知道自己编写的调查工具是否测量到了想测量的内容,那你就找一个已经公认的可以测量该内容的成熟工具(效标)。如果这些测量工具和你编制的工具有较高的相关,就可以推测你的测量工具确实是有效度的。这个就是效标效度。

效标效度通常分为两种类型:一是同时效度,指测验分数与其他已验证的测验分数或已知标准同时收集,并分析它们之间的相关性。如果两者之间存在高度相关,那么这种测验就具有良好的同时效度。二是预测效度,指测验的结果用来预测未来的某种状态或行为。例如,一个职业能力测试用来预测申请者将来在职位上的表现。如果测试结果与后续的实际表现高度相关,那么该测试具有良好的预测效度。首先,确定效标(标准):选择一个合适的、公认的、可靠的效标,这是检验效标效度的基础。效标应该是相关的、具体的,并且能够代表测试旨在测量的属性。其次,数据收集:根据效度类型

① 唐碧华,元唯安,张俊华,等. 医疗机构中药制剂开发价值评估评价指标体系构建及内容效度评价[J/OL]. 中国中药杂志,(2024-04-08)[2024-06-02]. http://www.zgzy.chinajournal.net.cn/WKE/WebPublication/paperDigest.aspx? paperID=f68c1029-af52-47c2-bd93-927ee1fa1f4a.

（同时效度或预测效度），收集相应的测验分数和效标数据。对于同时效度，同时收集数据；对于预测效度，测验数据通常先于效标数据收集。再次，统计分析：运用相关分析来确定测验分数和效标之间的相关性。高的相关系数表明高的效标效度。常用的统计方法包括皮尔逊相关系数或斯皮尔曼等级相关系数。最后，评估结果：根据相关分析的结果评估效标效度的强度。除了量化分析外，还需要从理论和实际应用的角度对结果进行综合评估。

（3）结构效度，亦称建构效度，指的是一个测量能实际测量出理论上的构想或事物特性的程度。该效度既以具体理论逻辑分析为基础，又能够运用实际搜集数据进行理论验证，是一种比较严谨的效度测验方法。结构效度的建构包括如下步骤：首先，提出理论假设。这一阶段，需要研究者基于文献阅读、前期研究进展和实际经验等提出相关结构的理论性假设。其次，根据假定结构拟定测题，编制测验。该阶段主要基于建设性理论假设进行测量工具的编制。再者，以测验结果为根据来验证假设结构中的各种因素是否成立。该阶段通过对受试者的施测收集数据，采取因素分析验证该工具有效解释理论假设的程度。因素分析包括探索性因子分析与验证性因子分析。

第一，探索性因子分析。探索性因子分析（Exploratory Factor Analysis，EFA）是一项用来找出多元观测变量的本质结构并进行处理降维的技术。简言之，EFA 就是将具有错综复杂关系的变量综合为少数几个核心因子。其步骤主要包括：计算变量间相关矩阵或共变量矩阵、估计因子载荷、因子旋转获取更易于解释的因素以及因子命名。其中，因子载荷估计的常用方法有主成分分析、主轴法、一般化最小平方法、极大似然法等，最常见的有主成分分析法与主轴法。同时，基于探索性因子分析获取的因子结构或者基于明确理论框架提出的因子结构，仍需经过确认性因子结构的验证。

第二，验证性因子分析。验证性因子分析（Confirmatory Factor Analysis，CFA）是对已有的理论模型与数据拟合程度的一种验证，用于检测一个因子与相对应的测量项之间的关系是否符合研究者所设计的理论关系。通常，在进行验证性因子分析（CFA）之前，需要先执行探索性因子分析（EFA）以识别并剔除关联度低或偏差大的测量项。当因子与测量项之间的关系出现显著偏差，或测量项与因子的载荷系数过低（例如小于0.5）时，表明该测量项与因子关系薄弱，应考虑删除；若模型拟合指标未达预期，应依据修改指数（MI）进行必要的参数调整，以改善模型的整体拟合效果。

以一篇教师自我效能感量表开发研究①为例，作者检验了题项间相关性、运用主成分方法提取因子、因子选择与因子决策等开展探索性因子分析，分析量表结构效度。首先，大多数题项间的相关性（$n = 678, 86.92\%$）不低于 0.50，没有一个题项高于 0.90，平均相关性为 0.62。其次，没有发现多重共线性或异常值，KMO 指数（0.98）和 Bartlett 的球度检验（$p < 0.001$）符合要求。在初步分析中，有四个特征值大于 1，并在第一个和其余特征值之间出现急剧下降，从 24.18 依次下降到 2.49、1.40、1.00、0.90。使用主成分和 1 000 个随机生成的矩阵开展平行分析进一步确定双因子结构的存在。因此，

---

① MA K，LUO J，CAVANAGH M，DONG J，SUN M. Measuring teacher self-efficacy：Validating a new comprehensive scale among Chinese pre-service teachers[J]. Front Psychol，2023(24)：15.

探索性因子分析继续使用最大似然提取和最大旋转法的双因子。

在此分析中，提取共性位于 0.47 和 0.76 之间（M=0.65，SD=0.07），两个因子所解释的方差分别为 60.44% 和 6.22%。出现的两个独立因子，每个因子对应 20 个题项，没有明显的低于 0.30 的交叉因子载荷。在检查了每个因子中的题项后，这两个因子被称为"学校层面维度"和"课堂教学维度"。具体来说，学校层面维度包括学校总体氛围、教师和学生间互动、教师个人的职业发展，所有这些都反映了整体性教师发展视角。课堂教学维度包括与一般课堂教学和学生学习有关的题项。学校层次维度的题项载荷位于 0.57 到 0.93 之间；教学因子的题项载荷为 0.53 到 0.85 不等（见表 5-3），其因子间的相关度为 0.78。

表 5-3　各题项的因子载荷分布（n=427）

项目	因素 1	因素 2	
营造积极的校园氛围	0.93		S
利用机会促进自己的专业发展	0.92		S
获得家长对学校的支持	0.92		S
为你所在地区的学校发展获得支持	0.90		S
处理工作压力以及来自其他来源的压力，如家庭和社会	0.89		S
受到同事、校长和其他人的尊重	0.88		S
对重要的学校事务自由表达你的观点	0.87		S
在需要的时候获取资源	0.86		S
在相同条件下，帮助你的学生比其他学生表现得更好	0.85		S
获取同事协助	0.77		S
与同事合作，在教学中最大限度地利用技术	0.75		L
应对教育环境变化带来的挑战	0.74		L
为同事提供帮助	0.72		L
指导与辅导学生	0.71		L
与学生建立积极愉快的互动	0.66		L
让学生遵守课堂规则	0.66		L
明确你对学生行为的期望	0.65		L
获得学生的尊重	0.62		L
获得父母对孩子学习的支持	0.57		L
引导那些一直没有完成任务的学生	0.57		L
学生相信他们能在学校表现得很好		0.85	S
为有学习困难的学生提供适当的指导		0.83	S
衡量学生对所教内容的理解程度		0.79	S
为有能力的学生提供适当的挑战		0.78	S

(续表)

项目	因素1	因素2	
通过对科技的运用来吸引学生的兴趣		0.78	S
在教学过程中监控学生的注意力		0.76	S
当学生感到困惑时,提供另一种解释或例子		0.74	S
帮助学生重视学习		0.73	S
在教学中融合计算机和其他技术		0.73	S
鼓励学生相互合作		0.68	S
策划和准备高质量的教学		0.67	L
评估学生的作业		0.67	L
鼓励学生互相尊重		0.65	L
使用多种评估策略		0.64	L
鼓励学生承担领导角色		0.64	L
鼓励学生独立研究和解决问题		0.58	L
保持良好的学生表现记录		0.57	L
帮助学生以非传统的、创造性的方式思考		0.57	L
处理行政事务		0.54	L
帮助学生享受在校生活		0.53	L
特征值	21.48	2.49	
总方差的百分比	60.44	6.22	
总方差	66.66%		

a. 斜体项目来自 TSES。

b. S 表示包含在短版本(也属于长版本)的项目,L 表示只包含在长版本的项目

考虑到双因子间的高度相关性(分别为 r=0.86 和 0.741),我们进行了两组验证性因子分析,并同时进行了二阶因子分析。

➤ **线上链接** 验证性因子分析一般步骤与操作案例资料 详见本章二维码

除了两个原始双因子模型的 TLI 略低于 0.90 外,其他四个模型的拟合度都令人满意。对于所有四个模型,χ^2/df 在 2.265 到 3.602 之间,CFI 在 0.903 到 0.944 之间,TLI 在 0.896 到 0.940 之间,RMSEA 在 0.073 到 0.078 之间,SRMR 在 0.041 到 0.046 之间(见表 5-4)。值得注意的是,在最初的双因素验证性因子分析和二阶因子分析中,为了提高模型的拟合度,允许五对题项的误差相关,每两个题项都是相邻题项。这样的决定被认为是合理的,因为当理论上或方法上的原因具备合理性时,可以允许误差相关。

➤ **线上链接** 结构方程各拟合指标取值范围资料 详见本章二维码

表5-4 四个验证性因子分析的拟合指数(n=427)

模型	χ^2	df	p	χ^2/df	CFI	TLI	RMSEA	SRMR
模型1	2417.586	729	<.001	3.316	0.903	0.896	0.074	0.043
模型2	608.69	169	<.001	3.602	0.944	0.937	0.078	0.041
模型3	2438.854	747	<.001	3.265	0.903	0.898	0.073	0.046
模型4	613.767	177	<.001	3.468	0.944	0.940	0.076	0.042

a CFA为原双因子结构;b CFA为双因子结构,每个因子中有10个项目的最高载荷,在表2中用S标记;模型1的二阶分析;模型2的二阶分析。

(三) 信度

1. 信度概述

信度指的是测量结果的稳定性和可靠的程度。信度是所有测量工具的必要条件,尤其是对关注测量对象精神属性的测量而言,由于测量对象的属性难以把握,从而增加了精确反映测量对象的难度。一般而言,信度良好的测量工具,只要遵守操作规范,其结果不应随着工具使用时间点或者测量对象不同的变化而产生较大的浮动。

信度可以从三个方面进行理解。

(1) 信度用以表示测量实测值与测量事物真实值的接近程度。实测值由真值与测量误差构成,而测量真值的不可知性,决定着误差无法求取,从而信度的大小是难以确切求出来的。

(2) 信度亦可以指统计量与参数间的接近程度。统计量指样本数据中测量变量的数字特征,如均值与标准差,参数指样本所来自总体的数字特征,如总体均值与标准差。二者之间的接近程度,决定着统计量的可靠性高低,即信度大小。

(3) 信度也可以理解为前后测量或者等值测量之间的相关程度。运用相关系数对基于同一对象的前后侧或等值测量的大小,判断测量信度高低。相关系数愈高,信度越高。

2. 信度类型

在不同类型信度之中,重测信度、复本信度和内在一致性信度较为常见。

(1) 重测信度,亦称稳定系数。是指同一测量工具在先后两个时间点对同一组被试进行测量,两次测验所得分数的相关系数。相关系数的大小表示首测与再测得分的一致性。可以用同一组被试在两次测验上所得分数的皮尔逊极差相关系数进行计算。当信度较大时,前后测结果比较一致,测量工具比较稳定,被试的潜在特质受被试状态和环境变化影响有限。适用于检测人在短期内情况变化。

重测信度的使用应满足三个基本条件。首先,测量对象的潜在特性需要具备一定稳定性,在测量变量极不稳定的情境下,对其使用应该十分慎重。因为,较高的可变性可能导致前后测一致性水平较差,这并非由于测量工具稳定性。其次,时间间隔选择应保证遗忘和练习的效果可以基本抵消。例如,智力测验的时间间隔应保持在6个月左右。再次,需要确保前后测期间,被试没有接受针对所测量心理特质的专门学习和训练，从而确保测量工具前后测稳定性免于影响。重测信度适用于速度测验或人格测验而不适用于难度测验。

（2）复本信度，亦称等值系数。它用于检验两份假定相等的测量工具之间的一致性，即两个平行测验分数的相关性。可以同一批被试用两个复本测验所得分数的皮尔逊积差相关系数。该系数大小主要取决于两个复本测验题目差别所带来的变异程度。复本系数需要两份或两份以上平行测验，即在题目内容、数量、形式、难度、区分度、指导语、时限等方面都相同或相似。亦需要被试有条件接受两个测验。

复本信度的缺点在于，一是复本编制问题。编制两个完全相等的测验是很困难的，如果两个复本过分相似，则变成再测形式，而过分不相似，又使等值的条件不存在。二是时间问题。如时距太短，被试同时接受性质相似的两个测验，可能减少完成测验的积极性；太长又可能因新的学习产生干扰。三是测试本身问题。虽然两个复本测验的题目材料不同，但被试一旦掌握了解答题的模式，就能触类旁通，有可能失去复本的意义。

（3）内在一致性信度，亦称内在一致性系数。它估计的是测量工具中所有题项所得回复的一致性，即测量题项间的一致性，或者所有题项是否指向同一个特性。此处一致性指所有题目均测量同一种潜在特质；所有题目得分间具有较高的正相关。简而言之，内在一致性系数即测验所测量内容或特质的相同程度。

按照对测验题项进行二分的方法不同，内在一致性系数估计方法包括分半信度与库德尔-理查森信度（Kuder-Richardson reliability）。前者指将一次测验分成两个假定相等而独立的部分后，所有被试在两部分上所得分数的一致性程度。此类信度亦可被视为在最短时间间隔内对两个平行测验的等值性系数。分半的方法，可以采取按题目号码奇偶分半、按题目难度、内容进行分半，再计算两项项目分之间的相关。相关越高代表信度高，或内部一致性程度高。后者适用于二分记分测验题目的内部一致性计算，此类信度计算仅需要测验一次，然后对各问题正确反应数为基础或者根据各人总分的平均数和标准差，计算信度系数。①

当测验题项较多，并非都采取二分记分时，可采取克隆巴赫 α 系数，这是目前社会科学研究中最常使用的信度指标。一般而言，α 系数愈高，量表信度越好。基础研究中，信度至少达到 0.8 才可以接受，但该系数受到题项项数影响。随着题目项数增多，α 系数倾向于变大。

上述三类系数均用以估计测量工具一致性程度，但侧重点有所差异。稳定系数，针对测量中在一定时间间隔内的一致性；等值系数，针对不同等值测量工具间的一致性；内在一致性系数，指不同测量题项间的一致性②。而信度系数以多大为宜，必须和求得信度系数的环境条件（测验的用途以及测验的内容和条件）相联系。就测验的内容来说，标准学业成绩测验要求信度系数在 0.90 以上，常达到 0.95。标准智力测验的信度系数应达到 0.85 以上。个性测验、兴趣测验、价值观等人格测验的信度系数一般应达 0.80～0.85。

---

① 戴海崎，张锋. 心理与教育测量（第四版）[M]. 广州：暨南大学出版社，2018.

② 信度与效度操作步骤与案例解析资料，可参见 https://spssau.com/helps/questionnaire/reliability.html。

3. 信度提升方法

教育研究者可通过以下方法提升信度。

（1）适当增加测验题目的数量。尽管测验长度的增加与信度的提高不是等比例的，但延长测验的长度，能扩大得分的范围，使信度系数增大，测验信度提高。

（2）测验题目的难度应该适中。当测验难度太大时，应试者得分普遍偏低，形成正偏态分布；反之，形成负偏态分布。在这两种分布中，得分大部分集中在低分端或高分端，分数分布的范围和分数之间的差异都较小，用这些实得分数计算出的方差也较小，从而使得信度降低。

（3）测验内容应尽量同质。

（4）测验的承续应统一，包括指导语、问题作答方式、分发与回收方式。

（5）测验时间要充足。

本 章 小 结

本章主要介绍了教育调查法和测量法的内涵、作用、类型、步骤和要求。教育调查法和测量法有助于了解教育现状，获得感性认识；有助于发现教育问题，总结教育经验；有助于为教育管理和预测提供依据。教育调查法的基本步骤为：建构问卷框架、拟定问卷题项、形成初步问卷和预测问卷。测量法的基本步骤为：确定测验目的，拟订编题计划，设计测验项目，试测和项目分析，合成测验，测验使用的标准化等。总之，教育调查法和测验法作为教育调查研究的主要工具，推动教育理论发展的同时，也使教育研究更好地为实践服务。但在实际工作中，做决策还应结合其他方面的信息。

思 考 训 练

1. 试选择一个教育研究问题，根据问题设计一份调查问卷。

2. 谈一谈影响问卷有效率的因素，试述如何提高问卷回收的有效率。

3. 对一份教育测量工具的质量可以从哪些维度进行评价？

拓 展 阅 读

1. 戴海崎、张锋、陈雪枫：《心理与教育测量（第四版）》，暨南大学出版社，2022年版。

2. 吴明隆：《结构方差模型：AMOS 的操作与应用》，重庆大学出版社，2010 年版。

3. 熊章波、宋秋前：《AMOS 与结构方程模型》，天津科学技术出版社，2023 年版。

参 考 文 献

[1] 侯怀银. 教育研究方法[M]. 北京：高等教育出版社，2009.

［2］张林,刘燊.心理学研究设计与论文写作［M］.北京:北京师范大学出版社,2020.

［3］黄希庭,张志杰.心理学研究方法［M］.2版.北京:高等教育出版社,2010.

［4］胡中锋.教育科学研究方法［M］.北京:清华大学出版社,2011.

［5］陈时见.教育研究方法［M］.北京:高等教育出版社,2007.

［6］陈波.社会科学方法论［M］.北京:中国人民大学出版社,1989.

扫码查看
本章资源

第六章　访谈法

章首语

　　在当今飞速变革的社会,了解人的思想和情感已经变得比以往任何时代更为关键。访谈法,作为一种深入人心的研究方法,为我们打开了理解个体、群体和社会的大门。本章主要介绍访谈法的概念、类型,访谈提纲编制的技术以及访谈法的实施技巧。访谈法是一种社会科学研究中广泛应用的研究方法,通过与被访者进行对话来收集和分析信息。这一方法旨在深入了解个体或群体的观点、经验、信念和态度,为研究人员提供较量化数据而言更丰富的数据,以揭示人类行为和社会现象的内在复杂性。

学 习 目 标

1. 理解访谈法的理论基础,熟练掌握访谈技巧和方法。
2. 系统了解实践中开展访谈的过程和注意事项。
3. 培养学生在访谈中与访谈对象的共情能力和进行换位思考的意识。

思 维 导 图

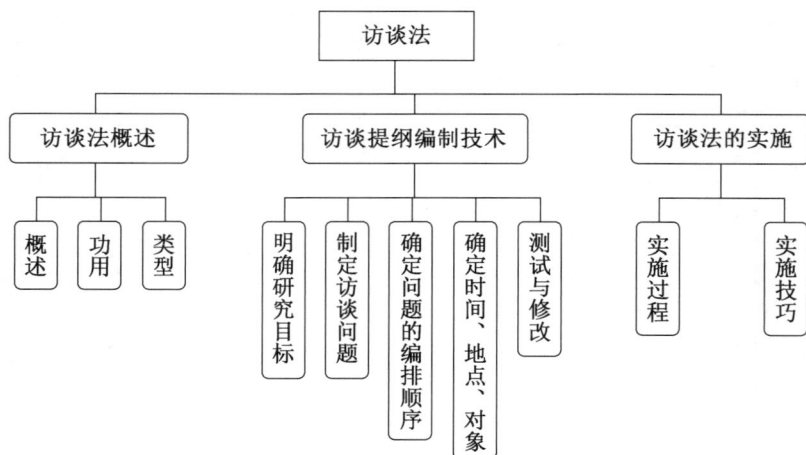

导 入 案 例

　　研究人员旨在通过系列访谈，了解初中生社会情感能力的现状，包括他们在初中三年社会情感能力是否发生变化，以及哪些因素影响其变化。在正式访谈前，初步编制了访谈提纲：1. 你是否了解社会情感能力是什么？你认为和小学相比，你这方面的能力是否有变化？2. 如果有变化，请问导致变化的主要原因是什么？（开设的课程、某位老师、你读过的某些书籍等）3. 你希望通过什么样的方式提高自己的社会情感能力？访谈初始阶段，访谈者向被访谈者简要介绍社会情感能力的相关概念，并以访谈提纲为主线推进访谈。

　　通过系列访谈，研究者可以深入了解初中生社会情感能力的现状，从而可以为学校或学生家庭提出初中生提升社会情感能力发展的建议。如果你是访谈者，请思考你将如何进行深入访谈，以便获取有效信息？

第一节　访谈法概述

　　访谈法是一种深入挖掘社会现象和个体观点的研究方法，通常用于社会科学领域，旨在通过与个体或群体进行对话，以收集深度和详尽的信息。这种方法允许研究人员深入了解被访者的观点、经验、态度以及他们对特定主题的看法。访谈法被广泛运用于社会学、心理学、人类学、教育学等领域，特别适用于那些需要深度理解和探索人类行为和社会现象发生发展内在机制的研究。

一、访谈法概述

　　访谈法是一种研究性的交谈方法，是研究者通过口头谈话的方式从被研究者那里收集第一手资料，以获取信息、了解观点、探索经验、研究态度等。这种方法旨在深入了解被访者的内在思想和感受，以揭示特定主题或问题的更深层次的信息。访谈法强调与被访者之间的交流，通过提问和回答的形式进行沟通。

（一）访谈与日常谈话的区别

　　访谈是一种有特定目的和一定规则的研究性交谈，而日常谈话是一种目的性比较弱、形式比较松散的谈话方式。两种交谈方式都有自己的交流规则，交谈双方一旦进入交谈关系，便会产生一种默契，不言而喻地遵守这些规则。访谈和日常谈话在目的、结构、设置和分析等方面存在一些显著的区别。

　　第一，访谈主要用于研究和收集深度的信息。研究者有特定的目的，可使用结构化、半结构化或无结构化的方式进行访谈，以确保获取研究所需的数据。而日常谈话主要是为了交流、社交或表达情感。通常没有明确的研究目的，结构更加自由，受到参与者的情感和兴趣的引导。

第二,访谈通常在专门设置的环境中进行,如实验室、研究室或特定的研究场所。研究者可能使用录音设备或摄像机进行记录。而日常谈话可以在各种日常场景中进行,如教室、朋友家、工作场所等。这些谈话通常在自然环境中发生,没有专门场所预设。

第三,访谈参与者通常是出于对研究的兴趣或责任感而参与访谈,有时是被邀请或招募的。而日常谈话是自发的,参与者通常由于自身的兴趣或需要而加入谈话,没有被明确邀请的过程。

第四,访谈获得数据通常需要被系统地记录、编码和分析。研究者可能使用质性数据分析工具,如 NVivo,以识别主题、模式和关键发现。而日常谈话获得的数据通常不会被系统地记录或分析,它们更可能是临时性的、用于交流和互动的。

➤ **线上链接** 质性数据分析工具在中国社会科学研究的应用——以 NVivo 为例
详见本章二维码

第五,访谈通常由经过专业培训的研究者或调查员进行,以确保研究的科学性和准确性。日常谈话则不需要专业训练,是日常生活中人们之间普遍的交往方式。

(二)访谈法的特点

访谈法作为一种常用的研究方法,具有其独特的优势和局限性。

1. 访谈法的优点

(1)深度理解和个案研究。访谈法可以获取对被访者观点、经验、态度的深度了解。通过直接对话,研究者能够挖掘被访者的内在动机、情感和思考过程,得到比其他数据收集方法更为详细的信息。访谈法在个案研究中尤为有用,通过深入访谈个别个体或群体,研究者能够深刻理解特定情境或现象,为详细的案例分析提供素材。

(2)建立信任和灵活性。通过面对面互动,访谈法有助于建立研究者与被访者之间的信任关系。这种信任关系有助于被访者更加开诚布公地分享信息。同时访谈法具有较高的灵活性,可以根据研究目的和被访者的回应调整问题,以更好地探索和理解复杂的话题。

(3)获取详实数据和解释性研究。访谈法产生的数据通常是翔实的、丰富的质性数据,有助于深入挖掘研究问题。通过质性数据有助于进行解释性研究,揭示背后的原因和动机,为研究提供更深入的支撑。

2. 访谈法的局限性

(1)主观性。访谈法容易受到研究者主观判断和解释的影响,因此可能存在一定程度的主观偏见。被访者可能会出现记忆的失真或选择性遗忘,影响数据的准确性。被访者可能受到社交期望,倾向于提供符合社会期望的回答,而不是真实的意见或经验。

(2)样本偏倚。样本的选择可能存在偏倚,因为只有愿意参与访谈的人才能提供信息,而其他人的观点可能被忽略。

(3)时间和成本。访谈法可能需要较长的时间进行准备、执行和分析,成本较高,尤其是在需要对多个受访者进行深入访谈时。

（4）难以量化。访谈法产生的数据通常是定性的，难以直接量化，因此在统计分析和量化方面存在一定的困难。

总体而言，访谈法是一种强大的研究工具，尤其适用于深入理解和探索研究问题。在使用访谈法时，研究者需要权衡其优势和缺陷，并结合研究问题和目标选择合适的方法。

二、访谈法的功用

访谈法在社会科学研究中具有多种重要的功用，这些功用涵盖了理论建构、数据获取和深入了解研究对象等方面。以下是访谈法的一些具体功用：

1. 理论建构

访谈法有助于理论建构，通过获取丰富的质性数据，研究者能够在研究过程中发现新的模式、主题和关系，从而深化、拓展或调整研究中的理论框架。

2. 数据获取

访谈法提供了一种收集质性数据的有效途径。这些数据能够为研究者提供丰富的案例、详实的描述和深刻的见解，以支持研究问题的回答。

3. 探索性研究

访谈法常被用于探索性研究，即收集某个领域或主题的初步信息，以便更全面地了解该领域，并为后续研究提供基础。

4. 评估和反馈

访谈法可用于评估个体或组织的需求、意见和满意度。通过直接与受访者互动，研究者可以获得实时的反馈，帮助制定改进计划或政策。

5. 数据验证

访谈法可用于验证其他数据来源的准确性。通过与被访者直接沟通，研究者可以检查和验证先前获得的信息。

与其他研究方法相比，访谈法具有自己独特的功能和优势。首先，与观察法相比，访谈法通过直接对话，能够获取被访者的主观经验、内在感受和观点，深入了解其个人观点。允许被访者解释其行为背后的原因，提供了更为详细和个体化的解释。适用于涉及复杂情境、内在动机和复杂思想过程的研究，能够深入探讨个体的复杂性。而观察法主要观察外部行为，难以直接推断背后的动机，需要通过解释性分析来获取更深层次的理解。

与问卷调查法相比，访谈法具有更大的灵活性以及对意义进行解释的空间。问卷调查法通常是标准化的，问题和顺序事先确定，不太容易根据被调查者的回答进行即时调整。问题多以封闭性问题为主，回答的选择受到限制，难以获取被调查者更为个性化的观点。收集的问卷数据通常较为表面，缺乏深度，不容易获得对被调查者观点的深刻理解。而访谈法允许研究者深入了解被访者的观点、经验和感受，提供了更为详实和有深度的数据。研究者可以就回答进行追问，从而探索更深层次的信息和进行解释性分析。允许根据被访者的回答调整问题的顺序和深度，更具灵活性。研究者可以更加个性化地适应被访者的反馈,提供更贴近个体需求的问答环境。

当然在具体教育研究中,对于某一研究主题收集资料的方法需要多种研究方法的混合研究设计。在一些复杂的研究问题中,可以同时采用观察、访谈和问卷调查,以获得多层次、多角度的数据。使用观察法获取行为和情境的客观数据,然后利用访谈法深入了解被观察者的主观经验和动机。这种结合可以提供更全面的理解,从外部行为到内在心理过程。在问卷调查中,使用封闭性问题收集大规模数据,然后通过访谈法选择部分被调查者进行深度访谈,解释和丰富问卷中的结果。这种结合可以在数量化的基础上获得质性数据。例如,在研究教育领域时,可以观察教师的教学行为,通过问卷获取学生反馈信息,再通过访谈深入了解教师的教学理念和方法。在使用观察法、问卷调查法的同时使用访谈法还可以起到交叉验证和三角检验的作用,确保不同方法获得的数据在某些方面是一致的,增加研究结果的可信度和效度。通过有效地结合访谈法、观察法和问卷调查法,研究者能够更全面、深入地理解研究问题,提高研究的科学性和可解释性。

三、访谈法的类型

社会科学研究中的访谈法可以分成很多类型,依据分类的标准不同而有所不同。一般的分类标准有:访谈的结构、交流的方式、受访者的人数以及访谈的次数等。下面分别对这些分类方式进行介绍。

(一)结构化访谈、半结构化访谈和无结构化访谈

按照结构化程度,可以将访谈法分为结构化访谈、半结构化访谈和无结构化访谈。这是访谈法最常见的类型划分,它们在访谈的结构和灵活性方面存在差异。

1. 结构化访谈

结构化访谈是一种以预先设计的、固定的问题为基础的访谈形式。研究者在访谈中使用相同的问题,并按照预定的顺序进行提问。结构化访谈具有高度标准化的特点,问题的提问顺序和内容都是固定的,以确保每个被访者都回答相同的问题。通过结构化访谈收集的数据一致性和可比性较高,适用于需要比较不同个体或群体之间的差异的研究。但是这种访谈不适用于探索性研究,可能无法涵盖被访者独特的观点和经验。同时被访者的回答受到限制,可能出现机械性、刻板的回答,难以捕捉到更深层次的信息。对话的流程受到限制,无法灵活地根据被访者的回答调整问题。

2. 半结构化访谈

半结构化访谈是介于结构化和无结构化访谈之间的一种形式。研究者使用一个预定的问题指南,但在访谈过程中具有一定的灵活性,可以根据被访者的回答,调整问题的顺序和深度。这种访谈的特点是:半结构化访谈允许更加自由的对话和探索,研究者可以更灵活地根据研究目的调整问题的方向。这种访谈适用于需要深入理解个体经验和观点,同时保留一定标准化程度的研究设计。但是这种访谈数据的处理相对复杂,可能需要更多的时间和资源进行分析。

3. 无结构化访谈

无结构化访谈是一种自由形式的访谈方式,研究者在访谈过程中没有预定的问题,而是通过开放式的对话与被访者进行交流。这种访谈的特点是:无结构化访谈的主要特点是灵活性和开放性,研究者可以随意地提问,以获取被访者更深层次的观点和经验。该种访谈适用于探索性研究,能够发现新的主题和模式,提供更为细致入微的理解。但是该种访谈由于缺乏结构,不同被访者之间的访谈数据可能难以比较。研究者的主观性较大,可能导致数据采集的不一致性。由于需要更多的时间和资源,不适合大规模数据收集。

选择使用结构化、半结构化或无结构化访谈取决于研究问题、目标和研究者的偏好。结构化访谈适用于需要高度标准化的数据收集,而半结构化和无结构化访谈则更适用于追求深度理解和探索性研究的场景。在实际研究中,研究者可能会根据需要在这些类型之间进行灵活组合。

（二）直接访谈和间接访谈

按照研究者与被访者之间的交流方式,可以将访谈法分为直接访谈和间接访谈。

1. 直接访谈

直接访谈是指研究者与被访者面对面进行对话的形式。这种访谈方式涉及直接的、实时的互动,研究者可以通过提问、追问和观察来深入了解被访者的观点、经验和态度。直接访谈强调面对面的交流,使研究者能够更直接地获取详细和深入的信息。这种访谈通常包括个别访谈或小组讨论。直接访谈有助于建立更深入的理解,研究者可以通过面对面的交流更全面地把握被访者的情感和语境。通过实时互动,研究者可以根据被访者的回答进行追问,深入挖掘关键问题。但这种访谈一般需要安排研究者和被访者在同一地点进行访谈,可能受到时间和地点的限制。某些被访者可能因为面对面的交流而感到社交压力,影响其回答的真实性。

2. 间接访谈

间接访谈是指研究者与被访者之间存在某种中介的情况下进行的访谈。这个中介可能是通过信函、电子邮件、电话、社交媒体等方式进行,而不是面对面的直接交流。这种访谈的特点是:间接访谈强调研究者与被访者之间的非面对面沟通。这种方式可能更具灵活性,被访者可以在认为自己方便的时间和地点来回答问题,适用于某些需要跨越时空障碍的研究场景。间接访谈提供了更大的灵活性,减轻了时间和地点的限制。某些情况下,被访者可能更愿意在匿名的情况下分享一些敏感信息。但是由于不是面对面的交流,研究者可能无法及时获得被访者的反馈,可能会错过一些深入挖掘的机会。被访者在回答问题时可能会发生误解或解释错误,因为研究者无法立即澄清。

在实际研究中,研究者选择直接访谈还是间接访谈通常取决于研究问题、研究者的目标以及研究设计的要求,或者在研究设计中将两者灵活地结合使用。

➤ **线上链接** "QQ"访谈法:现场访谈法的一个有益补充 详见本章二维码

（三）个别访谈和集体访谈

按照参与者数量、交流动态和数据收集方式等方面存在差异，可以将访谈法分为个别访谈和集体访谈。

1. 个别访谈

个别访谈是一种研究者与单个被访者之间进行的一对一的访谈形式。在这种情况下，研究者和被访者进行面对面或虚拟的直接对话，以获取详细的个体观点、经验和反馈。个别访谈有助于获得更深入的理解，因为对话的焦点集中在单个被访者身上。研究者可以根据被访者的回答调整问题，增强灵活性和深度。适用于了解个别人的观点、经验和情感，尤其在探索性研究中非常有用。

2. 集体访谈

集体访谈是一种研究者与多个被访者一同参与的访谈形式。在小组讨论中，一组被访者聚在一起，共同探讨特定的话题，研究者作为调解者和观察者引导讨论。集体访谈能够捕捉到群体内部的动态，揭示群体中不同个体之间的互动和影响。相对于个别访谈，集体访谈可以在相对短的时间内收集多个参与者的观点。适用于了解群体的共同观点、共识和冲突，有助于揭示多元化的观点。

研究者在选择个别访谈或集体访谈时，通常会考虑研究问题、研究目标、资源可用性以及数据深度和广度的需求。在一些研究中，研究者可能还会灵活运用这两种方法，以充分发挥它们的优势。

➤ **线上链接**　乡村定向师范生学习动力何以式微——来自焦点团体访谈及其编码的验证　详见本章二维码

（四）一次性访谈与重复性访谈

按照访谈的时间安排方式、数据收集的频率和时间跨度上的差异，可以将访谈法分为一次性访谈和重复性访谈。

1. 一次性访谈

一次性访谈指的是研究者与被访者进行一次性的访谈，即一次性采集数据。在这种情况下，研究者和被访者进行一次性的面对面或虚拟的对话，访谈完成后数据收集就结束。一次性访谈通常适用于横断面研究，即在特定时间点对被访者进行数据采集。这种方式可以提供关于特定时刻的观点和经验。相对于多次访谈，一次性访谈的数据收集通常更为简便和高效，适用于时间有限或资源有限的情况。

2. 重复性访谈

重复性访谈是在一段时间内多次与被访者进行访谈，以追踪和记录变化。这可以涉及在相同的时间点对被访者进行多次访谈，也可以涉及在不同时间点进行多轮访谈，形成一个纵向的数据收集过程。重复性访谈强调观察和记录随时间发生的变化，能够提供关于个体或群体发展和变化的深入理解。该种访谈适用于需要进行长期、纵向研究的情况，如追踪发展、评估干预效果等。

在选择一次性访谈还是重复性访谈时,研究者需要考虑研究问题的性质、研究目标、资源可用性以及对时间因素的需求。有时候,研究者还可能将这两种方式结合使用,以获取更全面、多维度的数据。

第二节　访谈提纲编制技术

访谈提纲是一份文件或指南,用于指导访谈过程中所提问题的顺序和内容。它是在进行访谈前准备的关键工具,有助于确保访谈能够有组织、有针对性地进行,以获取所需的信息。编制访谈提纲是确保在采访中涵盖关键话题的重要步骤,以下是一些编制访谈提纲的技术和步骤:

一、明确研究目标和问题

在编制访谈提纲之前,研究者需要明确研究的目标和问题。了解自己想要回答的问题以及研究的目的将有助于确定提纲的主题和方向。明确研究目标和问题是编制访谈提纲的关键步骤,因为提纲的设计应该紧密围绕研究目标和问题展开。现以一则案例分析如何帮助研究者明确研究目标和问题,在小学教育中,如果你想要通过访谈法了解小学生在数学学科学习中的体验,以及他们对数学教学方法的看法,以下是明确研究目标和问题的步骤:

（一）明确总体研究目标

了解研究的终极目标是什么,目标可能是了解某一现象、探索特定主题、验证某些假设等,确保提纲中的问题与实现这些目标直接相关。总体研究目标:了解小学生在数学学科学习中的体验和他们对数学教学方法的看法。

（二）列举关键研究问题

从研究问题中提炼出关键的主题,这些主题将成为访谈提纲的核心,确保访谈覆盖到研究所关注的核心内容。关键研究问题:
第一,小学生在数学学习中遇到了哪些难题或挑战?
第二,他们对数学学科的兴趣和动机是什么样的?
第三,他们在数学学习中使用的学习资源有哪些,这些资源对他们的帮助有多大?
第四,他们对不同的数学教学方法有何看法和偏好?
第五,数学教学中的互动和合作对他们的学习有何影响?
第六,他们对数学学科未来的发展和应用有什么期望或想法?

（三）指定研究领域和范围

确定研究的范围和边界,以避免提纲过于冗长或过于宽泛。明晰范围有助于更精准地制定访谈提纲研究领域和范围:选择特定年级段或数学主题,以确保研究目标集中在特定群体和领域。

（四）考虑关键变量和因素

如果研究涉及特定变量或因素，确保提纲中包含有关这些变量或因素的问题。这有助于收集与研究目标直接相关的数据。关键变量和因素：教学资源、教师风格、同学互动、家庭支持等，这些可能影响小学生数学学习体验的因素。

（五）明确期望的结果

阐明你希望通过访谈实现的具体结果，包括对关键问题的回答、见解的深入探讨等。这有助于确定访谈中需要关注的重要方面。期望结果：期望获得关于小学生数学学习体验和对教学方法看法的深入理解，以及可能的改进建议。

（六）指定受众

说明你的研究结果将对谁产生影响，如学校管理者、教育政策制定者、教育技术开发者等。受众：教育决策者、小学教师、学生家长等。

（七）考虑实际应用

如果可能，讨论研究结果的实际应用和潜在的决策支持价值。这有助于让被访者更好地理解研究的现实意义。实际应用：讨论研究结果如何对改善小学数学教育有实际应用，提供决策支持。

（八）与文献联系

将研究目标与已有的文献联系起来，说明你的研究填补了哪些知识空白或是对先前研究的扩展。与文献联系：将研究目标与先前的小学数学教育研究联系起来，看看你的研究如何填补先前研究的空白或对已有知识进行扩展。

（九）强调质性研究的价值

如果是质性研究，强调质性方法在理解复杂现象和深入挖掘参与者经验方面的价值。质性研究的价值：强调它在深入理解小学生观点和体验方面的价值。

（十）灵活应对变化

在提纲设计的过程中，不断进行调整和优化。这可能需要多次的讨论和修改，以确保提纲能够全面、有针对性地覆盖研究目标和问题。灵活应对变化：在研究目的的同时，考虑实际的访谈过程可能带来的新发现或变化，并保持适应性。

通过以上步骤，你可以明确小学教育中使用访谈法的研究目标和问题，确保每个访谈都有助于回答关键研究问题，推动总体研究目标的实现。

二、制定访谈问题的类型

访谈问题的类型主要有开放性问题和封闭性问题两种,编制访谈提纲时,开放性和封闭性问题各有其优点,可以根据研究目的和需要相互结合。开放性问题通常用于引导被访者提供详细和自由的回答,而封闭性问题则用于获取具体和结构化的信息。以下是一些建议,帮助你制定开放性和封闭性问题:

(一)制定开放性问题

1. 引导思考和表达观点

开放性问题应该能够引导被访者思考并表达他们的观点、经验和感受。如"有没有一些教学策略对提高学生数学兴趣特别有效?"

2. 深入探索

使用开放性问题来深入探讨被访者的看法和经验,以获取更详细的信息。如"你在数学教学中采用了哪些创新的方法或活动?""在你的课堂上,学生是如何互动和合作的?"

3. 鼓励自由回答

确保开放性问题鼓励被访者提供自由回答,而不受限制。如"你认为学生之间的互动对数学学习有何影响?"

在设计开放性问题时,关键是确保问题足够开放,鼓励被访者提供详细和个人化的回答。这样的问题有助于揭示被访者的独特观点和经验,为研究提供深入的理解。

➤ **线上链接** 开放式主题访谈:一种中国社区心理学研究范式载体 详见本章二维码

(二)制定封闭性问题

1. 获取具体信息

封闭性问题通常用于获取特定、具体的信息,以便进行量化或系统性分析。如"你觉得目前的数学教材是否满足学生的学习需求?"

2. 比较和分类

使用封闭性问题来比较和分类被访者的回答,以便进行更清晰的数据整理。如"请在以下选项中选择一个最符合您实际情况的观点。"

3. 验证假设

封闭性问题可以用于验证研究中的假设,从而提供更有力的支持或反驳。如"您是否同意这个说法?""您是否经历过类似的情况?"

封闭性问题应该明确具体,要求被访者在给定的选项中选择或回答。同时要尽量避免过于主观性的问题,以确保回答更客观、具体。切记不要设置过多的封闭性问题,以免访谈变得过于结构化,削弱了获取丰富信息的能力。通过合理设置封闭性问题,你可以更有针对性地收集被访者的具体看法和经验,为研究提供结构化、易于分析的数据。

（三）结合开放性和封闭性问题

1. 渐进深入

在访谈中可以从开放性问题开始，逐渐过渡到更封闭性的问题，以引导被访者深入探讨具体细节。确保开放性和封闭性问题在整个提纲中有一定的关联，以确保你能够全面、深入地了解被访者的观点和经验。

2. 确认理解

使用封闭性问题来确认对先前开放性问题的理解，以确保研究者和被访者之间的共识。

3. 适度灵活

尽管你可能有封闭性问题，但也要保持一定的灵活性，允许被访者在回答中提供额外的信息或观点。

在提纲中巧妙地结合开放性和封闭性问题，可以在获取详细信息的同时，确保研究的有效性和系统性。

三、确定访谈问题的编排顺序

确定访谈问题的编排顺序是确保访谈流程顺畅、有逻辑性的关键步骤。以下是一些指导原则，帮助你确定访谈问题的编排顺序：

（一）基础信息优先

在访谈开始之前，访谈者需要向被访者说明一些重要事项，以确保访谈进行得顺利、透明，并且使被访者感到舒适。访谈者在访谈开始之前就应该向受访者介绍自己和访谈问题，并且就交谈规则、保密原则、录音和自愿原则等问题与对方进行磋商。开始时，优先询问一些基础信息的问题，如个人背景、经验等。解释访谈的目的和研究的背景，让被访者了解为什么他们被选择参与访谈以及他们的贡献对研究的重要性。强调访谈是机密的，并且任何涉及个人信息的内容将被保密处理。说明被访者有权随时选择退出访谈，而不会受到任何负面影响。

（二）引导性问题先行

使用一些开放性和引导性问题，让被访者轻松进入访谈主题。这有助于建立良好的访谈氛围。如"能告诉我一下你对数学的整体感受吗？""在学校学习中，你觉得哪一门学科最有趣？"

（三）主题层次有序

将问题按照主题有序排列，确保逻辑和主题的连贯性。一个主题的问题集中在一起，使得访谈更易管理。关于小学生在数学学科学习中的体验和他们对数学教学方法的看法这一访谈问题中，可设置如下主题：

主题一，学科兴趣和体验。"对于数学这门学科，你有什么特别的兴趣或经验吗？""有没有一次在数学课上让你觉得很有趣的事情？"

主题二，学习方式和方法。"在学习数学的过程中，你更喜欢通过什么方式学习？""你通常是如何准备数学考试的？"

主题三，克服困难和挑战。"在学数学的过程中，你遇到过觉得难以理解的内容吗？""你是如何克服学习数学上的挑战的？"

四、确定访谈的时间、地点、访谈者、访谈对象

确定访谈的时间、地点、访谈者和访谈对象是访谈计划中的关键步骤。在确定这些事项时，需要考虑被访者的需求和舒适度，以及研究的实际要求。确保所有安排都是双方可接受的，并在访谈开始前进行充分的沟通和确认。

（一）访谈时间和地点

1. 访谈时间

访谈时间需要兼顾研究者和被访者的时间可用性，应该尽量以受访者的方便为主。这样可以确保访谈能够顺利进行，不受时间限制的困扰。估计访谈可能需要的时间，通常访谈时长在 1～2 小时之间，要提前通知被访者关于访谈的具体时间，以便他们有足够的时间来准备。

2. 访谈地点

根据直接访谈或间接访谈来确定访谈地点，如果是面对面访谈，选择一个安静、私密且无打扰的地点，可以在办公室、会议室或任何适合交流的环境。如果是远程访谈，确保被访者有适当的设备和网络连接，并提供相关的链接和登录信息。

在确定访谈时间和地点时，主要考虑被访者的需求和舒适度，并在与他们沟通时充分协商。这有助于确保访谈在一个有利于深入交流的环境中进行。

（二）访谈者与访谈对象

访谈中访谈者和访谈对象的选择是研究设计中至关重要的决策，直接关系到研究的深度和准确性。

1. 访谈者的选择

访谈者要具备以下素养：① 专业背景。访谈者的专业背景应与研究主题相关，以确保他们具备足够的专业知识，能够理解和提出深入的问题。② 沟通和倾听能力。访谈者需要具备良好的沟通和倾听能力，能够有效引导访谈过程，并深入了解访谈对象的观点和经验。③ 经验和熟练度。访谈者是否有过类似研究或访谈经验？经验丰富的访谈者更有可能提出有针对性的问题，更好地引导访谈。访谈者应该能够保持中立，不带有个人偏见，以确保访谈结果的客观性。④ 理解研究目的和进行培训。访谈者需要充分理解研究的目的和问题，以确保访谈的方向与研究目标一致。访谈者需要接受相关培训，熟悉研究提纲和访谈流程，并为访谈做好充分的准备。

2. 访谈对象的选择

访谈对象的选择应该考虑以下几个方面：① 身份和经验。访谈对象的身份和经验应该与研究问题密切相关，以确保他们能够提供有价值的信息。② 代表性和多样性。访谈对象应该具有代表性，能够代表研究领域内的重要群体。这有助于研究结果的泛化性和适用性。如果可能，选择具有不同背景、经验和观点的访谈对象，以获得更全面和多元的数据。③ 参与意愿水平。确保访谈对象愿意参与并分享他们的观点。在征得同意的情况下，建议选择愿意深入讨论的被访者。

在选择访谈者和访谈对象时，需要平衡专业性、经验、代表性和沟通能力等因素，以确保研究能够得到充分而有深度地理解。

五、测试提纲的可行性与修改访谈提纲

测试访谈提纲的可行性是确保在实际访谈中能够有效收集所需信息的重要步骤，试谈工作结束后，就应该及时根据试谈情况对访谈设计进行修订。通过以下策略测试访谈提纲的可行性。

（一）内部评审

在实际访谈之前，邀请具有相关领域知识或访谈经验的团队成员参与内部评审。在评审开始前，向评审团队提供有关访谈的背景信息，包括访谈的目的、受访者的背景和期望的访谈结果。评审专家对提纲中的问题设置、逻辑顺序排列、整体流程是否合理、问题之间的衔接、访谈的整体连贯性和语言是否清晰、简练提出建议。

（二）模拟访谈

进行模拟访谈，以测试提纲的实际操作性。让团队成员、同事或朋友扮演受访者的角色，以评估提纲的有效性。在模拟访谈前，要明确访谈的目的是什么，了解你希望从受访者那里获取的信息，以及访谈的整体目标。明确你个人希望达到的目标，这可以包括改进沟通技巧、提高问题提出的能力等方面。事先阅读并理解提纲中的问题，考虑可能的回答，并思考如何以清晰、有条理的方式表达自己的观点。尽量模拟真实情境，考虑到受访者可能的反应和回答。在模拟访谈结束后，对自己的表现进行自我评估。考虑你的表达是否清晰、回答是否详细、是否能够灵活应对提问等方面。最后根据模拟访谈的经验，制定下一步的学习计划。通过模拟访谈，你可以在相对低压力的环境中提高自己的访谈技能，更好地应对实际访谈的挑战。

（三）实地测试

实地测试访谈提纲是确保提纲质量和适用性的关键步骤。

1. 选择受访者和提供背景信息

选择与目标受众相符的真实受访者，确保他们具有与访谈主题相关的经验和观点，以获得有意义的反馈。在开始实地测试之前，向受访者提供必要的背景信息，以确保他们能够理解访谈的上下文。

2. 模拟真实环境

尽量模拟真实的访谈环境,包括选择合适的地点、使用相应的设备,以及考虑到可能的干扰因素,这有助于提高测试的真实性。使用提纲中的真实问题进行测试,以便了解受访者如何回答以及他们对每个问题的理解程度,确保问题能够引导受访者提供详细的回答。

3. 观察反应和记录观察

注意受访者的表情、语气、回答的深度等方面的反应。这有助于评估访谈者的体验,并发现潜在的问题。记录你在实地测试中观察到的情况和受访者提供的反馈。这将有助于后续的分析和改进。

4. 分析结果

综合实地测试的结果,分析哪些方面表现良好,哪些方面需要改进。着重关注受访者的感受和理解是否符合预期。通过实地测试,你能够更深入地了解访谈提纲在实际应用中的效果,及时发现和解决潜在问题,确保提纲在实际访谈中能够发挥最佳作用。

(四)开放性反馈

设立反馈机制,允许受访者在访谈过程中提出问题或对提纲进行反馈。这有助于确保访谈的顺利进行,并在必要时进行调整。

第一,提醒受访者或专家,他们可以提供更为详细和具体的反馈。例如,让他们解释为什么认为某个问题不清晰或为什么认为某个话题很关键。同时提供一些开放性反馈的工具,如反馈表、在线调查或即时消息平台。这样可以使参与者更轻松地提供意见,而不受到时间和空间的限制。

第二,在收集开放性反馈时,倾听受访者的观点,避免中断。如果可能,可以追问一些问题,以便更好地理解他们的观点。

第三,整理收集到的开放性反馈,分析其中的反馈意见,这有助于确定哪些方面需要重点关注和改进。通过有效地收集和利用开放性反馈,你可以更好地了解受访者或专家的观点,从而提高访谈提纲的质量和适用性。

(五)修订和优化

根据上述反馈,对提纲进行修订和优化。

第一,将内部评审、模拟访谈、实地访谈的反馈整理成清晰的列表或报告。确定反馈的来源,是来自内部评审团队、模拟访谈还是实地访谈中的受访者和观察者。这有助于理解不同观点和优先级。明确每个反馈点的具体内容,包括提到的问题、建议和优点。

第二,识别出被多次提到或认为最关键的问题。这些问题可能是提纲中的模糊之处、缺失的信息或导致访谈者困扰的部分。同时,重新构思问题的结构和表达方式,确保问题是清晰、简练的,避免歧义和引导性语言。

第三,在进行大规模访谈之前,再次进行内部评审,以确保修订后的提纲得到进一步的验证和改进。访谈提纲的优化是一个持续的过程。在实际访谈中不断收集反馈,根据经验进行调整和优化。通过细致的分析反馈并有针对性地对提纲进行修订,你可以确保提纲在实际访谈中更具效果,能够促使受访者提供有深度和洞察力的回答。

通过访谈提纲,访谈者可以更好地组织和计划访谈过程,确保访谈的深入、有效和有针对性。提纲同时也提供了一个框架,让访谈者能够根据被访者的回答进行适度的调整,以满足实际情况的需要。在整个访谈过程中,提纲是一个灵活的指导工具,而不是僵硬的规定,可以根据具体情况进行调整。

➤ **线上链接** 基于义务教育数学课程标准的核心素养的理解与实施——访谈史宁中教授 详见本章二维码

第三节 访谈法的实施

一、访谈实施过程

访谈法的实施需要综合考虑研究目的、研究问题和受访者的特点,以确保获得有深度和洞察力的数据。主要工作包括:开场与建立联系、主体访谈阶段、结束访谈、访谈结果的整理分析阶段。

(一) 开场与建立联系

1. 使用开场问题

使用一个开放性的问题打破僵局,引导受访者进入访谈氛围。确切的开场问题可以根据研究目的和受访者的特点而有所调整。例如,

(1) 一般性开场:"很高兴见到您。在开始我们的访谈之前,您是否能简要介绍一下您的背景和当前的工作职责?""您好!在我们深入讨论之前,能不能分享一些关于您个人和您所从事领域的基本信息?"

(2) 目标导向的开场:"感谢您参与这次访谈。在我们开始探讨特定话题之前,我想了解一下您对我们研究的主题有什么初步的看法或期望?""您对我们今天要讨论的主题有什么初步的想法或感受吗?"

(3) 经验分享开场:"非常感谢您抽出时间来参与访谈。在我们深入了解您的经验之前,您是否愿意分享一些您在这个领域工作的一些亮点或挑战?""在我们开始详细讨论之前,您能否分享一些您在这个行业或领域中的一些显著经验或教训?"

这些问题旨在激发受访者的积极参与,并为接下来的访谈营造舒适的氛围。选择一个与研究目的和受访者背景相符的开场问题,有助于引导对话并建立信任。

2. 自我介绍和解释目的

在访谈法的开场阶段,进行自我介绍和解释研究目的是非常重要的,这有助于建立与受访者的信任关系,让他们更愿意积极参与访谈。主要包括以下内容:

(1) 自我介绍。开始时简要介绍自己,包括你的姓名和一些关于你背景的基本信

息,特别是与研究领域相关的经验或背景。如"您好,我是[你的姓名]。我在[相关领域]有[相关经验或背景]。"

(2)解释研究目的。首先简要概述研究主题,提供关于研究主题的简要概述,让受访者了解访谈的整体背景。如"我正在进行一个关于[研究主题]的研究。"其次,说明访谈的重要性,解释为什么受访者的意见和经验对研究非常重要,以强调他们的参与价值。如"您的经验和观点对于我们的研究非常关键,因为……"最后要明确目的,清晰地表达访谈的目的,这有助于受访者理解他们的参与将如何对研究产生影响。如"我们希望通过您的经验和看法,更深入地了解[研究主题],以便我们能够……"

(3)强调隐私和机密性。首先强调你将保护受访者的个人信息和回答的隐私,确保他们感到安全和舒适。如"我将确保您的个人信息和回答都会被严格保密。"然后征得受访者的同意,并确保他们了解自己可以随时选择不回答某些问题或提前终止访谈。如"在我们开始之前,您需要知道您有权随时选择不回答某些问题,或提前结束访谈。"

这样的自我介绍和目的解释可以确保受访者理解访谈的背景和重要性,建立信任关系,并使他们感到在这个研究中有价值。

3. 建立信任关系

在访谈的开场阶段,建立信任关系是至关重要的,因为这有助于受访者感到舒适,更愿意分享深层次的信息。可以通过一些方法建立信任关系,如友好而自然的态度,让受访者感到你是一个易于相处的人。真诚的微笑,展示出你的真诚和关切,但也要确保微笑不显得过于强烈或不自然。通过共鸣和共同点可以通过事先了解受访者的背景或通过轻松的谈话来建立共鸣。在适当的时候,分享一些关于你自己的信息,这可以增加亲近感、引起共鸣,为后续深入的访谈创造一个积极的合作氛围。

(二)主体访谈阶段

1. 按计划提问

在主体访谈阶段,按计划提问是确保访谈流畅和有效的关键。根据访谈计划逐步引导讨论,确保问题有逻辑性和主题导向。常见的方法如下:

(1)遵循访谈计划和遵循问题的逻辑顺序。在主体访谈开始时,始终要牢记访谈计划。这包括预先制定的开场问题、主题导向问题和深入挖掘问题。按照问题的逻辑顺序,从一般的问题引导到更具体和深入的问题,确保问题之间存在自然的过渡。

(2)按照主题导向问题和开放性问题展开提问。开始时使用主题导向问题,引导受访者进入访谈的主题,确保问题直接与研究目的相关。访谈时使用开放性问题,鼓励受访者进行深入回答。避免使用仅能回答是或否的问题,而是鼓励他们分享详细的经验和观点。

(3)言语和非言语表达。使用清晰、简明的语言,确保受访者容易理解问题的意图。避免使用过于专业化或模糊的术语。在提问的过程中,同时注意受访者的非言语表达,如面部表情、姿势和语调,这有助于更全面地理解他们的回答。

通过按计划提问,可以确保覆盖所有关键主题,有助于获得受访者深层次、有价值的信息。

2. 灵活调整问题

在访谈中,灵活调整问题是非常重要的,因为受访者的回答可能会引发新的想法或需要更深入的挖掘。以下是一些调整问题的策略:

(1) 主动追问和使用引导性问题。如果受访者的回答未能提供足够的详细信息或需要更多的解释,要主动追问。如"能否分享一些具体的例子?"或"您能详细解释一下您的观点吗?"通过使用引导性问题帮助受访者更深入地思考和表达,如"您是否可以进一步说明?"或"请谈谈您的经历中是否有类似的情况?"

(2) 切换问题类型。如果发现某种类型的问题并未产生期望的回答,考虑切换到另一种类型的问题。如从开放性问题切换到具体情境的问题。

(3) 重新表述和澄清。如果存在理解上的歧义或需要更清晰地描述,可以尝试重新表述问题或向受访者寻求澄清。如"如果我理解得不对,请告诉我,您的意思是……"

通过灵活调整问题,可以更深入地挖掘受访者的观点和经验,从而获得更丰富和详细的信息。这种灵活性是访谈过程中反应灵敏和适应力的关键。

3. 倾听和观察

在访谈中,倾听和观察是获取深入理解的重要手段。可通过以下几个方面观察和倾听:

(1) 观察面部表情、身体姿态。通过维持适度的眼神接触表达关注和尊重,不过度注视,以避免让受访者感到不适。观察受访者的面部表情,注意微笑、眉毛的皱起、眼睛的亮度等,这些信息可以提供关于他们情感状态的线索。观察受访者的姿势和动作,如手势、头部的运动,这些可以帮助理解他们的思考过程和情感状态。

(2) 言语信息。注意受访者的语言语调,了解他们的情感状态,语气的变化可能暗示情感、疑虑或兴奋。同时注意受访者的语言节奏,了解他们的思考速度和紧张程度。过快或过慢的语速可能反映出不同的情绪状态。专注倾听受访者的回答,时不时使用确认性语言,如"我明白了""是的"等,以表明你在倾听并理解他们的话语。注意倾听时要避免在受访者讲话时打断,给予他们充分的时间表达观点,并传达你尊重他们的意见的态度。

通过倾听和观察,你可以更全面地理解受访者的思考、感受和经验,从而提高访谈的效果。这也有助于建立更深层次的沟通和信任。

4. 记录数据

在访谈中记录数据是确保研究的准确性和可靠性的关键步骤。下面一些方法可以有效地记录访谈数据:

(1) 选择适当的记录方式。确保在访谈开始前准备好所需的记录工具,如笔记本、录音笔或录音设备。根据个人偏好和研究要求,选择合适的记录方式。

(2) 记录技巧。可以使用标准化的格式来记录数据,这有助于后续的整理和分析。可通过事先准备好的表格或模板,包括关键问题、受访者回答和其他重要信息。注重详细信息的记录和记录中的精简原则。记录细节信息,如关键词、具体例子和引用,以更全面地反映受访者的观点,这些详细信息对于后续的分析非常有价值。避免过度记录,着重关注受访者的关键观点、意见和经验。将注意力集中在研究目的和问题计划的核心要点上。

（三）结束访谈

以下是一些有效结束访谈的方法：

1. 总结访谈内容

在结束之前，简要总结访谈中涉及的主要内容。这有助于巩固关键信息，以确保正确理解了受访者的观点。还可以让受访者回顾或补充他们之前的回答，确保他们的观点得到了充分的呈现。如"在我们结束之前，是否有其他您认为重要的事情需要补充？"

2. 感谢和赞赏

表达对受访者的感谢和赞赏之情，强调他们的参与对研究的重要性。如"谢谢您帮忙这么多，还花您这么多时间，真的很感谢您协助我们完成这个计划。"如果受访者有进一步的问题或需要更多信息，主动提供研究者的联系方式，并鼓励他们随时与研究者取得联系。

结束访谈时的态度和表达对于维护研究者与受访者之间的关系至关重要。确保在告别时传达出研究者对受访者合作的感激之情，同时保持专业和尊重。

（四）访谈结果的整理分析

整理和分析访谈结果就是从访谈中提取有用的信息，可以通过以下方法进行访谈结果的整理和分析。

1. 整理数据

将访谈数据整理成易于理解和分析的形式，这可能包括将信息归类、建立主题或制作摘要表格。按照主题提炼关键信息，识别出现的主题和模式，检查访谈中是否有重复的关键词、观点或经验，主题的建立有助于组织和理解数据。利用图表、图形或其他数据可视化工具，以清晰、直观的方式呈现关键发现，这有助于更好地传达访谈结果。

2. 数据的深度分析

对整理的数据进行编码和标记，将相似的信息进行分类，有助于进一步量化和比较不同受访者之间的观点。如果进行了多个访谈，可以综合不同受访者的观点，寻找共同点和差异，以建立更全面的理解。然后进行深度分析，挖掘数据或资料背后更深层次的含义。

访谈数据整理分析完成后，需要撰写一份详细的分析报告，概述关键发现、主题和模式，同时，报告所提出的观点、结论要有足够的支持材料，以验证和支持你的结论。考虑研究的局限性，如样本的代表性、可能的偏见等，要在分析报告中讨论这些方面。

需要指出的是，访谈实施过程中的这些阶段并不是严格线性的，实际访谈中可能需要在不同阶段之间灵活调整。关键是确保在每个阶段都充分准备，有效地引导访谈，以获取富有洞察力和深度的信息。

二、访谈法实施中的技巧

(一) 访谈中的提问

在进行访谈时,提问的方式和技巧对于获取深入、有价值的信息至关重要。访谈者在提问时,要考虑以下几个方面:

1. 自然的开场白

在访谈中,第一句话很关键,它能够影响整个对话的氛围和受访者的舒适感。开场白的目的是建立良好的关系和沟通氛围,因此在选择和说第一句话时,要注重轻松、自然和真诚,避免过于正式或刻板的开场白,让受访者感到舒适和愿意分享。如访谈者可以先与受访者聊聊天,了解一下对方的个人经历、家庭背景和生活工作情况。简要介绍你自己,包括你的姓名、背景和与访谈相关的一些信息。如果合适的话,双方也可以就共同感兴趣的话题先闲聊一会儿。尝试找到与受访者相关的共同点或共鸣点,这可以是与研究主题相关的共同兴趣或经验。这有助于建立起更亲近的关系。

2. 渐进性提问

从简单、通用的问题逐渐过渡到更具体、深入的问题。可以以一个开放性问题开始,让受访者自由表达观点。如"对于这个主题,你有什么初步的想法或感受吗?"然后将问题嵌入具体的情境或案例中,以促使受访者更具体地描述他们的观点或经历。如"在某个具体的项目或情境下,你是如何应对的?"通过这样的方式引导受访者提供更多细节。询问关于特定事件、决策过程或挑战的问题,以获取更深入的了解。

3. 保持客观中立

在提问中使用中性和客观的语言,避免带有情感色彩或偏见的措辞。这有助于建立开放、信任的沟通氛围。避免在问题中包含对某种答案的暗示,以确保受访者的回答是真实和独立的。避免引导性的措辞,保持中立。如"您看这个问题是不是应该这样理解……"。避免在访谈中主动提供个人观点或建议,因为访谈者的目标是收集信息而非为受访者解决问题。

4. 尊重受访者的节奏

尊重受访者的思考时间,不要急于追问新的问题,给予他们足够的空间来组织思维和表达观点。有时,人们需要一些时间来整理思绪并作出有深度的回应。同时要尽量避免在受访者回答问题时打断他们,打断可能会干扰受访者的思考流程,影响回答的深度和完整性。适时地鼓励受访者深入思考问题,提醒他们考虑问题的不同方面,以获得更加详细和深刻的回答。

➢ **线上链接** 《杨澜访谈录》中引入话题的提问分析 详见本章二维码

(二) 访谈中的追问

追问是在受访者回答问题后,进一步提出相关问题,以深入挖掘信息、澄清观点、获取更多细节或引导对话走向更深层次的过程。追问有助于丰富对话内容,获得更详尽的回答，从而提高访谈的质量。在访谈中，追问的时机和方式取决于多种因素，包括受访者的回答内容、研究目的以及对话的整体目标。在开放型访谈中，追问的一个最基本的原则是：使用受访者自己的语言和概念来询问受访者先前谈到的看法和行为。追问中要把控好时机与度、熟悉追问的技巧。

1. 追问的时机与度

适时的追问能够深化对话、获取更多信息，但过度追问可能会让受访者感到压力或不适。适时的追问可能基于：一是当回答缺乏详细信息。如果受访者的回答比较简短或缺乏详细信息时，这可能是进行追问的好时机。通过追问，可以获取更多细节，使回答更为充实。二是在受访者停顿时，在这个时候适时地进行追问，引导他们深入思考并提供更多信息。三是在谈论关键事件或经历时，这是深入挖掘更多信息的好时机。通过追问，可以获取更多背后的原因和感受。四是当受访者表达强烈情感，这可能是深入了解背后原因的时机。通过追问，可以挖掘更多与情感相关的信息。

尽管追问是重要的技巧，但追问中要控制好追问的度，避免过度追问。如果你过于频繁地进行追问，受访者可能感到压力，甚至失去兴趣。给予受访者足够的思考和回答时间，不要过于急迫，以保持对话的舒适度。可通过观察受访者的非言语信号，如表情和姿势，了解他们是否对追问有积极的反应或是否感到疲劳。访谈中最忌讳的追问方式是：访谈者不管受访者说什么或想说什么，只是按照自己编制的访谈提纲逐个把问题抛出去。这样的访谈并未能真正收集到受访者的观点，甚至可能会强行将访谈者自身经验塞给受访者。

2. 追问的具体策略

有效追问的一个具体办法是注意捕捉受访者在谈话中有意或无意抛出的言语"标记"。通常，受访者在接受访谈的过程中，除了回答访谈者提出的问题外，还有一些自己的动机、兴趣或利益，因此在回答问题时，他们常常"滑"向自己的意愿，好像是顺口随意地说出一两句与研究问题无关的话，但这些话语有时却和访谈目的有一定关联。例如，在一次对乡村定向青年教师进行访谈的过程中，被访者提到他们专业成长问题。他们提到县教育局每年都会进行教师培训，这在一定程度上提升了他们的专业成长。随后又提到他们与县城教师的专业成长有一定的差距，主要是县城学校的教研活动开展的频次高、效果好，对于青年教师的专业成长起着关键作用。从中我们可以侧面了解到：这位青年教师认为专业成长可能更需要源于校本教研。

（三）访谈中的倾听

访谈倾听不仅是一种交流技能，更是一种表达尊重、理解和关心的方式，有助于建立积极的沟通关系。访谈中倾听要注意以下几点：

1. 避免打断

不轻易打断受访者的谈话是倾听的关键，这可以帮助建立良好的沟通氛围，增强对方的信任感。在访谈开始时，可以与受访者共同设定一个规定好的打断门槛；可以通过使用肯定性的肢体语言，如通过微笑、点头、保持开放的身体姿势等方式，表达你的积极态度和对对方讲述内容的认可。访谈者要保持开放的心态，允许对方充分表达观点。

2. 使用沉默

在访谈过程中,沉默有时候是一种重要的沟通元素。它可能反映了被访者正在思考、回忆或整理思绪。容忍沉默是一项重要的技能,可以有助于建立更深层次的对话。访谈者在使用沉默时要敏锐地观察对方的反应,并确保沉默不会导致尴尬或不适。在沟通中,适时的沉默是一种有力的工具,可以提高对话的深度和质量。

➢ **线上链接** 教育研究中访谈的倾听技(艺)术 详见本章二维码

本章小结

访谈法是教育研究中十分重要的收集资料的方式,访谈发挥的作用不仅仅是访谈者向受访者"收集"资料,而是交谈双方共同"建构"社会现实的过程,这就需要访谈者理解访谈的作用、把握访谈的情境、对研究关系有足够的意识。通过本章的学习,学习者将深入了解访谈法的理论基础、编制技术和实践技巧。希望教育研究者能够通过学习和实践,掌握高效的访谈技能,为未来的研究、采访和沟通活动做好充分准备。

思考训练

1. 结构化访谈、半结构化访谈和非结构化访谈有什么区别?

2. 访谈前的准备工作包括哪些关键步骤? 为什么这些步骤对于访谈的成功至关重要?

3. 尝试基于某个研究问题,编制一份访谈提纲。

拓展阅读

1. 威廉·R.米勒、斯蒂芬·罗尔尼克:《社想动机式访谈法 改变从激发内心开始》,郭道寰、王韶宇、江嘉伟译,华东理工大学出版社,2022 年版。

2. 凯瑟琳·卡斯尔:《研究访谈》,武敏译,格致出版社,2018 年版。

3. 可瓦里,等:《质性研究访谈》,世界图书北京出版公司,2012 年版。

参考文献

[1] 陈向明.质的研究方法与社会科学研究[M].北京:教育科学出版社,2001.

[2] 风笑天.社会研究方法[M].北京:中国人民大学出版社,2019.

[3] 欧群慧,刘瑾.小学教育研究方法[M].北京:北京师范大学出版社,2019.

[4] 侯怀银.教育研究方法[M].北京:高等教育出版社,2009.

[5] 和学新,徐文彬.教育研究方法[M].北京:北京师范大学出版社,2015.

[6] 威尔斯玛(Wiersma,W.),朱尔斯(Jurs,S.).教育研究方法导论[M].北京:中国轻

工业出版社,2004.

[7] 梅雷迪斯·D.高尔,沃尔特·R.博格,乔伊斯·P.高尔.教育研究方法导论[M].
南京:江苏教育出版社,2002.

[8] 袁振国.教育研究方法[M].北京:高等教育出版社,2000.

[9] 费杉杉,谢永朋.教育研究方法[M].徐州:中国矿业大学出版社,2022.

[10] 温忠麟.教育研究方法基础[M].北京:高等教育出版社,2004.

扫码查看
本章资源

第七章　教育实验法

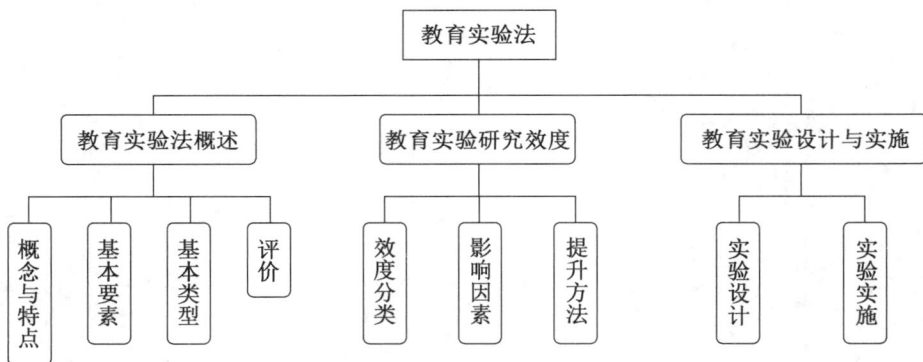

章首语

　　教育实验法是揭示教育现象之间因果关系的有效方法,是通过对变量进行控制和操纵,观察其对因变量的影响,从而探索变量因果关系的研究方法。教育实验法对实验条件有较为严格的控制,通过实验设计、方法和结果的详细记录,提供更精确的数据,增加研究的可重复性和可靠性。本章主要介绍教育实验法的概念、特点和类型,阐述影响教育实验效度的因素以及进行教育实验设计的方法。教育实验法有助于确定特定的教学方法、策略或干预措施是否对学习产生影响,有助于测试和验证新的教育策略和理念,有助于帮助教育研究和实践的决策制定。

学 习 目 标

1. 掌握教育实验法的基本原则和流程,学会合理运用教育实验法。
2. 运用辩证的思维看待教育实验法的优点和缺点,遵循实事求是的原则。
3. 树立实证研究意识和科学态度,培养客观性和批判性思维能力。

思 维 导 图

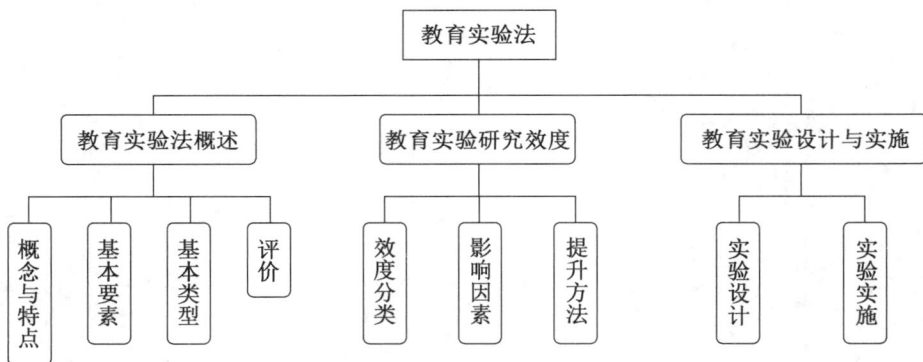

导入案例

利他者更幸福吗？——提升小学生主观幸福感的实验研究①

　　随着社会快速发展、市场竞争日益激烈和物质财富急剧增长而来的文明之疾（压力、焦虑、抑郁、恐慌等）困扰着人们，严重影响人们对幸福的追求。根据以往研究，利他也许是人们面对文明之疾、寻求幸福、实现双赢的佳径。该研究采用实验组、控制组等组前后测实验设计，利用青少年生活满意度和快乐感量表对283名小学生展开研究，其间对实验组实施为期16周的整合性利他教育。结果显示，干预后实验组主观幸福感总体水平显著提高；干预对高主观幸福感组的作用最显著，中等水平组次之，低水平组的效果最差；干预对降低消极情绪的促进作用不明显。最后提出研究结果对教育的启示和意义。该研究体现出教育实验法运用严谨的实验设计和实验程序，以探索因果关系的过程。

第一节　教育实验法概述

　　教育实验法是通过操纵一个或多个变量来评估其对其他变量影响的研究方法。教育实验法对教育研究中揭示因果关系有非常重要的作用，通常用于明确某种教育现状的原因或机制，是探索教育规律的基本方法。

一、教育实验法概念与特点

　　教育实验法是在一定理论指导下，根据研究目的，合理地控制或创设一些条件，进行教育实验，收集数据，以检验研究假设，得出研究结论，进而揭示教育研究中的因果关系的研究方法。教育实验法对变量具有较为严格的控制与操纵，对实验环境和条件有一定要求。教育实验法的主要特点是对变量的控制，具体特点如下：

（一）实践性

　　教育实验法注重实践，强调通过实验来观察、测量和记录学习者的行为和反应，以获得具体的数据和结果。

（二）控制变量

　　教育实验法通常需要在实验过程中控制各种变量，以确保实验的准确性和可靠性。

---

　　① 陆彩霞,姜媛,方平,等.利他者更幸福吗？——提升小学生主观幸福感的实验研究[J].中国教育学刊,2018(11):32-37.

研究者会尽可能地排除其他因素的干扰,使得实验结果更加可信。

（三）随机分组

在教育实验中,常常采用随机分组的方法将学习者随机分配到不同的实验组和对照组中。这样可以减少个体差异的影响,增加实验结果的可比性和可靠性。

（四）因果推断

通过对特定教育干预措施的实验评估,可以确定其对学习者学习成果的影响。

（五）反复实验

教育实验法鼓励多次重复实验,通过反复实验可以验证实验结果的稳定性和一致性,提高研究的可信度。

二、教育实验法的基本要素

教育实验法的基本元素包括被试、变量、自变量、因变量和无关变量。

（一）被试

教育研究的目的通常是某种教育现象,比如,研究教学方法的效应、教师课堂提问方式对学生学业成绩影响、教师管理对教师职业认同感的影响等。这些研究目的都指向经历不同的教学方法、经历不同提问方式和经历不同教师管理方式的学生或教师。这些学生或教师可能来自某一个或某几个地区、整个国家或不同国家,他们构成了研究总体。这些研究总体中的每个学生和教师都属于其中的一个个体。但是由于人力、财力和物力等多个方面的限制,研究者不可能对总体进行研究,而只是选取其中的某些具有代表性的个体进行研究。这些构成研究的样本,通常称为被试。被试是接受实验条件的个体或群体,教育实验研究中的被试通常是学生。

（二）变量

变量是指在研究过程中被测量、观察或操作的属性或特征。它是研究者用来描述和衡量的对象,可以是各种教育因素、行为、观察到的结果等。

（三）自变量、因变量和无关变量

教育实验法中的变量主要有自变量、因变量和无关变量。

自变量是研究者在教育实验中根据一定目的操纵的变量。例如,想要对比教学方法 A 和教学方法 B 对学生学习成绩的影响,就要主动设定两种不同的教学方法。其中教学方法就是所操纵的自变量。根据操纵自变量的性质和类型不同,自变量又可分为被试变量和环境变量等。此外,自变量往往不仅仅有单个变化或控制,而是有两个及以上,这种对自变量不同变化的操纵通常称为自变量的水平。在上例中,教学方法分为教学方法 A 和教学方法 B,即自变量有两种水平。自变量的合理操纵是教育实验顺利开展的基础。

因变量是在客观观测中由于自变量的操纵引起变化的变量。它是结果变量,用于评估自变量对其的影响。教育实验研究中常被研究的因变量包括:学习成绩、兴趣、动机、对学校的态度等。在上例中,学生学习成绩为因变量。

无关变量是在实验中除自变量外,可能对因变量产生影响的变量。它们往往与研究问题无关,但是可能对实验结果产生干扰或者误导。这类变量在实验中需要加以控制,因而又称为控制变量。无关变量并不是真的无关,只是在此次实验中未作为自变量的变量。经常涉及实验对象的态度;实验对象的成熟;实验对象的经历;实验对象的已有知识经验、能力水平等。

为保证教育实验的顺利开展,研究者通常在实验前进行实验设计。实验设计是为指导实验而预先策划的计划,通常用来确定实验中变量的控制、设定与安排,包括自变量的操纵、因变量的测量和无关变量的控制。具体内容可见本章第三节。

三、教育实验法的基本类型

根据不同的划分方式,教育实验存在多种分类。

（一）实验室实验和现场实验

根据实验场地不同,实验可以分为实验室实验和现场实验。实验室实验是在实验室中进行的实验,能够有效地控制无关因素的影响,获得精确的实验结果。但由于实验室与自然情境相差较远,实验室研究结果推广受限。现场实验是在实际自然情景中进行的,只能尽可能地控制无关因素的影响,例如,在学校开展的实验通常属于现场实验。由于现场实验与实际自然情景接近,其结果便于推广。

（二）单因素实验和多因素实验

根据实验中操纵的自变量的数量,可以分为单因素实验和多因素实验。单因素实验是指实验只操纵一个自变量,考察其对因变量效果的实验。多因素实验是指至少操纵两个及以上自变量,考察其对因变量效果的实验。其特点是考察两个或多个因素的效果及因素之间的相互作用。

（三）前实验、准实验和真实验

根据实验控制的程度和实验的内外效度可分为前实验、准实验和真实验。

前实验又称"非实验设计",是指对实验被试没有给予随机分配,对实验中的无关变量缺乏控制的实验。例如,一位教师要检验一种教学方法对学生识记效果的影响,他可以在一节课的教学中就完成实验。上课前进行一次前测,教学后马上施以后测,比较前后测验成绩,即可判断该教学方法对学生识记效果的影响。这项实验没有随机挑选被试,几乎没有控制无关变量,只是进行了观察和结果的比较,这就是前实验。

准实验是处于前实验和真实验中间的一种实验。准实验是指在现成班级内进行,不随机分配被试,没有完全控制实验中无关变量的实验。其特点是不能按照随机抽样原则抽取被试和随机分配被试于各实验处理,我国大多数中小学开展的教育实验都是此类实验。

真实验是指随机抽取与分配被试,保证各组被试等值,有效操纵自变量,能较严格地控制无关变量,实验效度较高的实验。比如,卢仲衡主持开展的中学数学自学辅导教学实验,实验对象是新入学的学生,选取的学校是优、中、差三类。在每个实验学校都设实验班、对照班,并力求实验班、对照班学生语文、数学成绩均等。实验教师以自愿原则挑选,在全国不同地区、不同类型的学校进行大面积的实验和多次重复。还具体规定了九条自学辅导教材编写原则、七条自学辅导教学原则。这样做的目的就是保证实验条件的严格控制。由此可见,该实验属于真实验[1]。

(四)探索性实验和验证性实验

根据实验目的的不同,实验可以分为探索性实验和验证性实验。探索性实验旨在探索某种教育现象及教育主体(包括教育者和受教育者)发展的规律,通过探索和研究相关的因果关系,尝试建构某种理论体系或实践框架。验证性实验则旨在检验已有的理论或假设,验证既有的实验成果,进而在检验的基础上试图对其加以修订和完善。

(五)单组实验、等组实验和轮组实验

根据实验变量分配方法可分为单组实验、等组实验和轮组实验。单组实验是指只设一个实验组,不设对照组,对实验组施加变量,然后比较实验组前后结果的实验。等组实验是指设置两个同质的组,一个为实验组,另一个为对照组,对实验组施加实验变量,对照组不施加实验变量,然后对比两组实验前后效果的实验。轮组实验是指将各个实验变量,轮换施加于各个实验组(各组不必等同),然后根据每个实验变量所发生变化的总和来决定实验结果的实验。

以上这些分类标准相互交叉,构成了复杂的实验设计类型。

四、教育实验法的评价

(一)教育实验法的优点

1.科学证据支持

教育实验法能够提供科学、客观的证据来评估特定教育干预的有效性。通过对实验组和对照组进行比较,可以确定特定教育策略和方法对学生学习成果的影响。

2.因果关系确定

教育实验法通过对变量的控制和随机分配,可以帮助确定因果关系。这意味着可以确定特定干预措施对学习成果的影响,而不仅仅是相关性。

3.可重复性和可验证性

教育实验法的研究设计具有可重复性和可验证性。其他研究人员可以使用相同的

① 和学新,徐文彬.教育研究方法[M].北京:北京师范大学出版社,2015.

方法和设计来复制研究结果,从而验证和确认研究的可靠性和有效性。

4. 支持政策决策

教育实验法的研究结果可以为教育政策制定者提供有力的依据。通过提供科学证据,政策制定者可以更好地了解不同教育策略和干预措施的效果,从而做出更明智的决策。

（二）教育实验法的局限

1. 实验人员和实验过程带来的问题

实验人员和实验过程带来的问题有许多。包括实验人员的预期影响实验的效应（主试效应）；被试已知实验目的引起的特定行为（被试效应）；实验时间过长引起被试的疲劳；实验程序的重复形成的练习效应等,这些均会影响实验的效果。此外,在某些情况下,教育实验可能涉及对参与者进行随机分组或实施特定教育干预措施,这可能会引发伦理问题,如公平性、道德性和参与者权益等方面的考虑。

2. 外部推广性限制

由于教育实验通常在严格的受控环境中进行,简化和纯化了实验环境,以便准确地"溯因",这一优点反过来也成了教育实验法的局限性。实验控制越严格,离真实的教育活动就越远。因此,严格的控制使得实验结果可能在真实世界中的应用存在一定限制,实验环境可能无法完全模拟实际教育场景。

3. 时间和成本较大

教育实验需要大量的时间、资源和人力成本。从实验设计到数据收集和分析,整个过程需要耗费大量的时间和精力。这可能限制了实验的规模和广度。

4. 对象和样本限制

教育实验基本上属于社会科学实验,其对象通常是某个群体的研究,若群体较大,教育实验的样本可能受到限制,这样特定样本的结论不足以推广到群体。如特定年龄组的学生或特定地区的学校,这可能导致实验结果的推广能力受到质疑,因为不同群体之间存在差异。

总体而言,教育实验法可以提供科学证据来支持教育政策和教学决策。然而,它也存在一些局限性,需要在实际应用中综合考虑。

第二节　教育实验研究效度

教育实验是获得教育知识、检验教育理论的一种特殊实践活动。如何检验一项实验研究所得到的结论是否准确可信,就涉及教育实验研究的效度问题。

教育实验研究的效度是指对实验研究结果的真实性、准确性、有效性的估计,是实验研究质量的评价指标。教育实验的效度体现在教育实验的全过程,包括从实验设计、实验实施、到实验数据分析与处理。研究者主要从研究方法和使用研究工具的有效性方面探讨教育实验的效度。

一、教育实验研究效度分类

教育实验的研究效度主要有两种,即实验的内部效度和外部效度。

(一)内部效度

内部效度是自变量与因变量联系的真实程度,即研究的结果能被解释的程度。如果实验的结果只是由于操作自变量所致的,而不是其他干扰因素所致,那么一个实验才是有效的。实验的内部效应反映实验过程的可靠性、研究结论的真实性以及实验结果可解释性。如果一个实验没有内部效度,那么是没有价值的。

内部效度说明的是"因变量的变化是由自变量的变化引起的"可信程度。如果一个实验能有效地控制实验条件,即因变量的变化只能是自变量而不是其他因素引起的,则具有较高的内部效度;反之,实验中的无关变量未得到有效控制,使得自变量不能有效地操纵,那么就不能清楚地解释实验结果,即因变量的变化可能由其他额外因素引起,其内部效度就低。由此可知,内部效度与无关变量的控制直接相关,通过合理地方式控制无关因素的影响也是提升内部效度的重要途径。

(二)外部效度

外部效度是指实验结果的可推广度,即研究结论可以推广到总体变量、情境等的程度。外部效度涉及教育实验研究结果的概括化、一般化和应用范围问题,即研究结果能被正确地应用到其他非实验情境、其他变量条件及其他时间、地点、总体中的程度,也就是研究结果的普遍代表性和适用性。

教育实验研究,尤其是大型教育实验研究,由于实际情况的限制,往往无法对总体开展实验,研究者通过抽取一定数量的样本开展实验,得出研究结论。如果一个教育实验结果只适用于实验实施的固定范围,而不能推广到总体范围,我们就认为其外部效度低;反之,当教育实验研究结果不仅仅适用于自身范围,还能较好地推广到总体范围,则认为其外部效度高。换句话说,研究结论能够推广到更多情境或更大样本的程度就是外部效度。

按照实验结论推论的方向不同,外部效度又可以分为总体效度和生态效度两类。总体效度是指实验结果从特定研究样本推广到更大被试群体中去的适用范围。生态效度是指实验结果从研究者创设的实验情境推广到其他教育情境中去的程度。如果只能在限定的条件下,或只能经由原来的研究人员才能获得研究结果,则说明该教育具有较低的生态效度。通常实验室实验由于在较为严格控制的实验环境下开展,往往其推广性较低,生态效度较低。

二、实验效度的影响因素

通过实验设计,研究者试图保证实验的内部效度和外部效度。但实验效度并不仅仅依赖实验设计,还有许多其他因素会干扰实验的效度。例如,在实验实施过程中的一些额外因素也会影响实验的内部效度和外部效度。由于一种效度的提高可能会造成另一种效度降低,研究者必须设法保持其平衡,通过合理地控制而使结果具有可解释性。接下来,对影响实验的内部效度和外部效度的因素进行总结。

（一）影响内部效度的主要因素

1. 历史

历史是指在实验过程中特定事件出现对被试反应造成影响的因素。例如,在两次研究之间,有一些特殊事件发生,但是研究者又不能控制,这些因素可能和自变量一起对被试的反应产生影响。尤其前后研究之间的间隔越长,特定事件对内部效度的影响越大。比如,研究者想试验一种新阅读教学方法的效果,先对一组受试实施阅读兴趣的测验,经过一个学期的新阅读方法教学后,再使用同样的阅读测验测量他们的阅读兴趣,结果发现后一种测验的分数显著高于前一测验的分数。实验期间,学校图书馆购置的新书也引起了学生的兴趣,学生阅读兴趣的提高,就难以单纯归因于新的阅读教学方法。

2. 成熟

成熟是由于被试自然成长而带来的生理或心理上的变化会影响实验的内部效度。例如,学生会变得更加强壮、认知能力更强、更独立或更自信等。这些因素都会影响实验的内部效度。比如,教育工作者要试验一种新的阅读方法的效果,在一年中,实验对象因年龄增长而在认知能力上的发展、成熟及词汇的自然增长,都可能干扰实验处理的效果,所以阅读能力的提高,就难以单纯归因于新的阅读教学法。

3. 前测效应

前测效应是指前测对后测产生的影响。有些教育实验设计的类型会涉及在实验处理前进行前测。然后再接受处理,在实验处理后再进行一次后测。前测效应就是最开始的前测可能会影响到后测的结果。因为前测可能会使被试熟悉实验的流程和内容,尤其当前测和后测之间非常相似时,前测可能会对后测的影响更大,导致实验结果的真实性受影响,从而影响教育实验的内部效度。

4. 研究工具的使用

研究工具的使用是指研究过程中实验仪器的使用和实验人员的变化。例如,仪器的不恰当使用,出现的耗损、失灵等,会造成研究实验结果的误差。

5. 统计回归

统计回归是指在第二次测量时,被试的测量分数向团体平均数回归的倾向。换言之,低分组被试在第二次测量时,其分数会向平均数回归而有升高的趋势;相反,高分组被试的分数在第二次测量时却有降低的趋势。因此,如果根据一次测量结果划分高分组和低分组往往会影响实验的内部效度。

6. 被试的选择差异

被试的选择差异是实验中未能随机分配或挑选被试而对实验结果的影响。在实验处理实施前,被试在某些特性方面并不匹配,从而造成了控制组和实验组的不对等,导致实验结果可能是由于最开始两组的特征不同引起的,由此造成了实验内部效度较低。

7. 被试流失

在教育实验过程中,由于种种原因可能造成被试数量的减少或退出实验。被试的离开造成实验处理过程中控制组和实验组两者之间的差异,从而对实验结果产生影响,研究者难以确定控制组和实验组实验结果的差异是自变量引起还是被试离开造成的,由此造成实验内部效度降低。

8. 选择与成熟的交互作用

选择与成熟的交互作用是指被试的选择偏差和自身认知能力等的成熟共同作用影响实验结果,造成实验内部效度降低。例如,一项研究调查了两个地区小学生数学教学方法的影响,由于不同地区政策不同,实验组的被试平均年龄比控制组的被试小。因此实验组任何在数学成绩上之间的差异都可被归因于学生年龄差异带来的影响,而不是教学方法的差异。

(二)影响外部效度的主要因素

1. 测验的反作用与交互效应

测验的反作用指前测对后测的影响,测验的交互效应指前测与后测的交互作用。由于被试测验经验增加会导致后测成绩提高,或者在实验中被试产生的练习效应,使得实验结果的推广性受限,例如,实验结果不能推广到没有实施前测的群体中去。

2. 选择偏差与实验处理的交互作用

选择偏差指被试选择时的某些因素以及这些因素对于实验处理的影响,会直接影响实验的可推广性。例如,一项关于数学教学方法实验研究中,选择的被试为理工科院校的学生,而该学校学生的数学成绩受理科思维训练较多,数学学习能力较其他普通院校较高,在此被试群体的研究结论则不能推广到一般院校中。此外,有些"专业被试"的参与也会影响实验结果的推广性,甚至可能对实验的内部效度产生影响。"专业被试"是由于多次参加实验而使其掌握丰富的实验经验的被试,他们利用经验和规律,从而造成实验结果的提升或降低。例如,教育学专业大四学生在做毕业论文时,采用方便取样招募的被试多为本专业的学生,而这些学生曾多次参与教育学实验,容易形成"专业被试"。因此,当选择一些特殊类型被试,如重点学校进行的实验结果,不能推广到一般或其他水平的学校;超常儿童的实验结果不能推广到一般儿童等。

3. 实验安排的反作用

实验安排的反作用指由于一些人为或新异实验安排对实验结果产生的影响。这些人为或新异的安排容易让被试觉察到自己在接受实验处理,形成被试效应,影响实验结果,造成实验结果的推广性受限。例如,一项教学情境实验安排实验组在计算机机房上课,而控制组在教室上课。如果学生只有在实验期间在计算机机房上课,那么实验组被试可能意识到正在接受实验,从而其表现与平常不同,影响实验结果。此外,实验人员知道实验目的也会影响实验结果,产生期望效应。

三、提升教育实验效度的方法

通过提高实验的内部效度和外部效度,可以减少误差和偏差,以增加实验研究的可靠性和可推广性。

（一）提高教育实验研究的内部效度

实验内部效度的主要影响因素是实验变量操纵和控制。为提高教育实验的内部效度，在设计实验时规范地操纵自变量、科学地观测因变量和有效地控制无关变量。

1. 规范操纵自变量

在教育实验研究中，规范操纵自变量的一个重要前提就是要给出自变量的操作定义。操作性定义是指实验中自变量的可操作且明确的定义。

例如，一项研究小学生课文记忆策略的实验研究[①]，通过三个单因素两水平随机实验设计，研究了三种课文记忆策略对课文记忆的影响，实验自变量为课文记忆策略，三个实验分别研究概要试忆策略、全方位整零结合记忆策略和合理复习策略。在三个实验中，研究者分别对这三种记忆策略进行了明确和具体的规定，即操作性定义。"概要试忆策略要求学生首先通读一遍课文，概括性地了解文章的大意。然后仔细地将文章再阅读一遍，进一步把握要点并留心细节，同时强化自己准备记住。接下来，不看课文，开始背诵。要求学生在头脑中根据要点试图回忆文章的细节实在回忆不出时可以看一下，并立即与文章大意联系起来以强化记忆。""全方位整零结合记忆策略要求学生首先通读全文，把握文章的大致内容，然后分段进行记忆。在每一段的记忆过程中再分成句子来记。具体方法是：先记熟第一句，再记熟第二句，两句连起来默忆一遍以保持连贯；再记熟第三句然后三句连起来默忆一遍。要求默忆的效果顺畅、准确，否则多回忆几遍直到顺畅、准确为止。""合理复习策略尝试复习安排在记忆材料 15 分钟后，采用'过电影'的方式将记过的材料在头脑中回忆一遍。如果有忘记或不顺畅的部分一定重新记熟。再次复习安排在约 50 分钟之后，采用同样的方式进行复习。另外，要求学生在睡前以同样的方式再次复习。"

上例中，将每种记忆策略的具体操作方式进行了详细的规定，具有非常强的操作性。只有这样，才能让研究者的思路更清晰，避免产生混乱和误解影响教育实验的效度。

2. 科学观测因变量

因变量观测指标设置得是否科学也会影响到实验的准确性和可靠性。科学地观测因变量关键是要确定合理的观测指标，需要综合考虑观测指标的敏感性、一致性、稳定性和经济性，使得因变量的变化能够准确地反映自变量的操纵。可以从研究工具的准确性、多种测量工具的结合等方面提高观测指标的科学性。

3. 有效控制无关变量

提高实验内部效度的另一个方法就是要使得无关变量得到有效的控制，以保证因变量的变化只是由于自变量引起，以揭示两个实验研究的因果关系。在教育实验研究中，无关变量有很多种，且比较复杂，要实现对无关变量的有效控制，要求研究人员从实际情况出发，有针对性地选择合理的控制方法。以下简要介绍用于控制无关变量的

[①] 韩志伟，张奇. 小学生三种课文记忆策略的实验研究[J]. 教育科学，2002(02)：50-53.

方法：

（1）随机法，即随机选择和分配被试，保证被试具有较强的代表性，以控制实验组和控制组之间的差异，保证两组被试的同质性。要求实验者尽可能采用完全随机的抽样方式选择被试。

（2）平衡法，即要求实验中的无关变量对实验组和控制组的影响相同或达到基本平衡。

（3）双盲法，即实验中不让实验主试和被试知道或了解实验的目的和意图，避免由于主试和被试原因影响实验结果，消除主试效应和被试效应。

（4）恒定法，即让实验中的无关变量保持恒定。实验者若难以对无关变量加以控制，可以设法保持它们在实验中保持不变。例如，对比两种教育方法的效果，为了防止不同的教师对实验结果产生影响，由同一位教师采用两种教学方法进行教学，这就是恒定法的体现。

（5）消除法，即在实验中运用各种方法消除无关变量的影响。例如，在隔音的实验环境下进行听力测试的实验，以消除其他噪声对实验的影响。

（6）设置控制组，即在实验中设置一个或多个控制组，以排除被试本身的成熟、疲劳或练习的影响。在设置控制组时，除控制组不接受实验处理外，其他均与实验组相同。

（7）控制统计过程，即采用合理的统计方法和规范的统计程序，以减少由于统计误差对实验结果带来的影响。

（二）提高教育实验研究的外部效度

样本的代表性是影响教育实验外部效度的重要因素。提高外部效度的根本措施是在于使被试的取样具有代表性，增加实验结果向总体推广的程度。此外，研究工具和研究环境的创设也会影响到实验的外部效度。在实验研究过程提高研究工具的准确性，并创设与自然情境相似的实验环境，均有助于提升实验研究的外部效度。

当然，好的实验研究应该兼具良好的内部效度和外部效度。但是，内部效度和外部效度之间是此消彼长的关系。为达到较高的内部效度，我们在实验过程应对变量进行严格地操纵和控制，但是操纵和控制越严格，实验情境与自然教学情境相差就越大，实验结果推广到自然教学情境的程度越低，实验的外部效度也会降低。相反，如果实验情境控制相对较低，那么实验情境更接近自然情境，但实验结果受其他因素影响的可能性越低，实验的内部效度会随之降低。

总之，实验的内在效度越高，其结果越能确认是由实验处理所导致；实验的外在效度越高，其结果的推论范围也越大。实验情境中，两者很难同时二者兼顾。一般来说，基础研究比较重视内在效度；应用研究比较注重外在效度。教育实验研究应该根据实验目的，平衡实验的内部效度和外部效度，既要保证实验结果的可靠性，又要尽可能增加实验的推广性。

第三节　教育实验设计与实施

一、教育实验设计

实验设计是为指导实验而预先策划的计划，通常用来确定实验中的变量控制、设定与安排。

（一）教育实验设计的要素

1．自变量的操纵

自变量的操纵是实验的核心。研究者通过操纵自变量来观察和测量因变量的变化。在实验设计中，研究者要根据实验目的确定自变量的类型、强度等，否则无法达到研究目的。例如，要考察单个班级学生数量对学习效率的影响，需要对自变量班级学生数量进行合理的设置，如果学生数量过大，虽然能够获得班级学生数量与学习效果的变化关系，但是无法获得学生数量为多少时，学习效率开始发生变化。为达到此研究目的，就要按照一定数量间隔设置几个实验组，准确地观察因变量的变化。

2．因变量的测量

因变量是实验结果，不仅会受到自变量操纵的影响，也会受到因变量测量的影响。因变量指标的选择是否恰当、合理和有效将直接影响研究结论。例如，通常要进行不同教学方案的比较实验，如果实验以教学方案内容的正确性作为测量指标，就忽视了教学活动的多样性和新颖性。测量指标的遗漏会对实验结果产生非常大的影响。因此，在实验设计时，应全面仔细考虑因变量的测量，包括测量的时间、方式和具体内容等。

3．无关变量的控制

无关变量的有效控制在确定因果关系中十分重要。无关变量不是实验中要检验和探究的因素，但是可能对实验结果产生影响。在设计实验的过程中，要充分考虑到可能会影响实验结果的因素，并采用合理的方式将其进行有效的控制，从而达到研究目的。例如，要检验某种教育干预方式的效果，设置对照组和实验组，就要控制对照组和实验组学生的知识基础、学习能力、教师教学水平以及班级环境等无关变量，使实验结果只是由于自变量的操纵引起。

（二）良好实验设计的标准

威廉·维尔斯马和斯蒂芬·G.于尔斯[①]提出了良好的实验设计应具有以下八条标准：

1．充分的实验控制

是指对实验条件有足够的限定，以便研究者能解释结果。实验设计严谨，如果实验

[①]　维尔斯马，于尔斯.教育研究方法导论(第9版)[M].袁振国，主译.北京：教育科学出版社，2010：37.

变量产生效应,就可被观察到。

2. 不加人为修饰

如果实验结果要推广到非实验设定的背景中,那么这一标准在教育研究中就显得尤为重要,例如,推广到课堂上。这就是说实验是在这样的背景下进行,以便其结论能应用于真正的教育领域。

3. 比较的基础

需要通过某种方式进行比较以确定是否有实验效果。在一些实验中,我们使用控制组,即没有受到实验处理的组。教学实验中的控制组常包含用传统方法施教的一组学生。当然,不是所有实验都需要控制组。比较可以在两个或多个实验处理中进行,偶尔采用一些外在标准。

4. 通过数据获得充足的信息

数据必须足以检验实验假设,必须是对假设能作出判断的具有足够精度的统计数据。

5. 非污染的数据

数据应充分反映实验效应。被污染的数据是由于实验过程中不科学的测量和误差所引起的。来自不同组的个体不应相互影响而削弱实验效果,或导致实验效果不具代表性。

6. 相关变量间没有干扰

这一准则与充分的实验控制密切相关。可能存在其他正在起作用的对因变量有影响的变量。如果这样,这些影响不应被错误地理解为实验效应。我们可以通过实验设计分离、控制这些效应。

7. 代表性

研究者常希望将实验的结果推广到一些个体、某种条件或某种方法中去。为了获得具有代表性的实验结果,研究者常常采用某种随机选择被试的方法,从他们想要研究推广的对象群体中随机选择被试。

8. 省力原则

如果所有其他特征相同,研究者更倾向于采用较简单的设计而非较复杂的设计。简单的设计常常更易完成,解释起来也更方便些。

由此可见,良好的实验设计需要缜密的设计、仔细的考虑和反复的推敲,使其在自变量操纵、因变量的测量和无关变量的控制上都取得较好的效果。

(三)教育实验设计的类型

教育实验设计有不同的分类,按照不同实验设计类型划分,教育实验主要包括前实验设计、准实验设计和真实验设计。

1. 前实验设计

前实验设计是一种自然描述,用于识别和检验自然存在的变量及其相互关系的实验设计。它不是严格意义上的实验,没有随机选择被试,也不能主动操纵自变量和有效地控制无关变量,但它可以使研究者对各种变量之间的关系做出因果关系推论,并在后续实验中检验这种假设，所以称为前实验设计。例如，为研究两所学校的教室桌椅摆放布局对学习效果的影响，假如在一所学校教室桌椅摆放布局采用 A 方案，另一所采用 B 方案。因为两所学校的学生已经确定，不能采用随机分配的方式形成实验组和对照组，在这种情况下只能采用前实验设计。

前实验设计基本是在自然场景中进行的，具有较强的推广性，外部效度较高。此外，前实验设计中有多种研究方法，包括观察法、访谈法等。研究者可以根据实验目的和任务，选择合适的一种或多种研究方法开展研究。前实验设计有四种主要形式：单组后测设计、单组前测后测设计、固定组比较设计和事后回溯设计。

（1）单组后测设计

单组后测设计是对于一组被试，在实验处理后进行后测。单组后测设计只有后测，没有前测。其基本模式如图 7-1 所示：

$$X \qquad O$$

图 7-1 单组后测设计基本模式

在上述模式中，X 为实验处理，O 为实验处理后的测试。

例如，研究者要考察一种新的教学方法对学习成绩的影响，通过一学期此种教学方法的实施后，测验学生的学习成绩。由于没有设置对照组，而且除实验处理之外的其他因素未得到严格的控制，不能排除历史、成熟、选择被试流失等无关因素的干扰，得出的测试成绩很难解释是由于新的教学方法的影响，无法对新的教学方法和测试成绩建立因果联系。但是单组后测实验设计简单易行，可为后续的真实验设计提供研究方向。

（2）单组前测后测设计

单组前测后测设计是对单组后测设计的改进。对于一组被试，在实验处理实施前和实施后分别进行测验。前测的增加，可以获得更多信息，并作为实验处理前后对比的基线。其基本模式如图 7-2 所示：

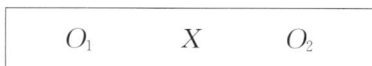

$$O_1 \qquad X \qquad O_2$$

图 7-2 单组前测后测设计基本模式

在上述模式中，O_1 为实验处理前进行的测试，X 为实验处理，O_2 为实验处理实施后的测试。

在上例中，研究者在测试新的教学方法前对学习成绩进行前测，然后实施新的教学方法再后测，这便是单组前测后测设计。通过对比前测和后测成绩，研究者能够对比学生成绩是否发生变化。但是仍无法知道这种变化是不是新的教学方法引起，因为在这个过程中学生的成熟、学习兴趣等均会影响到后测的成绩。

单组前测后测设计中被试既是实验组，也是对照组，因而有利于估计被试态度对实验效果的影响。但是，该设计未设置控制组，成熟等因素无法得到控制，影响实验的内部效度。实验过程中的效应也会影响实验结果，如两次测试产生的练习效应或疲劳效应。

（3）固定组比较设计

固定组比较设计采用实验组和控制组两组被试,但是两组被试并不是随机取样的方式抽样,而是已经存在的两组被试。实验组接受实验处理后,进行测试,而控制组则不接受实验处理,用于与实验组进行比较。其基本模式如图 7-3 所示:

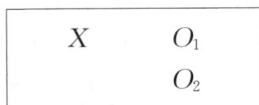

$$X \qquad O_1$$
$$O_2$$

图 7-3　固定组比较设计基本模式

在上述模式中,X 为实验处理,O_1 为实验组在实验处理后进行的测试,O_2 为控制组的测试。

固定组比较设计中,也可增加实验处理实施前的测试,成为固定组前测后测设计。其模式如图 7-4 所示:

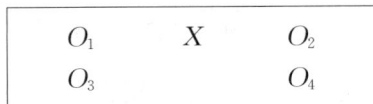

$$O_1 \qquad X \qquad O_2$$
$$O_3 \qquad\qquad O_4$$

图 7-4　固定组前测后测设计基本模式

在此模式中,O_1 和 O_2 分别代表实验组前测后测,O_3 和 O_4 分别代表控制组前测后测。这种设计对被试变量进行了一定程度的设计,但不能完全排除被试变量对测试成绩的干扰,因为两组被试的前测成绩未进行匹配,前测学习成绩较高的被试,其后测成绩提高的程度较小,但是前测成绩较低的被试,其后测成绩提高程度较大。例如,学生数学成绩从 90 分到 95 分的提升程度,比 60 分到 80 分的提升程度小得多。

固定组比较设计由于使用了对照组,在内部效度方面会受到一定控制。如果有其他与处理同时发生的变量影响了后测的成绩,则对两个组的后测的影响很可能是一样的,说明可以控制历史因素。但是被试不是随机分组,被试差异未得到控制。

（4）事后回溯设计

事后回溯设计用于研究已经发生的事件,通过观察存在的条件或变量,将已经自然发生的变量与某种可能的结果联系起来进行分析,从中发现可能存在的关系。其基本模式如图 7-5 所示:

$$e \qquad O$$

图 7-5　事后回溯设计基本模式

在上述模式中,e 是研究者无法操纵的因素,O 是研究者想要观测的因变量。

例如,要研究空气质量与学生学习成绩的关系,由于空气质量不能被操纵,只能采用事后回溯设计,根据已经存在的空气质量数据和学生学习成绩数据来分析两者之间的关系。事后回溯设计主要有相关研究设计和准则组设计两种类型。

① 相关研究设计

相关研究设计从一组被试中收集两组数据,其中一组数据作为观测的结果,另一组作为追溯的原因,通过分析两组数据的相关,来说明两者之间的相关关系。其基本模式如图 7-6 所示:

$$O_1 \qquad O_2$$

图 7-6 相关研究设计基本模式

其中,O_1 和 O_2 分别代表两组数据观测结果。两者之间的关系可以有四种情况:

A:O_1 是因,O_2 是果,或一部分的因或果。

B:O_2 是因,O_1 是果,或一部分的因或果。

C:O_1 和 O_2 都受到未被测量的第三个变量的影响,是第三个变量的果或部分的果。

D:O_1 和 O_2 互为因果。

例如,我们发现空气质量与学习成绩有相关,则需要进一步确定两种变量之间的关系是属于上述四种情况的哪一种。相关研究设计能够帮助我们确定两者关系是正相关、负相关还是无关。其优点也体现于此。而且相关研究设计通常可以作为真实验设计的基础,研究者可进一步设计严格的实验方案来确定变量间的关系。其不足是研究者不能对实验过程进行操纵,不能得出因果关系的推论。

② 准则组设计

准则组设计要求研究者通过确认某些被试具有一种状态的特征(准则组),而另一组被试不具备这种状态特征(非准则组),在此基础上追溯原因。其基本模式如图 7-7 所示:

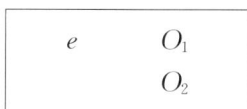

$$e \qquad O_1$$
$$O_2$$

图 7-7 准则组设计基本模式

在上述模式中,O_1 表示具有每种特征的准则组的测量结果,O_2 代表不具有这种特征的非准则组的测量结果。e 表示准则组和非准则组差异的原因。

准则组设计通过准则组和非准则组的对比,可以确定与准则组有关的特征以及研究准则组的伴随情况。其缺点是,准则组所具有的经验和特征不能由研究者随机分配被试和操纵自变量而形成;也不能有效地控制无关变量的影响,而是在事件发生之后推测这种现象的可能原因或可能条件。因此,对于准则组和非准则组差异原因的解释具有较大的不确定性[①]。

2. 准实验设计

准实验设计是用于在真实的教育情境中。准实验的产生是由于教育实验发展的需

---

① 黄希庭·张志杰. 心理学研究方法[M].北京:高等教育出版社,2010:35.

要。准实验设计的特点是：不能按照随机抽样原则抽取被试和随机分配被试到各种实验处理，一般是以原自然教学班为实验单位。准实验设计强调对自变量进行操作控制，但对无关变量控制较差，只能对一部分无关变量进行控制。准实验设计有主要有三种类型：不等控制组设计、时间序列设计、相等时间样本设计。

（1）不等控制组设计

不等控制组设计可分为不等组实验组控制组前测后测设计和不等组实验组控制组前测后测时间序列设计。

不等组实验组和控制组前测后测设计是指研究者不能按照随机化原则来分配实验组和控制组。在实验前，实验组和控制组就存在差异。其基本模式如图7-8所示：

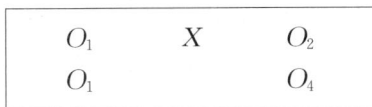

$$
\begin{array}{ccc}
O_1 & X & O_2 \\
O_1 & & O_4
\end{array}
$$

图7-8　不等控制组设计基本模式

在此模式中，包括一个实验组和控制组，接受实验处理（X）的为实验组，不接受实验处理的为控制组。实验组和控制组没有进行随机化和匹配。因此两组被试在实验前是不对等的，一般在原有环境下自然教学班、年级或学校进行，不是随机取样分组。由于不能以随机等组或配对方法分配被试，只能试图去寻找与实验组相匹配的控制组，如年龄、性别以及身体情况等方面，尽可能使组间平衡。实验组和控制组都有前后测，能够在一定程度上控制历史、成熟、测验等因素的影响。不等控制组设计在教育实验中应用最为普遍。

此外，在单组时间序列和不等组实验组控制组前测后测的基础上，形成了不等组实验组控制组前测后测时间序列设计。该设计基本模式如图7-9所示：

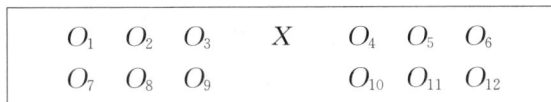

$$
\begin{array}{ccccccc}
O_1 & O_2 & O_3 & X & O_4 & O_5 & O_6 \\
O_7 & O_8 & O_9 & & O_{10} & O_{11} & O_{12}
\end{array}
$$

图7-9　不等组实验组控制组前测后测时间序列设计基本模式

在此模式中，X 为实验处理，O_1 O_2 O_3 为实验组实验处理前的一系列测量，O_4 O_5 O_6 为实验组实验处理后的一系列测量，O_7 O_8 O_9 为对实验组做一系列前测的同时对控制组做的同样的一系列测量，O_{10} O_{11} O_{12} 为对实验组做一系列后测的同时对控制组做的同样的一系列测量。此设计中两组不是随机分配形成。

例如，想要考察美术馆学习观摩对两个美术班级成绩的影响，两个美术班已经存在，所以不是采用随机分配的原则形成，故不是等组，实验组在美术馆观摩学习活动前，进行一系列测试，在美术馆学习观摩活动后再进行一系列测试。控制组与实验组的测试一样，只是没有实验处理。此设计能够获得被试接受实验处理前的成绩变化，对观测成绩的变化趋势有所了解，也能对两组被试的成绩变化趋势进行比较，从而估计实验处理的效果。而且能够对历史、成熟、选择等因素进行有效控制。但是系列的前测和后测会引起被试练习效应或疲劳效应，进而影响实验结果。

（2）时间序列设计

时间序列设计是指对一组被试或个人进行周期性的一系列观察，并在测量的这一时间系列呈现实验处理（X），观测实验处理后的一系列测量结果，与实验处理前的一系列观测结果进行对比分析，来推断实验处理是否产生效果。其基本模式如图 7 - 10 所示：

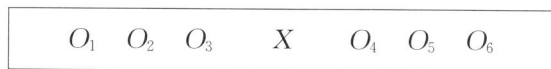

$$O_1 \quad O_2 \quad O_3 \quad X \quad O_4 \quad O_5 \quad O_6$$

图 7 - 10　时间序列设计基本模式

在此模式中，X 为实验处理，$O_1 O_2 O_3$ 为实验组实验处理前的一系列测量，$O_4 O_5 O_6$ 为实验组实验处理后的一系列测量。从该模式中可以看出，时间序列设计是只有一个实验组的设计，研究者分别在实验处理前、后进行系列连续地观测，通过对比前测和后测的差异来推断实验处理的效果。如果是有关学习成绩的数据，则可以从学校经常固定的测验分数中得到关于学生表现的数据。这样可提高时间序列设计的运用性和效率，同时可避免由反复前测引起的练习和疲劳效应。

时间序列设计特别适用于纵向研究设计。每个被试的成绩都是反复观测得到，可以看出被试成绩变化趋势。但是该设计无控制组作对照，不能控制与实验处理同时发生的成熟、历史等因素的影响，而且被试容易产生疲劳、厌烦或敏感，从而影响实验结果。

（3）相等时间样本设计

相等时间样本设计是指对一组被试抽取两个相等的时间样本，在其中一个时间样本出现实验变量，另一个时间样本里不出现实验变量的实验设计。其基本模式如图 7 - 11 所示：

$$X_1 O_1 \qquad X_0 O_2 \qquad X_1 O_3 \qquad X_0 O_4$$

图 7 - 11　相等时间样本设计基本模式

X_1 为在样本中出现的实验处理，X_0 为在样本中不出现的实验处理，$O_1 \sim O_4$ 为每个样本的结果观测。例如，在幼儿园里，播放背景音乐和不播放音乐两段时间相间出现，以考察这两段时间内幼儿学习算术有无差异，这就属于相等时间样本设计。

相等时间样本设计能有效地控制历史因素的影响，适用于一次实验处理对被试心理行为有暂时性的影响研究。例如，行为矫正研究。但在该设计中同一组被试反复接受实验处理，可能会受重复实验处理的干扰，使其结果推广性受限。该设计出现实验变量和不出现实验变量交替出现，被试很容易感觉到自己在接受实验处理，从而会对实验结果产生影响，此外，相等时间样本设计是在两种相互比较的情形下接受实验，所得实验结果并不能够推论到实验处理连续出现或者只出现一次的情景中去。

3. 真实验设计

真实验设计是指实验条件控制比较严密的设计，被试选择采用随机化的方式，并设置控制组进行对比。按照实验因素操纵的数量，又可分为单因素完全随机设计和多因素完全随机设计。

（1）单因素完全随机设计

单因素完全随机设计是指只有一个自变量的设计，主要有三种类型：实验组控制组后测设计、实验组控制组前测后测设计和所罗门四组设计。

① 实验组控制组后测设计

实验组控制组后测设计的基本模式如图 7-12 所示：

$$R_1 \quad X \quad O_1$$
$$R_2 \quad - \quad O_2$$

图 7-12　实验组控制组后测设计基本模式

在此模式中，R 代表随机分配被试，R_1 是实验组随机分配被试，R_2 是控制组随机分配被试，X 是实验处理，O_1 为实验组在实验处理后的观测值，O_2 为与实验组同一时间的控制组的观测值。该设计首先采用随机化的分配方式选择一组被试作为实验组接受实验处理，一组作为控制组，不接受实验处理。在实验处理后，同时对两组被试进行后测，通过对比观测结果，以推论实验结果的效应。

实验组控制组后测设计采用随机选取和分配被试的方法以形成匹配的等组，能够控制选择以及选择与成熟的交互作用的影响。而控制组的设置也能够克服成熟、历史、仪器使用等影响。由于没有前测，可以避免练习、疲劳、熟悉等效应。但是由于其只涉及一个自变量，不能考察多个变量的交互作用。

② 实验组控制组前测后测设计

实验组控制组前测后测设计是对实验组控制组后测设计的一个拓展，在此设计中对实验组和控制组增加了前测。其基本模式如图 7-13 所示：

$$R_1 \quad O_1 \quad X \quad O_2$$
$$R_2 \quad O_3 \quad - \quad O_4$$

图 7-13　实验组控制组前测后测设计基本模式

此模型比实验组控制组后测设计增加了前测，O_1 和 O_3 分别为实验组和控制组的前测。

例如，一项解题思维策略训练提高小学生解题能力的实验[1]，专门系统地进行解题思维策略训练对学生解应用题能力的影响。研究者将被试分成实验组和控制组，实验组采用自编教材讲解六种解应用题的方法（简化法、图解法、结构训练法、联想法、假设法、对应法），每周三次课，每次一节课，持续 7 周，共上 20 节课。具体教学方法由教师出示课题方法的名称、讲解方法的意义，通过具体例题讲解方法的使用及其使用的范围

---

[1] 刘电芝.解题思维策略训练提高小学生解题能力的实验研究[J].心理科学通讯,1989(05):14-19+29+65-66.

与条件,实验组上课同时,控制组做练习,且所做练习与实验组相同。实验结果表明专门开设解题策略的思维课在较短时间内可提高学生的解题能力,且训练的解题方法能迁移尤其是中等生受益最大。

实验组控制组前测后测设计利用随机分组的方式形成等组,能够很好地控制选择、被试流失以及选择和成熟交互作用等因素对实验的干扰。实验设置了实验组和控制组,能够控制成熟、测验和统计回归等无关因素的干扰。但是两组被试都参与前测,可能会造成前测经验影响后测的敏感性。

③ 所罗门四组设计

所罗门四组设计是将被试按照随机化的方式分成四组,其中两组接受实验处理,两组不接受实验处理。此外,在接受实验处理的两组中,一组有前测和后测,一组只有后测。在不接受实验处理的两组中,一组有前测和后测,一组只有后测。其基本模式如图7-14所示:

$$
\begin{array}{cccc}
R_1 & O_1 & X & O_2 \\
R_2 & O_3 & & O_4 \\
R_3 & & X & O_5 \\
R_4 & & & O_6
\end{array}
$$

图 7-14　所罗门四组设计基本模式

在此模式中,是前面两种设计的结合,将有无前测作为一个变量加入实验设计中。与实验组控制组前测后测设计相比,它增加了两个后测组。同样,与实验组控制组后测相比,它增加了两个前测组。此设计具备前两种实验的优点,而且所罗门四组设计包括四个实验,能够更充分地检验实验处理的效果,还能够考察测验、历史和成熟等因素对因变量的影响。

(2)多因素完全随机设计

在教育研究中,研究对象的行为通常不是只有单一因素引起,而是多个因素的共同作用,多因素完全随机设计是一种更为复杂的因素设计。多因素完全随机设计是指包含两个或两个以上自变量的完全随机设计。这种类型的设计形式和类型都比较复杂和多样,因为实验设计可以是两因素、三因素设计,在本部分我们将以典型的两因素设计为例来介绍多因素设计。在介绍具体设计之前,需要对有关概念进行介绍。

① 因素与因素设计

因素是指实验中的自变量。研究者通过对因素的操纵来考察其对因变量的影响。两个及以上自变量的实验设计,就称为多因素设计。因素的类别通常被称为水平。例如,考察两种不同教学方法对学生学习积极性的影响,其中教学方法是自变量,而两种不同教学方法则代表自变量有两种水平。因素的水平可以是定性的,如"气质类型""教学方法"等,也可以是定量的,如"年龄""身高"等。因素的水平设置也使得因素设计有多种形式,如2×2、$2\times2\times2$设计等。

② 主效应与交互作用

在多因素设计中,实验结果中既包括单个因素的效应也包括因素之间的相互作用。其中,每个因素对于因变量的单独效应就是主效应,而当一个因素的效应在另一个因素的不同水平上存在差异,就说明两个因素产生了交互作用。实验中通常用"×"代表交互作用,如2×2实验设计代表两因素四水平设计。根据因素数量的不同,主效应和交互作用的数量也不同,比如2×2的实验设计中有两个主效应和一个交互作用。由于多因素设计能够考察多个变量之间的交互作用,能够获得比单因素设计更多的信息,这也是多因素设计的优点之一。

下面以一项2×2因素设计的研究为例,介绍具体的实验设计(自变量的操纵、因变量的观测和无关变量的控制)、实验方法和实验结果等。

③ 案例

中文惯用语的加工:结构和熟悉性的作用①

◆ 实验目的

探讨结构和熟悉性在惯用语加工中的作用。

◆ 实验假设

根据实验设计,研究者作出两个主效应的假设和一个关于交互作用的假设。如果惯用语的结构影响其加工,那么偏正结构惯用语加工快于动宾结构惯用语;如果惯用语的熟悉性影响其加工,那么高熟悉惯用语加工快于低熟悉惯用语;如果惯用语的熟悉性影响结构的作用,那么高熟悉惯用语中结构效应不显著,低熟悉惯用语中结构效应显著。

◆ 实验设计

2(结构:偏正、动宾)× 2(熟悉性:高、低)两因素被试内实验设计。

自变量:惯用语的结构和熟悉性。

因变量:被试阅读句子时眼动仪记录的眼动指标。

无关变量的控制:被试均不知道实验目的,视力或矫正视力正常,惯用语的熟悉性、笔画数和词频、预测性和句子的通顺性等等。

◆ 实验方法

被试:随机选取的104名母语为汉语的大学生(平均年龄21岁,22名男生,82名女生)。

仪器:用EyeLink 1 000 plus眼动仪记录被试的眼动轨迹。

仪器参数:采样率为1 000 Hz,刷新率为120 Hz,分辨率为1 024×768像素。

材料呈现设置:被试眼睛与屏幕之间距离约为67 cm,句子以宋体23号字呈现,每个汉字大小约为31×31像素,约呈1.0°视角。

实验材料:32组包含惯用语(128个)的句子。每组包含偏正—高熟悉、偏正—低熟悉、动宾—高熟悉和动宾—低熟悉4类惯用语。示例如图7-15所示:

① 符颖,鹿子佳,张慢慢,臧传丽,白学军.中文惯用语的加工:结构和熟悉性的作用[J].心理科学,2022,45(06):1290-1296.

实验条件	句子
偏正—高熟悉	小刚觉得给晴晴**活神仙**般的生活是不可能的事。
偏正—低熟悉	小刚觉得给晴晴**贼胆子**也做不出伤天害理的事。
动宾—高熟悉	小刚觉得给晴晴**泼脏水**的人可能是她的死对头。
动宾—低熟悉	小刚觉得给晴晴**涂烂泥**的人可能是她的死对头。

图 7 - 15　实验材料举例

◆ 实验结果

高熟悉惯用语的第一遍注视时间和总注视时间均短于低熟悉惯用语；只有加工低熟悉惯用语时，偏正结构惯用语的总注视时间短于动宾结构惯用语。

2×2 因素设计是多因素实验设计中经典和简单的一种，更多的多因素设计实验可在教育学和心理学专业期刊中查阅。例如，$3 \times 2 \times 2$ 三因素混合设计可查阅"中小学生阅读图文课文的眼动实验研究"[1]。四因素混合实验设计可查阅"小学生数学应用题解题水平影响因素的实验研究"[2]和"小学生数学应用题解题水平影响因素的研究——视空间能力、认知方式及表征方式的影响"[3]。

二、教育实验的实施

教育实验的实施包括实验课题选择、设计实验方案、实验实施和实验总结与评价四个基本阶段。

（一）实验课题选择

实验课题选择是教育实验研究的第一步。即选定具有科学意义的研究主题。研究课题的选择能够反映研究者的科研积累、实践经验等，同时要求具有科学性和可行性。实验课题选择包括问题提出和实验假设两个步骤。

1. 问题提出

问题提出是教育研究的关键步骤。根据不同的研究类型，教育实验研究的问题主要可分为三类：一是来源于教育理论的研究现状，研究者在了解某种教育理论的基础之上，通过相关文献分析，突出教育理论研究现状，为进一步推进理论发展而提出的研究问题；二是来源于教育实践，在研究者教育实践经验积累的基础上，发现问题，查阅大量相关文献后，掌握此问题的研究现状，形成研究课题；三是来源于教育实践和教育理论的结合，在某种教育理论的基础上，研究者结合自身教育实践，找到理论与实践的结合点，选定研究课题。

---

① 陶云,申继亮,沈德立. 中小学生阅读图文课文的眼动实验研究[J]. 心理科学，2003(02)：199 - 203.

② 负丽萍,游旭群. 小学生数学应用题解题水平影响因素的实验研究[J]. 心理学探新，2006(04)：63 - 67.

③ 游旭群,张媛,刘登,攀丽萍. 小学生数学应用题解题水平影响因素的研究——视空间能力、认知方式及表征方式的影响[J]. 心理科学，2006(04)：868 - 873.

2. 实验假设

实验假设就是研究者对实验课题的推测性说明或假定,是对实验课题的具体化和操作化表述。实验假设更明确具体地对课题中涉及的变量及其相互作用关系做出了陈述性表达。理论假设的提出要合理,既要敢于创新,敢于提出新见解、新设想。又要以一定的事实依据,以一定的科学理论为基础,经得起逻辑分析、科学论证。科学的实验假设的提出要经过大量的相关文献的查阅。实验假设的基本形式为"如果……那么……"。如果是多因素设计,则要针对实验中的所有主效应及交互作用分别做出假设。

(二) 实验设计方案

实验设计是根据实验课题提出合理的实验方案的过程,是教育实验研究最关键、最核心的环节。研究者必须科学地确定和描述教育实验方案过程的一系列活动,论述它的内容和方法,并且制定合理的实验方案。实验方案的设计包括变量的选择与分类、确定研究对象及分组和选择实验设计模式。

1. 变量的选择与分类

实验方案的设计主要包括自变量的操纵、因变量的选取和无关变量的控制。首先要确定实验中的自变量、因变量和无关变量是什么,然后确定自变量的数量与水平和因变量的测量方式,最后根据以往研究对需要控制的无关变量采用合理的方式进行控制。

(1) 自变量的确定。

分析完变量后,需要对自变量做出准确界定。首先,自变量的数量的确定。根据实验目的和实验课题,要确定实验中自变量的数量。例如,想要比较教材中插图上、中、下位置对小学生物理知识的影响。在这个课题里面,自变量只有一个,即教材的插图位置,这属于单因素实验设计。然后,要确定自变量的水平。在上例中,自变量有三个水平,即插画位置有上、中和下三个位置,属于单因素三水平的实验设计。需要注意的是,要根据以往研究的研究结论,来推断实验课题的实验假设。自变量的操纵也要具体、可操纵。在设计实验方案时,要详细规定出自变量的操作要领,明确界定其出现的次数、程度、水平等各种状态。

(2) 因变量的测量。

选择因变量的指标时要对因变量进行全面的评估。选择最科学的指标,也要选择能够准确检测实验效应的指标。例如,在一项心理语言学研究中,要检验中文阅读中词的长度对阅读的影响,其中词长有三种水平:单字词、双字词和三字词。研究者采用的指标是眼动指标,眼动技术能够记录读者在阅读时的眼动轨迹[①]。在此研究中,研究者通过采用反映不同加工阶段的眼动指标来全面反映词长的影响,比如首次注视时间可以反映加工早期的情况,总注视时间反映加工较为晚期的效应。在此研究中,因变量得

① ZANG C, FU Y, BAI X, YAN G, LIVERSEDGE SP. Investigating word length effects in Chinese reading[J]. Journal of Experimental Psychology:Human Perception and Performance,2018,44(12):1831 - 1841.

到了很好的测量。研究中关于因变量测量的具体手段和方法也需要明确地规定。

（3）无关变量的控制。

教育实验研究对无关变量的控制，才能保证达到研究目的。首先，要对实验中可能涉及的无关变量进行全面的考虑，例如，要考察不同的数学教学方法对学生数学成绩的影响，就要控制学生的初始数学成绩、教师的教学风格与能力、教室的设置等。然后，选择合适的方法控制无关变量。在设计实验方案时，需要根据现实情况，选择合适且可行的方法来控制无关变量。

2. 确定研究对象及分组

确定研究对象是顺利实现研究目的的重要一步，要根据实验目的选取实验对象，比如要确定被试的年龄范围、特征、学习能力等。有些教育研究会设置对照组，那么对于对照组的被试的特征以及与实验组的匹配均需要进行控制。此外，实验研究对主试有一定要求，主试要熟悉实验流程，能够对实验的具体过程有清晰的掌握，要在实验实施过程中，具备处理特殊情况的能力。

3. 选择实验设计模式

在开展实验前，要确定合理的实验设计模式。实验设计有多种类型，针对已选用的实验课题，综合实际情况，选择合理的实验设计。根据已选择的实验设计，进行实验材料的安排和准备以及实验程序的编制。

（三）实验实施

实验设计和程序编程完成后，进入实验实施阶段。在本阶段里，研究者要明确整个实验的流程。发布被试招募信息，打印与实验相关材料（如知情同意书）。在开展正式实验前要开展预实验，通过预实验来检验实验流程是否顺畅和合理，根据预实验的结果完善实验方案。

1. 实验实施前准备

实验实施前准备包括实验相关材料准备。针对实验研究，一般都需要签署知情同意书，知情同意书通常包括研究课题的名字、主试的名字及联系方式，收集数据的用途，需要表明被试是自愿参与实验以及具备随时退出实验的自由，通常需要被试和主试签字。

➤ **线上链接**　知情同意书示例　详见本章二维码

除知情同意书外，在实验过程中可能要对实验过程进行记录，所以，需要提前准备实验记录表、被试登记表和被试情况记录表等与实验相关的材料。此外，在教育实验中，研究者需要确认实验环境的要求，提前确认实验地点。

2. 实验流程的确认

完成实验实施前的准备后，研究者需要确认实验的每一个具体步骤。如果是实验室实验，被试来到实验室之后，需要熟悉实验室环境。研究者可以通过邀请同样年龄段的被试来做预实验，以便对实验时长进行准确估计，同时完善整个实验方案，包括练习部分的效果等。实验流程确定后，研究者可以开始招募被试，被试招募过程要写清楚被试的要求,并发布实验信息。参与实验的被试可以根据自己的时间选择合适的时间,主试要合理安排实验时间。

3. 正式实验的实施

在完成所有的实验准备后,则可以开始正式实验。正式实验过程中,研究人员包括教师要严格按照实验方案实施实验,把实验方案落实在实处。但若发现方案不周密,也应及时做出调整。在这个阶段,最为重要的是要做好实验的管理工作。教育实验研究具有比较复杂的过程和程序,多方面的配合和管理是实验顺利进行的保障。

(1) 组织机构的保障

组织机构的保障是在教育实验实施的过程中需要教育行政主管部门和学校等进行分工合作。尤其是大型的教育实验研究,需要落实对教育实验的管理工作进行严格把关。

(2) 物质条件的保障

物质条件的保证包括实验的时间、地点、材料等。在开展教育实验的过程中,要保障实验的顺利开展,研究者需要有开展实验的时间及空间;根据研究内容,提前安排实验人员准备实验相关的材料。如对比不同教材的效果,要提前准备好教材;安排专门的人员对实验仪器、实验材料、实验记录表、实验教具等进行管理。

(3) 实验队伍的保障

实验队伍的保障包括实验人员的培训、教师的培训和教育行政管理人员的培训。围绕研究课题,对实验的内容和指导语等进行培训,明确实验人员在实验实施过程中的角色和作用。比如,实验人员通过练习部分帮助被试熟悉整个实验的流程。同时记录实验过程中被试的表现,包括是否存在一些干扰因素影响实验结果。这在分析数据时将成为重要的参考依据。

(4) 收集和分析数据

收集实验数据代表着正式实验的开始。研究者根据研究目的和实验设计,按照事先制定好的实验方案,有序地开展数据收集。科学地收集和整理资料,并对收集的数据进行全面、科学地整理与分析。此外,在实验实施过程中还需要遵守一定的原则[①]:

第一,教育性原则。实验过程中实验教师操纵的自变量不管是教材、教法,还是管理的方式,任何一种变革措施的施行,都不允许有害于学生身心的健康发展。教育实验是研究活动与教育活动融为一体的实践活动,研究活动的进行必须首先保证教育性。

第二,客观性原则。所谓客观性就是指实验的实施要严格按照实验方案的规定进行,遵循实验的规范。研究者必须对实验课题、实验对象不抱偏见或成见,排除各种不利的心理效应;对观察和收集来的事实材料、数据要如实记录,按照要求处理材料;绝对不允许篡改实验数据和材料。凡参加实验工作的人员,都要坚持客观性。

(四) 实验总结与评价

完成实验数据的收集后,研究者需要对实验数据进行整理与分析。按照一定的数据分析方法,针对当前实验设计,开展数据分析。数据分析过程中可能会涉及数据分析

---

① 和学新,徐文彬. 教育研究方法[M]. 北京:北京师范大学出版社,2015:135.

软件的使用,如 SPSS、R 语言等帮助实现实验数据的分析。在完成实验数据分析后,要撰写教育实验报告。如教育实验持续时间较长或者一些纵向研究,通常还会形成中期报告。如赵英汉和钱丽霞发表的关于"北京市西城区小学小班化教育实验中期研究报告"①。在实验报告中阐明小班化教育实验的目的,说明当前收集的数据,并总结研究的发现以及建议。

本 章 小 结

教育实验法作为一种探索因果关系的研究方法,被广泛运用于教育研究中。在较为严格的实验条件的控制下,对某种教育现象或问题进行研究。教育实验设计种类多样,可以满足研究者的多种研究需要。研究者要尽量保证教育实验的内部效度和外部效度,以提升教育实验的有效性和可推广性。按照教育实验法的流程,研究者开展数据的收集、整理与分析,最后撰写研究报告和总结研究结论。随着实证研究的兴起,教育实验法被越来越多的研究者所使用。

思 考 训 练

1. 教育实验法有什么特点?
2. 提升实验效度的因素有哪些?
3. 结合所学内容,选择一个教育问题,按照教育实验研究的要求与规范设计一项教育实验,并写出实验方案。
4. 从教育专业杂志上选择一篇教育实验研究报告,按照教育实验研究的基本步骤对其进行分析。

拓 展 阅 读

1. 维尔斯马、于尔斯:《教育研究方法导论(第 9 版)》,袁振国主译,教育科学出版社,2010 年版。
2. 和学新、徐文彬:《教育研究方法》,北京师范大学出版社,2015 年版。
3. 黄希庭、张志杰:《心理学研究方法》,高等教育出版社,2010 年版。

参 考 文 献

[1] 陆彩霞,姜媛,方平等.利他者更幸福吗?——提升小学生主观幸福感的实验研究[J].中国教育学刊,2018(11):32-37.

---

① 赵英汉,钱丽霞.抓住机遇 探索实践 积极开展小班化教育实验研究——北京市西城区小学小班化教育实验中期研究报告[J].教育科学研究,2001(03):58-60.

[2] 和学新,徐文彬.教育研究方法[M].北京:北京师范大学出版社,2015.

[3] 黄希庭,张志杰,心理学研究方法[M].北京:高等教育出版社,2010.

[4] 符颖,鹿子佳,张慢慢,臧传丽,白学军.中文惯用语的加工:结构和熟悉性的作用[J].心理科学,2022,45(06):1290-1296.

[5] 陶云,申继亮,沈德立.中小学生阅读图文课文的眼动实验研究[J].心理科学,2003(02):199-203.

[6] 贠丽萍,游旭群.小学生数学应用题解题水平影响因素的实验研究[J].心理学探新,2006(04):63-67.

[7] 游旭群,张媛,刘登,攀丽萍.小学生数学应用题解题水平影响因素的研究——视空间能力、认知方式及表征方式的影响[J].心理科学,2006(04):868-873.

[8] 赵英汉,钱丽霞.抓住机遇 探索实践 积极开展小班化教育实验研究——北京市西城区小学小班化教育实验中期研究报告[J].教育科学研究,2001(03):58-60.

第三篇

解释主义研究方法

扫码查看
本章资源

第八章　历史研究法

🌿 **章首语**

　　任何事物都有一个发生、发展的过程,要正确、全面地认识一个事物,离不开对其过去与现在的全面考察,正如英国史学家爱德华霍列特卡尔所言:"只有借助现在,我们才能理解过去,也只有借助过去,我们才能充分地理解现在。"因此,要研究教育现象和教育问题,对其历史状况的把握是不容忽视的。历史研究也因此成为教育研究中一种重要的研究方法。本章介绍历史研究法的概念和特点,描述历史研究法的实施步骤,阐明历史研究法的结构体系,通过对历史研究法的系统介绍,帮助学生在教育研究中学会收集、甄别、整理历史资料,学会使用历史研究法开展教育教学方面的研究。

学 习 目 标

1. 理解历史研究法的内涵和特点,明确其适用范围。
2. 掌握历史研究法的实施步骤和具体方法。
3. 把握历史研究法的结构体系。

思 维 导 图

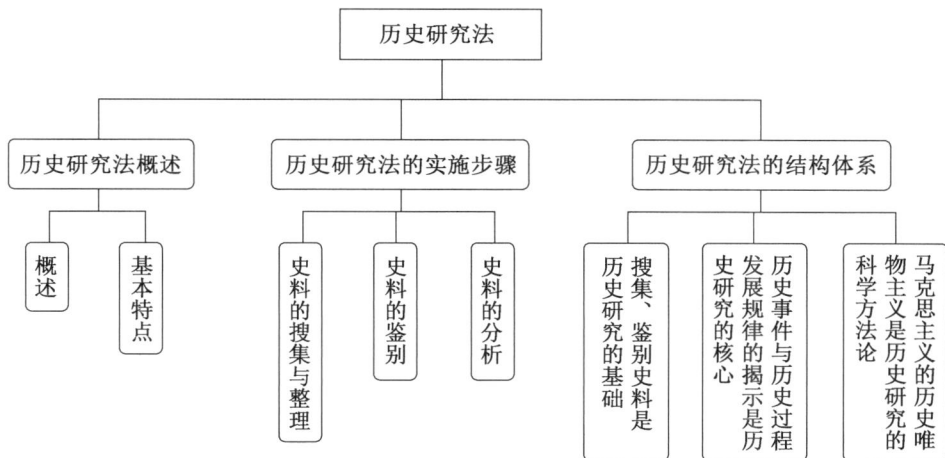

导入案例

"先生"考

当代对教育者的称谓,第二人称一般称"老师",第三人称一般称"教师"。但是,古代各级学校包括私塾的教育者大多被称作"先生"。中国古代为什么会用"先生"一词来指称教育者? 新中国成立以后,为什么"先生"作为教育者的称谓又会被"老师"所取代? 通过史料的分析发现,"先生"之称始于西周。此时,由于没有出现专门的文化教育机构,所以也没有专职的教育者——教师,先生承担了乡里的社会教化职责,所以"先生"在本来意义上指长辈。春秋战国时期,出现了专门化的教育机构——私学,从而也出现了最早的职业化教育者,"师"开始有了"教师"的含义,并且成为在第三人称情况下使用的对教育者的正式称谓。教师概念产生以后,由于传统的连续性和中国古代社会的宗法性,"先生"指称教育者的用法还在延续,这时的"先生"指称游离于政权系统之外的有学问的人。明朝开始出现用老师称呼座师的现象,民国年间因为科举制度被废除,"老师"成为对一般教育者的尊称,但是"先生"的称谓仍沿用不辍。新中国成立后,因为意识形态方面的原因,"老师"几乎完全取代了"先生",成为对教育者的第二人称。

[节选自章小谦:《"先生"考》,华东师范大学学报(教科版),2007年第四期。]

第一节 历史研究法概述

历史研究是人类最古老的、基本的探究世界的方式之一。任何事物的发展都有自身的历史,并且是作为一个过程展开的,要认识现实就必须了解历史,因此历史研究法早就成为人们进行科学认识的一种方法。我们要发展教育科学,就要坚持马克思主义的历史唯物主义,自觉地运用历史研究法,从教育的丰富历史事实中,寻求对教育规律的科学认识。

几乎每个人都对过去发生的事有种天然的好奇心。在古希腊文里,历史就有"对真相的探究"的含义。按照《辞海》的解释,广义的历史,"泛指一切事物的发展过程,包括自然史和社会史""一般说来,关于历史的记述和阐释,也称为历史"。因此从最广泛的意义上来讲,所谓历史就是过去发生的一切。由于历史不会重演,过去的已经发生,人们无法再去操纵它们,因此需要研究者在推理过程中做出创造性的解释。因此,历史研究是一种主观性很强的研究。

一、关于历史研究法

历史研究就是以过去为中心的研究,它通过对现存资料的深入研究,寻找事实,然后利用这些信息去描述、分析和解释过去的过程,同时揭示当前关注的一些问题,或对未来进行预测。历史研究不同于其他研究的一点是,历史研究本身并不创造数据或事实,而是力图发现正以某种形式存在的数据或事实。历史研究的核心是解释过去,探索过去;是去寻找资料,而不是生产资料;是对已结束或已发生的事件的还原加工。历史研究对了解过去是必要的,但更重要的在于为现在或未来服务。历史是一面镜子,现有的任何事物都可在历史中找到其影子,历史是伟大的思想库,后人可从中得到宝贵的精神财富。

历史研究法并不是对任何事,不管它是重要的,还是不重要的,都加以研究。因此,历史研究法也有自己特定的研究对象和研究范围。历史研究法是建立在信息的基础之上的,信息主要来自与研究内容相关的史料,获取必要的史料是历史研究法得以进行的前提。历史研究法特别注重对第一手资料的收集,这是最接近原始事实的资料,并且能比较具体地反映事件发生的时代背景和环境条件,因而最具说服力。虽然第一手资料也可能由于原作者的主观意向、认识能力的限制,未能准确地描述或评价原始事实,但与第二手资料相比,其可靠性要大得多。如果说第一手资料对原始事实可能会有所偏差的话,那么第二手资料在对第一手资料加工整理的过程中可能会走得更远。

在教育研究中,历史研究的意义在于弄清教育历史真相,探索教育发展规律和趋势,总结历史经验教训,批判地继承中外教育遗产,描述过去、解释现在、预测未来。历史研究法是在教育研究中通过收集教育现象发生、发展和演变的历史资料,加以描述、分析、解释,从而认识历史事实、探索发展规律的研究方法。

历史研究法常用于教育史的研究,但又不限于教育史,它几乎覆盖教育研究的所有领域。历史研究法的研究对象主要有:教育活动中的历史事件、现象、过程、经验;教育理论中的思想、观点、流派,以及教育历史人物等。

在教育研究中,历史研究法是一种很有价值的研究方法。首先表现在通过历史研究获得大量史实,能为现实的教育决策提供信息,且有助于理解现实中的教育问题。这就是“以史为鉴”的含义。历史上的改革可以通过研究而服务于现在。其次,历史研究对于预测未来趋势也十分有用。它可以预示什么是可能的,什么是不可能的。历史研究可以提供我们避免重复犯错的信息。所以,历史研究法在教育研究上很有意义。

二、历史研究法的基本特点

(一) 历史性

首先,历史研究法的主要研究对象是过去发生的教育事件(包括观念、运动或体制)。其次,研究目的是通过对教育事件的历史发展实际过程及具体内容的考察,借以探求教育发生、发展、演变的历史规律,并对它未来发展的基本趋势提出科学预言。最后,在研究过程上,按照历史的时间顺序和空间范围再现历史的全过程,包括它的每个发展阶段。

（二）具体性

历史研究是在丰富而具体的文献资料基础上，揭示研究对象发展过程中的一切历史形式、全部丰富的内容以及各种相关因素，从中探寻基本规律，所以必须把握最能说明问题的史料。

（三）以逻辑分析法为主

由于历史研究常常以不完整的证据为基础，必须透过推测事件发生的内因和外因来填补空缺，因此在历史研究中进行逻辑分析就十分重要了。

第二节　历史研究法的实施步骤

作为一种特定的研究方法，其核心是操作的程序与步骤。因此，在这里，我们着重考察历史研究法的操作路径问题。从大的方面来说，历史研究法由史料的搜集与整理、史料的鉴别、史料的分析三个基本环节构成。

➤ **线上链接**　历史研究法在教育研究运用中应注意的要求　详见本章二维码

一、史料的搜集与整理

（一）对史料的类型学考察

历史是过去发生过的事情，已经一去不复返。人们既无法使历史重演，也无法回到过去的年代身临其境地去感受和体验当时的历史。因此，人们如果想了解和研究过去，只能凭借前人留下的各种"痕迹"。正是凭借这些"痕迹"，我们才可以追溯先代人活动的足迹，认识人类教育实践的各个发展阶段，进而探讨其发生和发展的规律。所以，我们通常说的史料，就是指那些人类社会历史在发展过程中所遗留下来的，并帮助我们认识、解释和重构历史过程的痕迹。

一般来说，人类的历史愈悠久，它所遗留下来的各种痕迹就愈多，史料的范围就愈广阔，可供我们认识和研究历史的史料也就愈丰富。根据史料的存在形式，一般可分为实物史料和文献史料两大类。

1. 实物史料

实物史料是人类历史在发展过程中被保存或遗留下来的前人活动的场所和前人创造发明的有形物品。大体上可分为两种：一是遗址，即前人活动的各种场所，如居址、村落、作坊等各种建筑设施。我国陕西蓝田遗址、西安半坡遗址以及世界上著名的意大利庞贝古城遗址等都属此类。二是墓葬，即古人的墓穴。墓葬作为实物史料，有它特殊的意义。一个保存良好的墓葬，不仅有古代人的遗体，还往往有许多随葬物品，有的甚至还埋有大量的壁画、简牍和古代文献，因此能真实、生动地再现当时的社会生产生活面貌。如我国 1973 年在湖南长沙发掘的马王堆汉墓即属此类。

2. 文献资料

所谓文献,应包括文字资料和口传资料两大部分。口传资料是指经历代口耳传承得以保存下来的以往人类的言行。梁启超曾形象地说:"十口相传为古。"说明口传资料同样是重要的史料形式。常言说的"路上行人口似碑""有口皆碑",也正是说口耳相传的作用与碑文记载具有同样的价值。但与口传资料相比,文字资料无疑以其更加丰富且完备的特点而更为重要。我国历史源远流长,前人为我们留下的文字材料极为丰富。

人们通常将文字资料分为以下几个部分。

(1) 史部类,即关于历史的书籍。

史部书是我国历史资料储藏量最丰富、最集中的宝藏。《四库全书总目》把史部类分为 15 个子目,所收书籍连存目共 2 714 部,37 000 多卷。在史部类图书中,以正史类最为重要,它是历代封建王朝官私机构专门编写的、记载各朝代历史发展概况的纪传体史书。除正史外,还有如《资治通鉴》等编年史类,《宋史纪事本末》等纪事本末体类,《国语》《战国策》等杂史类,以及各种别史、起居注、实录、政书等,这些都是对正史较为有利的补充记载,有相当高的史料价值。

(2) 经、子、集类。

"经"字本意是指纵的线,就是订书的。化为百籍的统称,凡带有原理原则性的著述,都可以称作经。汉代以后,专指儒家所传授的几种书。而经学开辟的时代,当以孔子定六经为始。清人章学诚提出了"六经皆史"的观点。经部诸书中,《尚书》《左传》本身就是史书;《周礼》《仪礼》是研究先秦官制和社会制度的重要典籍;《易经》包含着许多反映殷周和殷以前的历史的重要资料;《诗经》虽是古代一部诗歌总集,但其中蕴涵的史料价值也是人们公认的。子部类汇总了春秋战国时期诸子百家的作品,是研究哲学史、古代科学史和当时社会历史变革的重要史料。集部书系文学性质,不专门记载史事,但里面同样不乏珍贵的史料。如唐代现实主义诗人杜甫的诗历来被称为"诗史",其著名的"三吏""三别"生动地反映了唐玄宗、肃宗、代宗三朝的社会情况。集部书中有很多内容可与史书互证、互补,甚至多有史书未曾记载的内容。

(3) 档案类。

档案分公、私档案两种。我国早在商周时期就建立了国家档案制度,凡涉及国家政治、经济、军事等大事,便记载下来,由专门机构加以保管。故宫博物院是目前我国收藏档案颇丰富的地方,清朝内阁大库所藏明清两朝档案有很多都存于此。各地方所藏历史档案的数量也极为可观。除公家档案外,还有大量的私家档案,如私人信札、笔记、谱牒、契约、账簿、商号、文书等,对于研究各个历史时期各个地区的经济状况、宗法关系和阶级关系颇有价值。

(4) 地方志类。

地方志是记载各个时期各个地区的社会生活、历史变迁、地理沿革、风土人情等情况的书籍。地方志一般分为总志和地区志。总志是全国性的方志,如战国时的《禹贡》《山海经》,清朝时的《一统志》;地区志极为丰富,省、府、州、郡、县一般都各有其志,记载详细、内容广泛,是研究地方史的第一手资料,具有极其重要的价值。

（5）甲骨文和金石铭文类。

甲骨文是商周时期人们刻在龟甲与兽骨上的文字；金文以商周青铜器为主。它们都是研究商周时代的珍贵史料。石刻铭文包括石经、造像、墓志、记事碑等，以记事碑的史料价值为最高，它往往记录了不见史传的重要史实。

（6）外国人著述类。

外国人有关中国历史的记载中不乏颇有价值者。如《马可·波罗游记》、波斯人拉施特的《蒙古史》，是研究元朝历史的重要文献；朝鲜的《李朝密录》对研究前清的历史很有帮助。近代以来，随着中国与国外的交往日益频繁，外国人关于中国的论述也越来越多，成为研究中国历史的重要资料来源。

（二）史料搜集的多元路径

史料数量宏富，种类繁多，一个人不可能也不必要读遍所有史料。因此，掌握基本的搜集史料的方法是非常必要的。常用的史料搜集的方法有以下几种：

1. 充分利用各种工具书

工具书是专供解释疑难或翻检资料的书籍，犹如过河的桥梁，是治史者的得力助手。借助工具书提供的资料线索，可以有效快捷地寻找到所需要的史料。文史工具书种类繁多，按其功用，大致有如下几类：首先是用于解答疑难的字典、词典类，重要的工具书如《中国历史大辞典》《世界历史辞典》《康熙字典》《辞源》《辞海》等，从中可以便利地查到专业知识或资料。其次是为搜集史料指引线索的目录、索引类。目录是目和录的合称，目指篇名或书名，录是指对目的说明和编次，也称叙录或书录。把篇名（或书名）与说明编次在一起就是目录。我国从汉代起就注意对当时流行及以前保留下来的书进行整理记录，编成目录，以后历代传衍，留下了丰富的书目遗产。有关中国古代史的书目最常见的有"二十五史"中的《汉书·艺文志》《隋书·经籍志》《明史·艺文志》《清史稿·艺文志》。《四库全书总目提要》是一部官修大型工具书，该书共收书 3 503 种，存目 6 720 种，分经、史、子、集四部，下分 44 类，类下再分 67 个子目录。部有大序，类有小序，每书各附提要，可查阅出关于某书的内容、价值、版本及材料的真伪，作者简历等，是研究古代学术知识门径的重要工具书。《中国丛书综录》是我国规模最大的丛书目录，集中收录了国内 41 所图书馆收藏的古籍丛书 2 797 种，书名子目录 7 万余条，包括古籍 38 891 种，为查询书目藏书之所提供了方便。索引可以提供所需要的专题研究论文题目，确定研究选题方向及资料来源。重要的索引书目如《中国史学论文索引》《八十年史学书目》（收集了 1900～1980 年的我国史学论著）、《廿五史人名索引》《十三经索引》《全国报刊资料索引》等，可供查阅。年鉴类工具书如《中国历史学年鉴》，也具有很强的索引功能，可以有效地查出某一年内史学研究动态、信息和资料统计。最后是类书等史料汇编。类书是通过摘录各种书上有关的材料并依照内容分门别类地编排以备检索的书籍。如唐代的《艺文类聚》、宋代的《太平御览》和《册府元龟》、明代的《永乐大典》、清代的《古今图书集成》等。

2. 分类搜集法

根据研究的课题，分类搜集史料，是历史研究中常用的搜集史料的方法。这种方法也可反其道而行之,即确定研究的方向以后,着手广泛搜集史料,然后将史料分类排比,形成具体课题,得出结论。梁启超颇重视分类搜集法,他说:"大抵史料之为物,往往有单举一事,觉其无足轻重,及汇集同类若干事比而视之,则一时代的状况可以灵活表现。"梁启超在考察古代中西交通的道路和学术文化相互影响时,曾运用了这个方法。他从许多记载传说中搜集出中国僧人西去印度的姓名可考者 107 人,姓名失考者 80 人。再将这 187 人分时代、籍贯学业成就、经行路线作种种统计,最后得出"六朝唐时中国人留学印度之风甚胜"的结论,弥补了常人只知中国人西去印度的前有法显、后有玄奘的片面认识的不足。

3. 追踪搜寻法

此法指的是研究者为搜求某史事史料而览读某书时,发现某书提到与该项史事密切相关的另一些史事,或在注引中提到了与该项史事有关的另一些书名或篇名,便追踪寻读有关的史著,循此一直到未见新的踪迹方休。例如,为搜求有关屈原的史实,读《史记·屈原贾生列传》,得知屈原曾为楚怀王左司徒,并与张仪的活动有关,便追踪寻读有关楚怀王和张仪的史书。

4. 通过平时读书与阅读报刊搜集史料

史料的搜集按照目的性与时空性,不外两种情况,一种是在确定选题后,即遵循题目对号入座地搜集专门史料,希冀在较短的时间内解决史料的搜集问题;另一种是立足于自己的研究方向和长远目标,广泛搜集与此有关的各种史料。后一种即属经常性地搜集史料,它需日积月累,甚至要穷毕生之力。很多史学家正是凭此而取得了很大成绩,如著名史学家吕思勉读书五十余年,包括通读二十四史三遍,写成八十余万字的笔记。吕思勉死后,其门人将其加以整理,以《吕思勉读史札记》出版。

吕思勉生平简介

吕思勉(1884~1957),著名历史学家。字诚之,江苏武进(常州)人。吕思勉对历史、史料学的研究有精深造诣。在治史方法上,基本沿用清代乾嘉学者整理史料的方法,把史料分门别类,认真排比,加以融会贯通,写成札记,在此基础上写成历史著作。主要著作有《吕著中国通史》《先秦史》《隋唐五代史》《中国制度史》和《史学四种》。

【资料来源】俞振基. 蒿庐问学记[M]. 上海:三联书店,1996.

---

5. 通过调查、采访收集口碑史料

第二次世界大战以后,西方颇盛行"口述史学之法",这是一种通过有计划的访谈和录音,取得某一特定问题的第一手口述,经过对照和筛选进行历史研究的方法。口述史学方法也是搜集史料的基本方法之一。其实,通过调查、采访收集口碑史料的研究方法在我国也有悠久的历史。《史记》里面就有不少材料来自碑刻资料、历史文物资料及民间的"谶语"与神话传说。《史记》内容丰富、生动,人物有血有肉、栩栩如生,读来倍感亲切,这与司马迁注意实地调查、采访、占有丰富史料不无关系。至于研究现当代教育史,对事件当事人进行调查、采访尤其重要。

（三）史料的整理

搜集而来的史料，还只是最初始的原材料，零乱而又分散，时间关系也十分混乱，不便于马上引用，需要进一步细加整理。可以按性质分门别类和按时间先后加以整理。

1. 按性质分门别类

即把从各种书中搜集来的史料，不依其来源，而依其性质加以类别。如先立定经济、政治、文化三大类，然后把各种来源不同的史料，分别归纳到这三个类别之中。这样的分类，消除了史料来源的界限，突出了史料的性质。

但这样的分类，只是突出了史料的一般性质，尚不足以揭示史料的多样性，因此对史料还需细致分类。比如经济一类，可再分为农业、手工业、商业；农业又可再分为土地的所有关系、耕种方法、技术、水利、地租、赋役等。这样，大类之中再分小类，小类之中再分更小的类别，一直分到不可再分为止。经过这样的层层分门别类，既显出了史料的一致性，又显出了它们的特殊性。

2. 按时间先后

经过分类整理后的史料，已经是按史料的不同性质进行了一次条分缕析的梳理工作，但这只是完成了史料整理工作的一个方面。史料来自不同的书籍，除反映的史事本身有先后之别，对该史事的评述也有前后之分，所以搜集来的史料的时代关系经常是十分混乱的。如果不加整理，极易发生张冠李戴的错误，出现用后期的史料来说明前期的历史现象，或误把古人的转述误以为当事人的记述而使用。因此，在完成史料的分类整理以后，还应当进行史料的分节，即把每一类的史料，以其所表示的史实之先后，加以再编排。如此一来，所突出的便不仅是史料的性质，而且是它们依次发展的过程了。在实践分节的时候，种种问题就会突出出来：有若干条史料完全雷同，有若干条史料稍有差异，有若干条史料截然相反。对于这些史料，我们又要加以类集，使它们各为一群。凡雷同者要找出它们的前后关系，舍弃后者；凡稍有差异或截然相反的史料，要进行一番考证和辨伪，找出它们之所以有差异或相反的原因，清除讹误的部分。

总之，对史料的整理，既要将其分门别类，使之一清二楚；还要按时间先后再行编排，使之前后呼应、一脉相承。这种以性质为纬线，时间为经线，把纪事本末与编年的方法融为一体而组织起来的史料，以后使用起来自然就方便多了。

二、史料的鉴别

（一）史料鉴别的必要性

将搜集起来的史料加以整理以后，固然方便了史料的利用，但仍然不能马上就利用。史料很可能真伪错杂、互相矛盾，需要加以辨别，去伪存真，以保证史料的真实性。郭沫若说："无论作任何研究，材料的鉴别是最必要的基础阶段。材料不足，固然大成问题；而材料的真伪或时代如未规定清楚，那比缺乏材料还更加危险。因为材料缺乏，顶多得不出结论而已；而材料不正确，便会得出错误结论。这样的结论，比没有更要有害。"可见，史料是否真实，是历史研究的基本前提。鉴别史料的真伪，是历史研究不可缺少的最基本的环节。史学认识成果是否正确,有没有坚实的基础,首先就在于有没有鉴别史料的真伪。史料的鉴别或称考证,归纳起来不外两种:一是外考证,即史书的辨伪与文句的校勘;二是内考证,即对史实的真实性加以鉴别。

（二）文献辨伪

在我国汗牛充栋的古文献中,有不少伪书。辨别伪书的工作早在汉代已经开始,人们在长期的辨伪工作中也积累了许多切实可行的经验与方法。

梁启超在《中国历史研究法》中提出了鉴别伪书的十二条公例,十分详备适用。这里概述如下:

其书前代从未著录或绝无人征引而突然出现者,十有九伪;其书虽前代有著录,然久经散佚,乃忽有异本突出,篇数及内容等与旧本完全不同者,十有九皆伪;其书不问有无旧本,但今本来历不明者,即不可轻信;其书流传之绪,从他方面可以考见,而因以证明今本题某人旧撰为不明确者;其书原本经前人称引,确有佐证,而今本与之歧义者,则今本必伪;其书题某撰,而书中所载事迹在本人后者,则其书或全伪或一部分伪;其书虽真,然一部分经后人窜乱之迹既确凿有据,则对于其书之全体,需慎加选择;书中所言,却与事实相反者,则其书必伪;两书同载一事绝无矛盾者,则必有一伪或二俱伪;各时代之问题,盖有天然界画,多读书者自能知之,故后人伪作之书,有不必从字句求枝叶之反正,但一望文体,即能断其伪者;各时代之社会状况,吾侪据各方面之资料,总可推见其崖略,若其书中所言其时代之状态,与情理相去悬绝者,即可断为伪;各时代之思想,其进化阶段,自有一定,若某书中所表现之思想,与其时代不相衔接者,即可断为伪。①

以上十二法,举事证、物证、理证,基本概括了如何辨伪的各方面内容,值得我们在研究时认真借鉴。

（三）史料校勘

所谓校勘,就是核对勘误的意思,指用不同古书版本和有关的文献资料对某一本书进行校对勘误,目的在于校订古书中存在的字辞、语句上的错误。如何做校勘工作呢?著名史学家陈垣在其《校勘学释例》中提出了"校法四则",可供我们参考和采用。其主要内容是:

1. 对校法

这是校勘中最简单、稳当的方法。即以同书的祖本与别本对读。遇有不同之处,则注于其旁。此法目的在校异同,不校是非,故其短处在不负责任,虽祖本或别本有讹,亦照录之。而其长处则在不参己见,得此校本,可知祖本或别本之本来面目。故凡校一书,必须先用对校法,然后再用其他校法。

2. 本校法

采用本校法,即以本书前后互证,选摘异同处,进行比较判定,以求之其中谬误之

---

①　梁启超. 中国历史研究法[M]. 上海:上海古籍出版社,1998:153-158.

处。此法在未得到祖本或别本之前,最适宜采用。

3. 他校法

即以他书校本书。凡是本书采自前人版本的,可用前人之书校定;如本书曾为后人引用,可用后人之书校定;其史料如同时被两本或两本以上的书所载,可同时用转载之书校之。他校法涉及书的范围较广,耗费功力也较多,但有时非此法不能证明其讹误。

4. 理校法

这是根据书文的体例和造词造句的特色,对书的内容加以校勘的一种方法。如郦道元的《水经注》一书,原本中"经"和"注"混在一起,很难释读。戴震潜心研究该书体例和行文特色,归纳出区分"经"和"注"的若干原则,终于使该书易于释读。当无古本可据,或书本互异,因而无所适从时,只能运用此法。

以上所举四种方法,第一种和第二种是以本书的不同版本或本书内部进行校勘,故也称"内校法";第三种是以要校对的书以外的各种较为可靠的有关记载来校勘,故又称"外校法";第四种方法是在以上三种方法均不能校对的情况下,根据上下文并联系当时各种历史发展的背景和线索,运用逻辑思维来考证的一种方法,这对校勘者的学识有很高的要求。

(四) 史实考证

历代流传下来的历史典籍中,记载的史实与历史事实之间经常存在着程度不同的背离关系,出现伪事。对于伪事,显然不是如辨伪、校勘的外考证工作所能解决的。鉴别史实的真伪,要求透过现象去认识本质,进行一番考证工作。

考证伪事的方法很多,其中基本的有如下几种:

1. 求源法

考证史实,就要追寻事情的来源。一般说来,同样内容的事情,就要有选择地用时代最早的记载。相对来说,原始史料比较准确,史实比较真实;以后辗转传抄的第二、三手资料,容易出错,史实也因而模糊不清,甚至面目全非。陈垣先生就很重视求源法。他曾在大学开设"史源学"课,教导学生追寻史源。这一举动可谓意味深长。

2. 反证法

即举出有力的反证,以判断是非。梁启超把反证法形象地比喻为"以矛陷盾"。如《唐书·玄奘篇》称玄奘 57 岁卒,《玄奘塔铭》则记为 69 岁。经考证,有人发现玄奘于唐高宗显庆二年(657 年)九月三十日上表之事,内有"六十之年,飒焉已至"之语,证明玄奘卒年应在六十以外,则《唐书》所记可能有误。

3. 旁证法

即利用本书以外的资料作为依据,对某一史实加以他证或补证,达到考订史实的目的。考据当中有"孤证不立"的原则,如果一个历史论断只有一项证据支持,而没有旁证,则该项论断不能成立。如《尚书·无逸篇》有殷代高宗"亮阴三年不言"的记载。孔子把这句话的含义解释为殷代实行"三年守丧制"。此说历代相沿,无人提出疑问。但郭沫若发现,把"亮阴"解为"居庐守丧"缺乏根据,"三年不言"也不合情理,由此对旧解提出怀疑。郭沫若搜集和参考甲骨文中的有关资料,皆无相关旁证,反而发现了与旧说矛盾的记载，得出"亮阴三年不言"不能证明殷代实行"三年守丧制"的结论。他又根据医学知识断定，"三年不言"应是一种不言症。郭沫若的论断最后从甲骨文卜辞中"今夕王言"，"今夕王乃言"中得到了进一步的证明。这里，郭沫若便是用旁证法对长期未予质疑的结论提出了大胆的挑战。

4. 理证法

前代史实未必皆有记载，或原本有记载而现在亡佚或销毁，或找不到任何证据，需要以学理作为判定是非的标准，这就是理证法。梁启超又称之为"高度的推论法"，主要是正确运用逻辑推理，达到考证出史实真伪的目的。

总之，考证史实要有严肃认真、实事求是的态度。真假不分、望文生义、牵强附会、曲解材料，是历史研究的大忌。

三、史料的分析

（一）史料分析的两大任务

在科学研究中存在这样的共识：不同的研究任务需要运用不同的研究方法。也就是说，科学研究方法是由科学研究的任务决定的。那么，科学研究的任务是什么呢？简括地说，一切基础科学的研究任务可以归结为"确定事实"和"解释事实"这样两件事。"确定事实"就是要弄清楚"是什么"，也就是要弄清楚"what"；"解释事实"就是要弄清楚"为什么"，也就是要弄清楚"why"。历史研究也是这样。人们研究或思考历史，总是首先要"确定事实"，接着就要对事实做出解释。

（二）史料分析的方法

确定事实和解释事实是两种不同的任务，由此决定历史研究需要使用两类不同的方法，即确定事实的方法和解释事实的方法。确定事实的方法是一些技术性的方法，而解释事实的方法，实际上就是一些解释历史事实的指导原则，或叫作导向性方法。

1. 技术性方法

简单说来，技术性方法就是确定历史事实的方法。诸如，怎样搜集、考订和辨识史料，怎样对史料、史实进行分类、排比，怎样进行严密的逻辑推理而避免混乱的推理，怎样把一些现代科学方法和技术手段（如统计分析和信息技术）运用于历史事实的确定，怎样把历史研究的成果写作成为适应不同主题和不同读者需要的历史著述等问题。解决这些技术性、技巧性问题的方法，就是技术性方法。

历史科学运用的各种技术性方法，本质上都是形式逻辑的归纳法和演绎法。因此，我们着重对归纳法和演绎法进行介绍，而不再涉及各种具体的技术性方法。

首先来看归纳法。归纳法是由众多的个别事实归纳出"一般性"结论的方法。其基本形式是：

S1 是 P

S2 是 P

……

Sn 是 P

因此,所有 S 都是 P

这种归纳法在历史研究中运用的简单实例就是:

中国西周时期的教育具有伦理化的特点;

中国宋代的教育具有伦理化的特点;

中国清代的教育具有伦理化的特点;

……

因此,中国传统教育的特点是伦理化。

其次再来看演绎法。演绎法是由"一般性"的前提推导出个别性判断的方法,其基本形式是:

如果 P,则 Q

非 Q,

所以非 P

演绎法在历史研究中运用的简单实例是:

如果一切从野蛮向文明过渡时代的民族都实行军事民主制;

黄帝、尧、舜时代的中华先民未见实行军事民主制;

因此,黄帝、尧、舜时代的中华先民不是处在从野蛮向文明过渡时代。

以上所举,都是归纳法和演绎法的最基本的形式。由这些基本形式可以推行出其他许多形式。实际上,几乎所有的逻辑推理形式,其基本的内核都是上述归纳和演绎的基本形式。

2. 导向性方法

如果说,技术性方法主要是帮助研究者"确定事实"的方法,导向性方法就主要是帮助研究者"解释事实"的方法。怎样解释事实呢? 常见的解释方式不外乎两种:一是用统计归纳性的经验规律作解释,其解释形式是:因为有某某经验规律,所以有某某事实出现。二是不用统计归纳性的经验规律去解释,而是用"人之常情"或"常理"去解释。在实际生活中以及学术研究中,我们经常可以看到,人们对事实的解释方式,不外乎就是这两种。

首先来看用经验规律作解释的方法。为什么这里不提普遍规律而要提经验规律呢? 因为历史著述不可能没有某种规律性的假设,但这些规律性的假设不是自然科学式的普遍规律,而只是对经验世界的归纳性概括。对此,著名史家亨普尔说:

尤其是像"因此""所以""由此""因为""当然""显然"这类术语,往往表示某种普遍规律的不言而喻的预先假定:它们用于连接初始条件和待解释事件;但是只有预先假定了一些合适的普遍规律,才会出现待解释事件"自然"地是已被表明的条件的"结果"的现象。倒如,请看这个陈述:大草原的农民迁徙到加利福尼亚,"因为"持续的干旱和沙暴使他们的生存环境日益恶化,并且因为在他们看来,加利福尼亚提供了好得多的生活环境。这个解释依赖于某些诸如人口总是倾向于移居到提供了更好的生活环境的地区那样的普遍假设。

他还认为,即使用"理性人"的"理智"作解释,那样的解释也"必须包括进步的假设,其内容主要是:当时[主体]是有理性的主体,而且愿意去做既定条件所允许的事情"。因此,解释依赖于这样一种经验概括的真实性:"一个理性主体,在条件 C 下,一定(或有很大的可能)做 X。"因此,他认为,这实际上也是在某种"普遍规律"假设之下所做的解释。

可见,亨普尔说的"普遍规律"实际上只是一些运用归纳逻辑归纳出来的经验规律,而不是真正的普遍规律。这种解释方法是由科学主义的社会历史观转化而来的科学主义的导向性方法。

其次来看用"常理"解释的方法。所谓用"常理"解释的方法,就是用"贪欲""权势欲""利害权衡""良心"之类的"人之常情"来解释历史人物的行为。柯林武德对这种解释方法作过理论阐释。他说:

历史学家不需要也不可能(除非他不再是一位历史学家)在寻找事件的原因和规律方面与科学家竞赛。……对历史学家来说,所要发现的对象并不是单纯的事件,而是其中所表现的思想。发现了那种思想就已经是理解它了;举例说,假设他正在阅读狄奥多修斯法典,而且他面前有着皇帝的某一敕令。仅仅阅读这些文字并且能翻译它们,并不等于懂得它们的历史意义。为了做到这一点,他就必须看清楚这个皇帝正在企图对付的那种局势,而且他必须看它就像皇帝看着它那样。然后他必须为他自己看出这样一种局势如何加以对付,正好像那个皇帝所处的局势就是他自己所处的一样;他必须看到各种可能的选择以及选定这种而不是另一种的理由;这样,他就必须经历皇帝在决定这一特殊办法时所经历的过程。因此,他就是在他自己的心灵中重演那个皇帝的经验,而且只有在他做到这一点的时候,他才对那个敕令的意义具有真正的历史知识。[①]

可见,柯林武德在这里所说的是这样一种方法:面对特定的历史情境,以设身处地、以心换心的方式,进行模拟式的体验思考,从而对之作出合理的解释。这种导向性方法背后的社会历史观就是把历史过程视为历史行为者的思想、目的、动机的自然延伸展现的过程。

第三节 历史研究法的结构体系

一、搜集、鉴别史料是历史研究的基础

历史研究法系统中的第一个层次,是史料的搜集、分析与鉴别,这是历史研究的基础层次。史料,指人们对历史事件发生经过的记述与历史事件有关的实物或遗迹。史料可分为文字史料、实物史料和口传史料。为了给研究提供可靠根据,就要注意搜集和鉴别史料方法的科学性。

---

① 柯林武德. 历史的观念[M]. 何兆武,张文杰,译. 北京:中国社会科学出版社,1986:242-245.

首先，要通过泛观博览认真发掘史料。中国教育历史悠久，由于社会动乱频繁，随历史变迁，一些文献毁坏遗失，一些被淹没于书海之中，特别是古代教育思想往往和哲学、政治、文化思想融为一体，需要我们广泛查阅、细心钻研。

其次，要学会使用辑佚、校勘、训诂等方法。辑佚，是将散见于其他书籍中的有关内容搜集编排以反映遗失典籍的梗概；校勘，是对同一部书的不同版本或同一版本的不同卷次之间存在的文字差误进行对照并判定是非；训诂，是通过广证博考精确了解古籍原意。

无论用什么样的方法，都要坚持严谨求实的态度和历史的观点。史料搜集不仅要力求全面、准确地反映研究对象的真实情况，而且要尊重历史的本来面目，用历史发展的观点对待史料，不随意涂改史料，不把后人的思想观点强加于前人留下的史料中。要注意搜集不同观点及有争论的史料，证据不足时不轻易作出判断。为排除偏见，避免假象，还应搜集有关的社会政治经济、科技文化和哲学宗教等各方面的资料，以便全面地把握历史。

历史学家的任务是"无史料即无历史"，这里还需要说明的是，历史研究法不等于就是文献法，或者说不完全等于文献法。传统观念中，长期以来一直把历史研究法等同于文献法。当代研究则坚持"没有理论，历史是不可能想象的"。如上所述，搜集、整理、分析处理史料只是历史研究的基础层次，还必须通过历史与逻辑的分析方法以及比较方法等实现历史研究揭示教育发展规律的最终目的。

二、历史事件与历史过程发展规律的揭示是历史研究的核心

第二层次是通过分析的方法，进一步揭示历史的发展过程，说明过去、现在与预测未来。这正是历史研究的根本目的。

教育领域各学科发展通史（纵向）以及断代史（横向）。这是以年代为经，以各学科发展为纬的编年史，分析其萌芽、发生发展全过程，分析产生发展的客观原因和条件，并研讨内部及外部的相互关系，从而确定教育科学发展阶段分期史。

教育领域各学科基本理论与实践发展专题史。这是就某一个问题，围绕基本概念、范畴和基本理论进行的相对比较集中深入的专题研究，不仅要搜集新的材料，同时要抽象出前人或他人未曾表述过的新认识，从而把该问题的研究向前推进一步。

教育科学理论学派史及其教育家基本理论的研究。这是通过对各学派及代表人物的理论特征、方法上的创造与特色以及在教育科学发展中的地位和作用的研究，探讨该学派理论的渊源与发展演变，历史上的贡献与局限性。

因此，在搜集鉴别史料基础上，需要通过分析、比较的方法进行深入研究。历史的分析方法研究历史，难点不仅在于搜集史料的困难，更主要的是如何通过对已有史料的透视，把握历史事件的性质。历史的证据永远是不完善的，对研究者来说，它永远是间接的。因此采用历史的分析方法就显得特别重要。

所谓历史的分析方法，是通过整理、排比史料，在错综复杂的历史中分析和清理出发展线索，明确其内在的相互关系或因果关系，论定问题的是非。也就是说，历史分析方法是以观念的形态再现历史发展的自然过程，其特点是丰富性、直观性和具体性。比

如,要研究中国百年来学制的演变,必须用分析方法,清理出学制演变发展的过程,包括说明这个演变过程的产生背景、原因、发展经过及其结果的真实材料,从各个现象、事件和过程的具体性上考察学制发展的进程,并在揭示学制历史发展基础上对学制演变的过程和规律作出理论概括。如果要探讨某一种教育思想或思潮的历史过程,还应有足以说明该思想或思潮出现的时代条件、思想特点、社会价值、历史作用、对现代产生影响以及有关学派及学者的著述等真实材料。为了避免孤立、狭隘简单地看问题,无论研究哪方面的问题,都必须深入分析特定的社会条件和生产发展对教育的要求和影响,放在当时整个理论背景和教育发展水平上考察,探讨人类对各种来自社会环境挑战的反应过程、方式及其历史演变过程,从而真正把握教育历史发展的全部内容。正是用历史分析方法,发现历史事件的原因、经过和结果,做出历史的正确判断。

逻辑的分析方法研究历史,必须遵循形式逻辑规范,以它作为定义、推论和判断的一般程序。逻辑的分析方法,正是指运用逻辑学方法去认识研究历史上的教育问题。基本的逻辑方法,包括形成概念的方法,分析与综合,抽象与概括,归纳与演绎,从具体到抽象、再从抽象上升到思维的具体等方法。应该看到,只有当时具体教育现象和过程的探讨能够成为一种基于充足史料之上的哲理探讨时,它才能促进人类对教育历史本质规定性的深刻认识。可以说逻辑分析是基于历史分析基础上更高一个层次的认识方法。其表现的特点是概括性、抽象性和本质性。例如,有人研究中国传统文化和教育中的主体价值观问题。在搜集一定史料基础上提出关于这个问题的基本推论,这就是:中国传统文化规律性的影响和制约着教育中的主体价值观。那么,要改造教育中的主体价值观,就必须辩证地考虑教育的特殊性、传统文化的继承和异质文化的借鉴,把社会价值和主体价值真正统一起来。因此对这一问题的研究,不仅要历史地考察中国传统文化中的教育价值观,也要考察传统文化影响的教育中的主体价值观(包括古代教育和现实教育中的主体价值),在此基础上进一步论证分析教育中主体价值观的改造。

历史分析与逻辑分析不能截然分开,为了说明问题不得不采取分别叙述的方式,历史研究中必须是历史分析的与逻辑分析的方法的结合。例如,要研究新中国成立以来我国教学论的发展,那七十余年来的发展划分出几个基本阶段并分析每一个阶段的主要特点。在此基础上,用逻辑分析方法进一步概括总结七十余年来在教学领域中对一系列基本关系的探讨、理论与实践的变革,从而揭示我国现代教学论发展的基本特点和趋势。

三、马克思主义的历史唯物主义是历史研究的科学方法论

历史研究方法系统中的第三层次是马克思主义历史唯物主义方法论,这是社会科学的一般方法论,它为教育领域的历史研究提供了指导原则,是通过历史研究建立理论体系,所以是历史研究方法系统的最高层次,但又是研究的落脚点和保证。

历史研究中的阶级分析方法在有阶级存在的社会,不同阶级根本利益不同,因而产生了错综复杂的社会现象,并从根本上决定和影响着教育的性质。阶级分析方法是应用马克思主义阶级观点观察和分析阶级社会教育历史现象和评论教育史人物的一种基本方法。西方一些学者在教育研究中采用社会阶层分析方法,试图从职业、教育水平和

收入等因素来分析每个社会阶层的地位、特点及其子女受教育的类型、程度、学业和行为关系。这种离开阶级分析的阶层分析,是不可能真正揭示产生种族差异、私立学校和公立学校差异的实质原因,因而也就不可能找到真正解决这些问题的办法。

阶级分析方法为我们提供了分析一切社会问题的基本的指导线索,帮助我们透过现象认清本质,揭示阶级社会中阶级结构特点与教育发展变化之间的关系,从而为进行科学的历史评价提供依据。在历史研究中,如何较好地运用阶级分析方法,至少有三点是需要注意的。

一是需要对这种方法的具体运用进行理论思考,要明确阶级分析方法在历史研究中的实际应用的范围、层次和限度。阶级分析是认识历史的重要方法,但不是唯一方法。用阶级分析方法可以用来分析不同阶级教育发展的不同特点,如同是奴隶制社会,雅典教育与斯巴达教育的不同特点。分析代表一定阶级利益的教育家教育观所受的阶级影响,分析一个阶级教育观在历史发展的不同时期所起的不同作用等。

二是要从一定社会经济和生产力发展的分析入手,着重分析各阶级的经济地位以及这一时期的经济关系,看到经济基础、社会结构、阶级关系、政权形式及文化心态等各种因素对教育发展的实际影响,从而看到推动教育发展的根本原因是社会生产力的发展和生产关系的变更。这就是恩格斯反复强调的要研究经济学的有关知识,历史科学的任务"必须重新研究全部历史,必须详细研究各种社会形态存在的条件,然后设法从这些条件中找出相应的政治、私法、美学、哲学、宗教等等的观点"。

三是具体问题要具体分析,避免那种教条主义的以政治立场观点划性质评功过的简单做法。具体问题要具体分析,坚持实事求是,这是马克思主义的基本原则。可是,我们在实际工作中却不能很好地坚持这一原则。问题表现在一度以政治倾向和哲学体系的"归属"作为对教育历史现象和历史人物作性质判断的划分标准,甚至是用一种既成的概念、分析框架来作为取舍和剪裁历史事实的标准,不能进行历史唯物主义的客观、公正的评价。问题也表现在对某一个具体人物进行评价时,往往停留在抽象地指出其阶级局限性对教育思想和活动的影响,不是通过具体的切合实际的分析,深刻地剖析教育史人物阶级局限性及其对教育理论观点影响的程度、内容和方式。

本 章 小 结

历史研究法是借助于有关社会历史过程的史料进行分析、破译和整理,以认识研究对象的过去、现在和预测未来的一种研究方法。通过历史研究法,搜集某种教育现象发生、发展和演变的历史事实,加以系统客观地分析研究,从而揭示教育发展的规律。通过历史研究,可以帮助我们认识现代教育的实质,有助于我们借鉴历史经验,预测未来教育发展的方向。历史研究法具有历史性、具体性,以及以逻辑分析为主的基本特点。历史研究法的结构体系包括三个层次,即搜集、鉴别史料是历史研究的基础、历史事件与历史过程发展规律的揭示是历史研究的核心、马克思主义的历史唯物主义是历史研究的科学方法论。运用历史研究法要坚持唯物史观,处理好古与今、史与论、批判继承与创新这三对关系,研究者还应该具有历史感和现实感。

思 考 训 练

1. 教育历史研究对于教育理论创新有何价值?

2. 简述历史研究法的实施步骤。

3. 从教育专业杂志上挑选一篇教育历史研究的文章,仔细阅读这篇文章,重点思考如下问题:

(1) 作者搜集资料、鉴别资料和分析资料的方法分别是什么?

(2) 该文章研究哪些类型的史料,文中是否交代了史料的来源,史料之间是否有不一致的地方?

(3) 作者是否合理使用了假设,呈现出的证据是否足以验证或推翻假设?

拓 展 阅 读

1. 梁启超:《中国历史研究法》,中华书局,2009 年版。

2. 漆侠:《历史研究法》,河北大学出版社,2003 年版。

3. 朱孝远:《史学的意蕴》,中国人民大学出版社,2002 年版。

参 考 文 献

[1] 爱德华·霍列特·卡尔. 历史是什么[M]. 北京:商务印书馆,1981.

[2] 阿诺德·汤因比. 历史研究[M]. 刘北成,郭小凌,译. 上海:上海人民出版社,2005.

[3] 威廉·威尔斯曼. 教育研究方法导论[M]. 袁振国,主译. 北京:教育科学出版社,1997.

[4] 杜维运. 史学方法论[M]. 北京:北京大学出版社,2006.

[5] 傅斯年. 史学方法导论[M]. 北京:中国人民大学出版社,2004.

[6] 何炳松. 历史研究法、历史教授法[M]. 上海:上海古籍出版社,2012.

[7] 裴娣娜. 教育研究方法导论[M]. 合肥:安徽教育出版社,2000.

[8] 陈志刚. 历史研究法在教育研究运用中应注意的要求[J]. 教育科学研究,2013(6):76-80.

[9] 潘懋元. 教育史是教育理论的源泉[J]. 河北师范大学学报(教育科学版),2013(1):5-6.

[10] 王卫东. 教育价值概念的历史考察与理论分析[J]. 北京师范大学学报(社会科学版),1996(2):29-35.

第九章 叙事研究法

🍃 章首语

　　叙事研究法是近年来在我国教育研究领域内兴起的一种质的研究方法。它旨在揭示社会现象背后的意义,注重研究对象的观点,关注不同的人如何理解各自生活的意义;弥补了以往那些忽视人类经验中某些特殊层面的研究方法的内在缺陷,成为教育领域中一种重要的研究方法。本章主要介绍教育叙事研究的内涵、过程以及对教育叙事研究的评价,学习后使学生理解教育叙事研究法相比其他研究方法的独特之处,培养他们针对特定问题使用叙事研究法开展教育教学研究的意识,以及能够使用教育叙事法进行教育教学研究的能力。

学 习 目 标

1. 了解教育叙事研究法的内涵、价值主张、理论基础与特征。
2. 掌握教育叙事研究的基本步骤,能够围绕某个主题进行叙事研究。
3. 能够科学认识叙事研究的优势和局限,掌握叙事研究法的评价维度和方法。

思 维 导 图

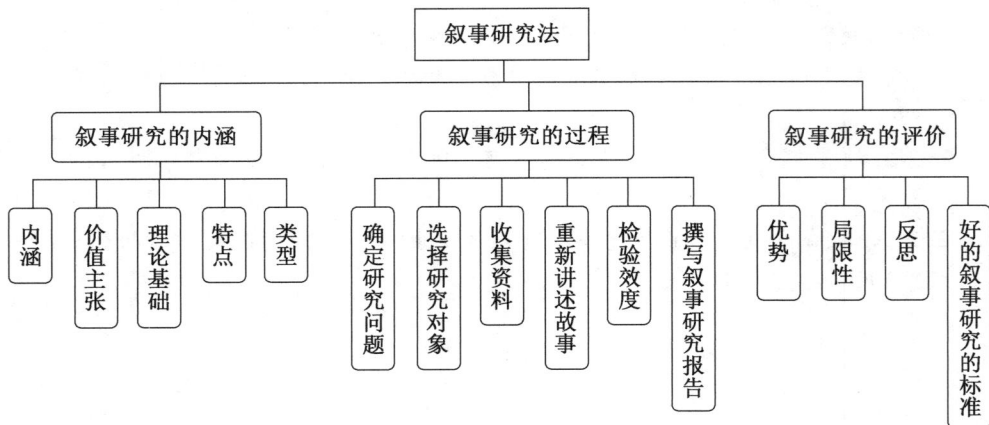

导 入 案 例

自我叙事：青年教师教育信念的确立①

北京市中国人民大学附属中学西山学校的王君老师在反思自己的教学经历时，叙述了很多学生的故事，以说明学生对自己教育信念的影响。当王君还是一名乡村教师的时候，一个学生痛哭流涕地告诉她，自己的全部生活费和学费都被偷了。王君在焦急中拿出一个月的工资给了该学生，甚至组织大家为该学生募捐。但是半年后学生精彩的"表演"被揭穿，她才知道自己被欺骗了。但是这件事情过去二十多年了，这个学生如今依然与她联系。另外一个学生的家长在得知王君怀孕后亲自转市场找到最好的小鸡娃给她送来补身体。还有一个学生照着老师的样子做了一个洋娃娃又不辞劳苦专门送到她家里……王君提道："孩子们就这样改变着我，塑造着我。我身上比较美好的品行，如善良、执着、坚韧、奔放、乐观等的后面，都必然站着一个甚至一群微笑着或哭泣着、奋斗着或颓废着的孩子们。有的聪明绝顶，让我欣赏造化者的神奇，有的纯真至善让我沐浴到人格至美的光辉。20年以来，不同地域、不同背景、不同个性、不同发展趋势的孩子们成长的点点滴滴构架了我的生命坐标，让我的教育体验华彩灿烂。每一个坐标的位移都昭示着独特的生命个体又走进了我的视野，沉淀在我的人生里。我在影响着他们，他们也在影响着我。"

第一节　叙事研究概述

一、教育叙事研究的内涵

（一）叙事

《韦伯第三国际辞典》中这样解释叙事：叙事就是讲故事，或类似讲故事之类的事件或行为，用来描述前后连续发生的系列性事件。"叙事"在英文中的对应词是"narrative"，是由动词"narrate"变化而来，其含义为："以故事的形式详细地叙说。"叙事就是通过故事的形式叙说的一系列口头的、符号的，或者行为的序列。

（二）叙事研究

叙事研究（Narrative research）就是运用或分析叙事材料的研究，研究者通过搜集和讲述个体故事，描述个体生活，在解构和重构叙事材料过程中对个体行为和经验获得

---

① 王君.一位青年教师的专业成长之路：王君专业求索之路[M].北京：中国轻工业出版社，2012：17-20.

解释性理解的一种活动。叙事材料可以是通过阅读文献等了解的一些理论脉络,可以是通过访谈了解的一些生活故事,也可以是以收集书信、日志等方式得到的材料。

(三)教育叙事研究

在教育领域,叙事研究是一种重要的研究方法,它是叙事研究在教育领域的运用。教育叙事研究主要是指在教育背景中,对叙事材料的分析研究。它针对特定的教育问题,通过观察了解研究对象的故事、通过访谈引发研究对象进行故事叙说,通过书信、日志、纪念品等搜集研究对象的故事材料,并以搜集到的观察材料、研究对象的叙说内容以及书信等故事材料为文本进行分析,以期反映出研究对象的主要生活经历、生命主题以及价值追求或者问题的解决过程。

在教育叙事研究过程中,研究者描述研究对象的个体生活,搜集和叙说研究对象的生活故事,通过解构和重新建构撰写基于研究对象个人生活经历的叙事故事,探讨这些经历对于研究对象的意义。

总的来说,教育叙事研究应该具备鲜明的主题意识、有真实可靠的来源和背景、有完整的故事情节,以及反思教育目的和揭示其本质的功用。

二、叙事研究的价值主张:通过叙事重新发现"自我"

艾米娅·利布里奇(Amia Lieblich)认为,人们天生就是故事的叙说者。故事使人们的经验得以整合和连续,并在与他人的交往中发挥核心作用。了解内部世界的一个最清晰的频道便是通过口头叙述,即通过个人叙述关于其自身的生活和所经历的真实的故事。[①] 换言之,叙事给了我们通向自我认同和理解的入口。人们通过所说的故事了解和发现自己,并把自己展示给他人。

叙事主义者相信,生活中充满了故事,人的每一经历就是一个故事,人生就是故事发展的过程。我们生活中的故事使我们能够解释我们是什么,以及我们被引向何方。人类经验基本上是故事经验;人类不仅依赖故事而生,而且是故事的组织者;研究人类的最佳方式是抓住人类经验的故事性特征。记录并撰写有关经验的故事即为叙事。写得好的故事接近经验,因为它们是人类经验的表述;同时它们也接近理论,因为它们给出的叙事对参与者和读者有教育意义。[②]

叙事研究作为一种独特的质的研究形式,它是一种过程的叙述,既是回忆、反思,也是意义的组织、再组织。它不仅仅是意义的建构过程,也是人格的建构过程。在教育领域,它是一种不可忽视的研究方法。

叙事研究方法既可以作为一种独立研究方法,亦可作为形成客观研究工具过程中的先导研究,也可以视为对现存的观察、调查、实验和其他传统方法的补充。如在采用大样本进行客观调查研究时,可使用叙事方法进行小样本的深度补充了解。

---

① AMIA LIEBLICH, RIVKA TUVAL-MASHIACH, TAMAR ZILBER. Narrative Research: Reading, analysis, and interpretation[M]. California: Sage Publications, 1998: 7.

② 康纳利,克莱丁宁. 叙事探究[J]. 丁钢,译. 全球教育展望,2003(4).

三、叙事研究的理论基础

（一）现象学

现象学强调事实、主张描述、关注意义，为叙事研究提供了重要启示。现象学主张回到事实本身，把一切经验、知识或先见悬置，描述现象的本来面貌，关注交互主体性，以此揭示社会行为的各种因素之间的相互关系，进而揭示事实背后的意义，提炼出生活实际意义。教育研究借鉴了现象学的精神，转向叙事，走向生活，以交往和对话的方式面向生活实践、反思生活价值、建构生活意义。其有助于人们摆脱空洞的理性思辨，返回生活本身，暂时悬置主观判断和先见，展现事件本身，揭示事件的价值和意义。

（二）解释学

解释学主张对经验性文本进行解释和理解，对叙事研究产生了重要影响。解释学的核心是"理解"，其任务就是在文献和作品的基础上，通过体验和理解，复原它们所表征的原初体验和所象征的原初生活世界，使研究者能够理解研究对象的体验与生活。研究者与研究对象之间是主体间性的关系。"研究对象"不是被动地被"研究者"认识的过程，而是研究者与研究对象之间彼此互动、相互理解、共同建构的过程，他们通过对话确立主体间性的关系，达到视域的融合。解释学的这种思维为教育研究提供了有益的借鉴。叙事研究就是透过叙事，在展现真实现象的同时达到视域的融合，在对话中获得理解，从而建构起一种以意义解释为核心的教育经验的理论方式。

（三）后现代主义理论

后现代主义倡导多元性、多样性、主体性和他者性，为叙事研究提供了重要的借鉴意义。后现代主义反对以抽象取代丰富的生活意义与人的情感世界，关注称为事实的微观的或本土的叙述，拒绝追求抽象、普遍的元叙述。它反对理性主义，反对科学实证方法的霸权，拒绝对规律、原理的迷信；反对整体性和同一性，强调各种各样的差异性，寻求各种不同的声音。这些思想与方法为叙事研究的深入推进提供了有益的视角。叙事研究就是在尊重不同的文化差异的基础上，通过分析丰富的生活与教育经验，讲述独特的生活故事，进而解释生活与教育的意义。

除此之外，叙事研究还吸取了多种理论和研究方法，如文学中的叙事学、人类学中的民族志、哲学中的后实证主义、批判理论、建构主义、社会学中扎根理论的方法、批判理论、女权主义等。总之，叙事研究是一种多元文化视角下的研究方法。

四、叙事研究的特点

（一）质的研究

叙事研究是一种质的研究方法，陈向明认为"质的研究是以研究者本人作为研究工具，在自然情境下采用多种资料收集方法对社会现象进行整体性探究，使用归纳法分析资料和形成理论,通过与研究对象互动对其行为和意义建构获得解释性理解的一种活动"①。叙事研究强调研究者本人以自身作为研究工具,通过深入生活体验事实,运用观察、访谈、实物分析等方法收集资料,通过研究者与研究对象不断地接触、沟通以及互动理解研究对象的生活,诠释研究对象的行为,从研究对象的角度去理解、建构文本的意义。

(二)取材生活

叙事研究立足于日常生活,取材于实践。课堂、学校,甚至所有存在教育的地方都是我们进行叙事研究的现场。叙事研究取材于日常生活的独特故事,强调在自然情境下进行,对个人的生活世界以及社会组织的日常运作进行研究。通过对研究对象生活经历的描述和诠释,揭示平淡故事中蕴藏的丰富价值信念和人文关怀。这些日常生活故事体现着研究对象的思维方式、情绪情感和行为习惯。从这些活的故事和具体的个人身上,折射出这个群体的普遍社会信念。

(三)注重体验

叙事研究根植于研究对象或研究者的人生体验,认为体验是理解一个人或者故事的关键。人不仅生活在现实的物质世界中,而且生活在由生活体验构成的自己的世界中。叙事充满着对生活经验的体验、表达和理解,具有建构自我和认识他人的双重作用。

叙事研究聚焦于研究对象的日常生活,强调研究对象的生活感受与诉求,体现出研究对象的个体性。研究者主要关注个体在教育或心理情境中的经历体验,从研究对象的观点出发来解释研究者的行为,对研究对象的个人经验和意义建构作"解释性理解"或"领会"。

同时,研究者通过自己的亲身体验,了解研究对象的生活世界,理解研究对象的生活感受和情感诉求,对被研究者的生活故事和意义作出解释。在叙事故事时,研究者可以在自己体验的基础上发表研究者自己的洞见。特别强调的是,这种研究者的体验和洞见必须源于故事,是故事的升华,而不是研究者主观判断与情感的介入。

(四)经验诠释

叙事研究的研究目的和研究问题指向对个体经验意义的理解,即是对个体经验的意义诠释。诠释的目标是理解,它是理解的基础。诠释是一种解释事件或经验的内在意义的过程。而理解则是把握、消化作者在诠释过程中所感受和表达的意义。真诚深刻地理解来源于分享彼此的情感与经验。叙事研究是按照研究对象在实践活动中的意义世界去理解他们的生活②。

---

① 陈向明.质的研究方法与社会科学研究[M].北京:教育科学出版社,2000:12.
② 丁钢.教育叙事的理论探究[J].高等教育研究,2008(01):32-37+64.

（五）深度描述

叙事研究强调深度描述,即呈现研究对象是如何理解其周围所发生的事件。包括完整再现事情发生的背景、时间、地点、情节等,描述越详尽,越能把读者带到现场,帮助读者真实感受研究对象的所思所想。同时,只有原本地呈现原始素材,才能为结论的归纳提供足够的依据。有关研究问题的任何细节都应当引起注意,它们或许暗示了被研究对象的文化价值观念、行为规范、利益和动机,并有可能为最后研究者归纳自己的理论提供证据。

美国学者诺曼 K.邓金(Norman K Denzin)认为[1],深度描述具有以下几个特征:

① 描述行动的来龙去脉;

② 交代行动是在何种意图与意义的作用下组织起来的;

③ 追踪描述行动的变化与进展;

④ 将行动描述成可以详细解读的文本。

并认为,深度描述可以从以下几个方面来判断:

① 它以多元的传记方法为基础;

② 它把自传与活生生的经历联系起来;

③ 它是情境性的、历史性的和交往性的;

④ 它能够生动再现特定社会情境中的个人或群体的生命历程;

⑤ 它能够揭示个人生活经历的意义;

⑥ 它能让读者走入它所描述的人生经历,身临其境地体会其中的基本意义;

⑦ 它不会笼统地诠释它所描述的东西。

（六）注重归纳

从研究的基本思路看,叙事研究主要采纳的是一种归纳的方法。质的研究的归纳过程通常由如下步骤组成[2]:

① 研究者自己进入实地发生的各种事情之中,注意了解各方面的情况;

② 寻找当地人使用的本土概念,理解当地的文化习俗,孕育自己的研究问题;

③ 扩大自己对研究问题的理解,在研究思路上获得灵感和顿悟;

④ 对有关人和事件进行描述和解释;

⑤ 创造性地将当地人的生活经历和意义解释组合成一个完整的故事。

归纳的方法决定了质的研究者在收集和分析资料时走的是从具体到一般的路线,在原始资料的基础上建立分析类别。分析资料与收集资料同时进行,以便在研究现场及时收集需要的资料。叙事研究的理论建构走的也是归纳的路线,从资料中产生理论假设,然后通过相关检验和不断比较,逐步得到充实和系统化。

也有学者从叙事研究与其他定量研究范式之间的区别探讨其特点,见表 9 - 1,据

---

① DENZIN N. 解释性的交往行动主义[M]. 周勇,译. 重庆:重庆大学出版社,2004:49.

② 陈向明. 质的研究方法与社会科学研究[M]. 北京:教育科学出版社,2000:156.

此,论者认为叙事研究的特长正是补充了其他研究范式中缺乏对个体性的、情境性的、偶发的特殊事件等关注不够的缺陷,特别适用于对个体小样本或事件的研究。

表 9-1① 其他定量范式研究与叙事研究的特点对比

项目	定量研究范式	叙事研究
研究的目标、理念	对偶然事件作形式化的、数学体系式的描述与解释;追求普遍真理性知识;追求确定性和可预测性	对人类目的、思想、行为以及事件与行为意义关系的描述;追求逼真性或生活写真;追求典型
形式	类型与系统;抽象的讨论;无时间限制	叙事与故事;特殊的、具体的;暂时性
语言风格	一致无矛盾;价值中立;尽量减少研究者的声音	多样化的或多种层次的意义;比喻手法;认识到并且有时故意放大研究者的声音
可实证性	依据程序;反映已建立的方法	依据陈述的有效性;传达意义

五、叙事研究的类型

叙事研究就是实证研究中的"质的研究"。教育叙事研究需要收集相关资料,然后根据所收集到的资料讲述教育故事。根据收集资料的途径,教育叙事研究可以分为历史的叙事研究、调查的叙事研究、行动的叙事研究。②

（一）历史的叙事研究

历史的叙事研究也称为叙事的历史研究。它用历史研究的方式收集资料,然后,通过讲述某个历史故事来揭示相关的教育道理。研究者可以叙述某个教育思想史的故事,也可以叙述某个教育制度史的故事,还可以叙述某个文学史的发生、发展与传播的故事。某些教育小说或教育电影不仅讲述某个教育制度的故事,也可能讲述某个教育观念上的冲突和较量。对教育小说或教育电影的叙事研究,也可以视为历史的叙事研究。

（二）人类学的叙事研究

叙事的人类学研究,主要是指专业研究者以中小学教师等为观察和访谈的对象,以他们所提供的文本为"解释"的对象而进行的研究,这时研究对象只是"叙说者",叙事研究就成为一种教育领域的"人类学研究"。此时研究者是独立于叙事情境之外,通过对研究对象的观察、访谈等收集相关的资料,并对事情背后所隐含的意义进行解释。

（三）行动的叙事研究

叙事的行动研究又叫微型叙事。它以中小学教师的教育故事和经验为叙事对象,

① 卜玉华.教师职业"叙事研究"素描[J].教育理论与实践,2003(06):45-49.
② 刘良华.教育研究方法[M].上海:华东师范大学出版社,2021:14.

用行动研究的方式收集资料,然后通过讲述某个实验研究或行动研究的故事,来揭示相关的教育道理。在研究中,研究者既是"叙说者"又是"记述者",即研究者和研究对象合二为一。该类研究的内容是以自己的实践或者问题的解决过程为对象,研究目的是以叙事的方式反思并改进自己的实践,以叙事的方式发表行动研究报告或实验研究报告。这样的"叙事研究"就成为"行动研究",实质是一种"叙事的行动研究"。

第二节　叙事研究的过程

叙事研究一般包含以下相互联系的六个环节:

一、设计:确定研究问题

在教育领域中,叙事研究聚焦的问题均来自实践,如教师专业化发展,校本科研等。好的叙事研究需要发现一个值得探究的研究问题。研究问题源于实践领域中的现象。研究者可以同时关注多个教育现象,然后通过不断思考,鉴别出值得运用叙事研究探究的教育现象。

确定一个好的研究问题除了需要考虑价值性、创造性与可行性外,叙事研究特别重视理论性,即应具备足够的理论视角。在教育领域,叙事研究并不仅限于讲一个或几个小故事,而是借助于叙事研究提升教师的学术品质。叙事研究既要深度描述某一个教育实践现象,同时也要有足够的理论视角。只有这样,在叙事的过程中,研究者才能更清楚如何组织事件,才知道事件组织起来后能够表达什么样的理论主题。

例如,克雷斯威尔(Creswell)的论文《作为希望之家的故事:专业知识视野下的自我超越》就是采用的叙事研究法。该文描述故事就有一个值得探究的问题——如何在课堂教学过程中应对儿童在不同课堂表现出的问题,包括儿童排斥同伴,彼此语言伤害,以及坚持用愤怒和攻击去解决问题等。研究者试图去认知与理解单一个体在教育情境中的个人性或社会性经历以及几个个体在教育情境中的个人性或社会性经历[①]。

二、抽样:选择研究对象

接下来研究者就需要有目的地选取一个或几个作为研究对象的个体,并透过他们去认识准备研究的现象。选取研究对象在叙事研究中至关重要,它关系着后续研究是否能够顺利进行。研究对象可以是一个或几个经历了某一特定问题的典型人物,也可以是一个或几个经历了某一特定境遇的关键人物。社会科学研究一般采用抽样的方法确定研究个体,叙事研究的特点决定了它需要以目的抽样方式为主,兼顾就近抽样和方便抽样的方式来决定研究对象。需要指出的是,虽然很多叙事研究只调查一个研究对象,但有时根据研究需要可以拥有几个研究对象,每个研究对象不同的经历故事之间,

① CRESWELL W. Educational Research: Planning, Conducting, and Evaluating Quantitative and Qualitative Research[M]. New Jersey Merrill: Prentice Hall,2002:541-558.

可能相互支持,也可能彼此冲突。

如 Creswel 论文中的研究对象劳尔妮,是一所特殊教育初高级中学的教师,在如何为一名有特殊需要的学生编班的问题上,她与指导教师之间发生了激烈的矛盾与冲突。[①] 选择劳尔妮作为研究对象就是因为她是一个经历了同指导教师发生矛盾冲突的特定境遇的关键人物。这里运用的就是目的抽样。

三、敲门:进入研究现场收集资料

接下来研究者就需要收集能够提供个体经历故事的现场文本。现场文本并不是普通意义上的资料,它并不仅仅是指事件的客观记录,它牵涉研究者和参与者之间的合作关系,甚至互动关系,是经过选择的、演绎解释的经验记录。现场文本既包括客观背景资料的收集,也包括主观经验的收集。

(一) 客观背景资料的收集

客观背景资料的收集对叙事研究有着重要的意义。叙事作为一种社会建构,离不开个体所处的历史时代和特定的文化体系。叙事研究可以通过对背景资料的分析来界定个体的体验和感受所体现的社会代表性。

1. 年鉴和编年史

年鉴是为个体或机构而做的关于重要时间或事件的简略的资料历史。如北京大学年鉴就是记录北京大学一年中发生的重要事件的资料历史记录。年鉴可以为研究者提供被研究事件的历史背景。

编年史是年鉴更具主题性的描述。编年史陈述了现场的主题方面。如中华教育改革编年史就是专门论述中国教育改革这一特定主题的资料历史。

2. 文献分析

文献在叙事中具有特殊价值,特别是在有关群体和机构的叙事研究中。作为公共记录的文献往往代表官方立场,文献中的相关日期、作者、人物、背景事件、观点氛围等信息,对叙事背景和叙事阐述具有重要意义,并且可以借此与访谈或其他途径获得的材料进行交互检验。这样,即使访谈中有某些我们无法确认的事实,也可以从文献中判断其是否真实。如作为学校背景文献的政府课程改革政策,有可能对一个教师教学行为的改变起着重要作用。

3. 照片、奖品或其他纪念品

物质纪念品是经验的仓库。个人的照片、奖品或其他纪念品唤醒研究对象的记忆,也可以揭示经验的重要性。同时物质纪念品上的日期等资料也可以为访谈等资料提供交互检验。

(二) 主观经验资料的收集

主观经验资料主要是有关研究对象主观经验的素材,是我们进行叙事研究的直接

---

① CRESWELL W. Educational Research: Planning, Conducting, and Evaluating Quantitative and Qualitative Research[M]. New Jersey Merrill: Prentice Hall, 2002: 541 - 558.

资料来源。主要包括口述史、故事、日记、日志以及博客、书信、研究访谈、谈话、现场笔记和来自现场的其他故事以及自传和传记等。

1. 口述史

亦称口碑史学。即以收集和使用口头史料来研究历史的一种方法。口述史是重视下层民众历史的产物，因为下层民众的活动和心理很少见诸文献，为了研究他们，必须借助口头资料或口碑。叙事研究者可以请叙事研究对象用自己的方式讲述自己的故事以获得口述史资料。

2. 故事

故事也是叙事研究中现场文本的来源之一。个体有关其自身经验、其学校和专业的故事。而且，机构也有故事的特征。例如，教师、家长、学生和其他人讲述关于学校的故事。通过故事的收集可以丰富现场文本，为其提供更多的资料。

3. 日记、日志以及博客

日记、日志以及提供个人对事件的描写、反思和评价。日记是指在特定的时间里即时更新自己一天的学习、工作、生活的回顾。随着科技的日益发展，日志和博客日益兴起，它们不一定为即时记录，往往是对特定事件的回顾、反思和评价。同时发表评论者的互动也可以促进作者进行反思。这部分素材对于丰富叙事的经验记录很有用处。

4. 书信

书信是写给其他人并期待对方作出答复的一种文本。书信往往能够揭示许多关于个人的思想和社会背景。书信也可以为叙事研究提供丰富的资料。

5. 研究访谈

访谈是寻找意义的最清晰的方法之一，它具有一定的目的性，可以有针对性地对某一主题进行提问并要求做出回答。

6. 谈话

谈话是指在合作研究中，研究者和研究对象之间不分上下等级的口头交流。这种交谈往往是开放性的，研究者和合作者以平常人的心态进行的谈话往往比进攻性的提问技术挖掘得更深。

7. 现场笔记和来自现场的其他故事

现场笔记可以作为深化叙事的重要手段。既可以由研究者自己进行观察或访谈时撰写，也可以由研究者草拟思路，由研究对象撰写。现场笔记可以有多种形式，如描述性记录、理论备忘录、观点摘要、一己之见和推论等。描述性记录是指对于当时场景或氛围的理解性描述；理论备忘录，即由观察而联想到的相关理论观点；观点摘录是指及时地记录和梳理对方所呈现的观点和意见；一己之见和推论等是指在观察或访谈中记录的当时感受和想法。这些对于以后的诠释工作具有重要的参考价值。

8. 自传和传记的撰写

传记以记叙人物生平事迹为主。自传则是以记述自己的生平事迹为主。叙事研究可以从自传和传记中得到系统的个人经历、感受以及价值观等。如从卢梭的《忏悔录》中我们可以比较系统地了解卢梭的个性和人生经历，为我们研究其教育思想提供了丰富的素材。

四、编码：重新讲述故事，建构研究文本

现场文本收集结束后，研究者紧接着需要开展的一项工作是编码并重新讲述故事，建构研究文本。"研究文本与现场文本的区别是，现场文本接近经验，描述并围绕一系列事件而形成，而研究文本与现场文本保持距离。它要回答意义和重要性问题。"①研究文本按一定逻辑顺序组织后，研究对象所讲述的故事可以被更好地理解，同时可以获得意义。

（一）梳理现场文本

即把收集来的现场文本进行一个系统的整理。如核查收集的与现象相关的多种案例和个人经历故事。利用录音或录像设备等手段收集的故事转译的文本为现场文本。总之，要把与研究问题有关的现场文本整理核查好，为下面转化成研究文本做准备。

（二）编码和转录故事

研究者按照故事所包含的基本元素把梳理好的现场文本进行编码、转录。在这一过程中，研究者首先要根据研究目的和研究问题的特点建立一套编码体系。不同的研究者根据不同的研究目的会有不同的选择，如果研究者注重梳理研究对象述说的故事，那么可以从时间、地点、情节、情景等主要叙事因素来分析；如果研究者关注的是故事的情节，那么可以从事件或行为的结构、表达、意义、解决措施以及读者的需求来分析；如果研究者关心的是故事的情境，那么可以从人物、行为、问题和解决方法等方面来分析。

这里引用两种比较权威的叙事结构，其一是奥勒莱萨提出的组织故事元素成为问题解决的叙事结构：背景、人物、活动、问题和解答五个方面②，见表 9 - 2。另外一种是克莱丁宁（J. Clandinin）和康纳利（M. Connelly）提出的三维空间的叙事结构：相互作用、连续性和情境③，见表 9 - 3。

表 9 - 2　组织故事元素成为问题解决的叙事结构

背景	人物	活动	问题	解答
故事背景，环境，地点条件，时间，地点位置，年代和起源	故事中描述的个体的原型、个性，他们的行为、风格和做事模式	贯穿故事中的个体的动作，说明人物的思维或者行为	要回答的问题，或者要描述或解释的现象	对问题的回答，对引起人物发生变化的原因的解释

① 康纳利，克莱丁宁，丁钢. 叙事探究[J]. 全球教育展望，2003,32(04)：6 - 10.
② CRESWELL W. Educational Research: Planning, Conducting, and Evaluating Quantitative and Qualitative Research[M]. New Jersey Merrill: Prentice Hall, 2002：530.
③ CRESWELL W. Educational Research: Planning, Conducting, and Evaluating Quantitative and Qualitative Research[M]. New Jersey Merrill: Prentice Hall, 2002：530.

表 9-3 三维空间的叙事结构

相互作用		连续性			情境
个人	社会	过去	现在	将来	地点
注意内部的内在条件、感觉、期望、审美反映、精神调整	注意外部的环境条件,其他人的打算、意图、设想和观点	看过去的、回忆的故事和早些时候的经验	看当前的故事和处置事件时的经验	看隐含的期望、可能的经验和情节线索	看处在自然情境或在有个体打算、意图、不同观点情境之中的背景、时间、地点

　　研究者可以参考上述叙事结构分析现场文本故事的基本结构,可以使用字母编码并在现场文本中标记,如背景、人物、活动、问题和解答的语句可以分别用 S、C、A、P 和 R 来标识(英文名的第一个字母)。这些编码过程不一定出现在研究文本中,但这一分析过程是规范叙事研究的重要环节。

　　编码完成后进入转录环节,它是按照编码把故事的基本元素从故事之中抽取出来并重新组合的过程。即将上述标有字母 S、C、A、P 和 R 的句子按照顺序转录在一起。然后按照事件发生时间的顺序(用年代学方法)重新书写成完整的序列性文稿。

　　(三)诠释意义

　　光有描述是不够的,研究者还必须将诠释与理解呈现给读者。只有对叙事故事进行诠释,故事背后的意义才会逐渐被人领会和把握。

　　对收集来的所有故事进行比较,分析每个元素对其他元素产生的影响以及各元素之间的相互作用关系。首先把所有的故事根据事件的关联性分成一系列的关键故事组单元,接着分析这些关键故事组单元反映的主题和意义,然后按照一定的主题和意义把各个关键故事组单元串联起来组成新的意义群,最后寻找出研究本身的主线灵魂,从而使叙事形成一个整体。

五、检验效度

　　叙事研究作为一种质的研究,不考虑信度问题,这是因为质的研究将研究者作为研究的工具,强调研究者个人的独特性和唯一性。但效度问题在叙事研究中至关重要。效度即研究的结果是否反映了研究对象的真实情况。在质的研究中,效度不仅仅指该研究使用的方法有效,而是指该结果的表述再现了研究过程中所有部分、方面、层次和环节之间的协调性、一致性和契合性。[①] 常见的验证效度的手段有:研究者检核、研究对象检核、资料之间的相互验证等。

　　(一)研究者检核

　　需要检查和确认这些问题:研究者的关注焦点是个人经验、收集了个人的经验故事、对参与者的经验故事按照一定的叙事结构进行了重新讲述、经验故事按照年代学顺

---

　　① 陈向明.质的研究方法与社会科学研究[M].北京:教育科学出版社,2000:100-101.

序组织、按照不同主题或类属诠释了故事、经验故事里包含了有关背景和地点信息恰当地表达了研究问题和研究目的等。

（二）研究对象检核

主要是指在现场文本建立之后让研究对象校对是否属实，当然并不仅限于此，而是贯穿于整个研究过程之中，只要存在研究者与研究对象的合作，研究对象查核就有必要。

（三）资料之间的相互验证

主要是指各种文本之间反映的经验事实一致，并不相互冲突。如访谈中研究对象讲述的某一特定事件的时间、地点和背景与文献或年鉴中论述的一致。当然，还有其他一些方法。如陈向明在《质的研究方法与社会科学研究》一书中详细阐述了效度检验的手段，包括：侦探法、证伪法、相关检验法、反馈法、参与者检验法、收集丰富的原始资料、比较法、阐释学的循环等八种方法。

总之，叙事研究中的"效度"与量的研究是不同的，对研究结果的检验就是对研究过程的检验。我们在考察一项研究是否有效时，不仅要看其结果，而且要考察研究过程中所有因素之间的关系。效度产生于关系之中——这是质的研究衡量研究质量的一个重要标准。[1]

六、撰写叙事研究报告

叙事研究报告既要详尽描述，又要整体分析，特别要创设出一种"现场感"，把教育生活淋漓尽致地展现在读者面前，从而使教育主体的生活叙事焕发出理性的光辉、智慧的魅力，使生活世界走向人文殿堂、灵魂的升华。[2]

叙事研究报告受研究者个人的理论水平、研究思路、分析的角度等多方面的制约，其表述具有多样性和灵活性，但还是具有共同的规律。就其结构而言，它的正文一般包括研究的背景和意义、研究对象的选择、研究实施过程、研究的结果与分析四个部分。需要指出的是研究报告中一般不要求进行专门的文献综述，重新讲述的故事要置于研究结果与分析部分的中心。

对于研究结果的处理方式，有以下几种：其一类属方式：将研究结果按照一定的主题进行归类，然后分门别类地加以报道；其二情境方式：按事件发生的时间序列或事件之间的逻辑关系对研究结果进行描述；其三结合型方式：将类属方式和情境方式结合使用。研究者可以根据研究目的和内容选择合适的处理方式。

需要指出的是，叙事研究报告的书写要注意区分叙述经验性资料的语言和研究者的分析语言，使读者很容易地分辨客观事实与研究者的评价或推论。前者要求不受研究者的价值判断影响，用白描的方式客观地还原本来的事实，后者则是研究者运用学术语言对事实所做的、可能带有研究者价值判断的分析与解释。

①　陈向明.质的研究方法与社会科学研究[M].北京：教育科学出版社，2000：408.
②　侯怀银.教育研究方法[M].北京：高等教育出版社，2018：237.

第三节　叙事研究的评价

了解叙事研究的优势和局限性,有利于我们在研究中根据研究的目的和研究内容进行合理地选择。

一、叙事研究的优势

（一）叙事研究有助于理论与实践的有机结合

在教育领域,叙事行为研究中,叙事研究者讲述的是自己的行为,在叙事过程中,研究者会反思自己的行为,并有意识地把有关理论与自己的实践结合起来;在叙事人类学研究中,叙事研究者在收集研究对象个人性或社会性经历故事时,研究者和研究对象之间会建立起一种密切的合作关系。这种合作关系使研究者可以有意识地把理论运用于实践,对研究对象而言,他们在讲述故事的过程中会有意识地反思自己的行为,并与有关理论结合起来。可见,叙事研究有助于理论和教育实践的结合。

（二）叙事研究有助于研究者搜集到鲜活的、真实的深度资料

叙事研究作为一种质的研究,在收集现场文本时,立足于日常生活,运用多种途径收集叙事资料,通过对具体现场的深入描述和深度诠释,进而研究能够揭示事件背后的意义。故事叙说是每个人生活的一个自然组成部分,每个个体都经历着故事。基于此,在教育领域,叙事研究尤其强调作为个体的研究对象在日常生活、工作中所经历的个人性或社会性经历故事。强调让叙事者自己说话,展现生活的情节和情趣,不过多地用外来的框架有意无意地歪曲事实或滥用事实。这样有助于研究者收集到鲜活的、真实的深度资料。

（三）故事叙说有助于研究对象发现日常生活中的深层意义

故事叙说促使作为个体的研究对象以自己的生活经历为背景去反观日常生活与行为,使他能够反思自己的日常行为、思考生活的意义、听取自己内心深处的声音、站在自己的角度去反思与发掘自我,进而发掘出日常生活中的深层意义。故事叙说有助于促使研究对象系统梳理和深入思考自己遇到了什么问题、为什么会遇到这个问题和怎样解决这个问题,从而有助于研究对象反思日常生活,并赋予其意义。

二、叙事研究的局限性

（一）小样本

叙事研究适合于小样本研究,往往只有一个到几个研究对象,因此研究成果的典型性、代表性经常被人质疑。叙事研究不适于大量的非个体化的群体行为研究,因而无法

回答普遍性问题。

(二) 时间长

研究者与研究对象相互合作的磨合需要时间,让研究对象在心理上认同和支持研究者研究需要一个彼此熟悉的过程。人的社会性和复杂性,决定了一个陌生人不可能在很短的时间向你吐露真心。对个案进行深入研究时,取得丰富而鲜活的资料要花费相对多的时间,在收集特定事件的资料时,有时需要在特定的时间里进行。把现场文本转化为研究文本也需要不少时间,通常将 1 小时访谈录音资料转化为文本需要 5～6 小时,甚至更长。

(三) 评定难

叙事研究兴起的时间不长,是一种新的研究方法,其评价标准尚未充分建立,标准仍在讨论之中。

三、对叙事研究的反思

总的来说,叙事研究具有自己的特点,有自身的优势和局限性,在了解这些的基础上我们还应注意以下几个方面。

第一,叙事研究属于质的研究方法,不能以自然科学的标准和定量研究的要求来衡量叙事研究,它有自己的适用范围和研究优势,我们应该充分发挥叙事研究的优势为我们的研究服务。

第二,叙事研究必须遵循伦理规范。叙事研究者应当成为一个伦理上的负责者。首先,确保研究对象是自愿接受研究,并且理解这项研究的性质。在研究中要尊重研究对象并寻求他们的合作,不应该欺骗研究对象。其次,研究对象的身份应当保密,除非当事人同意你使用真实的姓名和单位等信息,否则研究者不应该在未得到当事人的同意时将关于个人的特定信息透露给他人。再次,当研究成果正式发表或出版之前,应当让研究对象事先有机会阅读,可以调整其认为不合适的内容或说法。

总之,叙事研究为我们的研究提供了一种新的方法与途径,已成为质性研究中一种重要的、不可缺少的方法。我们应当在了解叙事研究方法的基础上合理地运用,为自己的研究服务。

四、好的叙事研究的标准

教育叙事研究主要通过讲故事来讲道理。或者说,教育叙事研究就是教育写作中的记叙文。作为记叙文的教育叙事研究区别于一般的意义上的教育论文,而且记叙文优先于议论文。作为记叙文的教育叙事研究至少需要具备以下三个特点[①]:

第一,有故事。故事的质量取决于故事的情节。有故事和有情节是一回事。记叙文有时间、地点、人物、事件、原因、经过、结果等基本要素。教育叙事也要具备这些

---

① 刘良华.教育研究方法[M].上海:华东师范大学出版社,2021:15-16.

要素。

第二,有道理。故事的道理取决于这个故事是否有冲突。有冲突既维护了故事的情节,也直接或间接地讲述了故事的道理。几乎所有好的故事都有道理,而且几乎所有道理都可以成为"教育道理"

第三,有文采。有文采可能显示为用词高级,语法地道。有文采可以有文学的华美、艳丽,更需要保持历史叙事的朴素从容,大俗而大雅。有文采可遇而不可求,若无文采,有条理亦可。

本 章 小 结

本章以叙事研究为主题,按照"叙事研究的内涵""教育叙事研究的过程""叙事研究的评价"的逻辑路径层层推进,分三部分系统介绍了叙事研究的理论与操作方法。首先,从叙事研究的内涵出发,着重介绍了叙事研究的价值主张、理论基础、特征、类型等。其次,围绕叙事研究的过程,详细介绍了叙事研究的六个环节,分别是"设计:确定研究问题""抽样:选择研究对象""敲门:进入研究现场收集资料""编码:重新讲述故事""检验效度""撰写叙事研究报告"。最后,围绕叙事研究的评价,着重论述了叙事研究优势、局限性、反思与叙事研究的评价标准等。

思 考 训 练

1. 谈谈你对叙事研究法的认识,试述叙事研究的必要性。
2. 试选择一个研究问题,运用各种收集经验的方式建立叙事研究的现场文本。
3. 结合实际谈谈叙事研究法中现场文本和研究文本的区别与联系。
4. 叙事研究法的基本步骤有哪些?请选择一个教育方面的问题,试运用叙事研究法进行研究。

拓 展 阅 读

1. 陈向明:《质的研究方法与社会科学研究》,教育科学出版社,2000 年版。
2. 丁钢:《中国教育:研究与评论(第 11 辑)》,教育科学出版社,2007 年版。
3. 克兰迪宁、康纳利:《叙事探究:质的研究中的经验和故事》,北京大学出版社,2008 年版。

参 考 文 献

[1] AMIA LIEBLICH, RIVKA TUVAL-MASHIACH, TAMAR ZILBER. Narrative Reserch:Reading, analysis, and interpretation[M]. California:Sage Publications, 1998:7.

［2］康纳利,克莱丁宁.叙事研究[J].丁刚,译.全球教育展望,2003(4):6.

［3］丁钢.教育叙事的理论探究[J].高等教育研究,2008(01):32－37＋64.

［4］卜玉华.教师职业"叙事研究"素描[J].教育理论与实践,2003(06):45－49.

［6］CRESWELL W. Educational Research：Planning，Conducting，and Evaluating Quantitative and Qualitative Research[M]. New Jersey Merrill：Prentice Hall，2002：530.

［7］陈向明.质的研究方法与社会科学研究[M].北京:教育科学出版社,2000:408.

［8］侯怀银.教育研究方法[M].北京:高等教育出版社,2018:237.

［9］刘良华.教育研究方法[M].上海:华东师范大学出版社:2021:15－16.

［10］华莱士·马丁.当代叙事学[M].北京:北京大学出版社,1990.

第四篇

研究方法的综合应用

扫码查看
本章资源

第十章 个案研究

章首语

　　个案研究是学术研究中非常重要且应用较广泛的研究方法。本章主要介绍个案研究的内涵、特征、类型、代表性及外延、实施程序、优点、局限和规范。个案研究是指使用任何合适方法对一个或数量较少的几个案例在自然情景中进行的细节性研究,具有典型性、深入性、方法的综合性和局限性特征。根据不同标准,可将个案研究划分为不同类型。通过类型学研究范式、个案中的概括、证伪逻辑、启示与认同、借助比较获得其他同类个案的解释力、统计性扩大化推理和分析性扩大化推理可不同程度实现个案的外推。个案研究的实施包括研究设计、收集和分析资料、撰写个案研究报告三个基本程序。个案研究既有优点,又有局限,必须遵循使用规范。

学 习 目 标

1. 了解个案研究的概念、特点和类型。
2. 掌握个案研究开展的步骤、规范和具体方法。

思 维 导 图

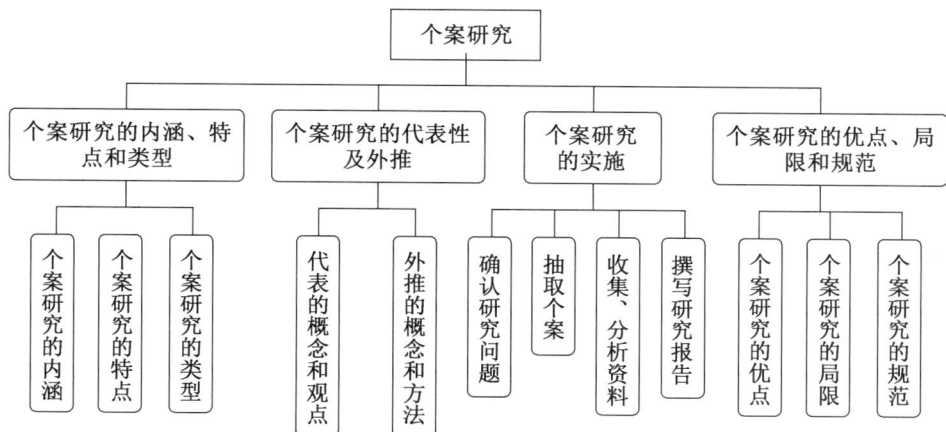

导入案例

辍学现象在农村,尤其是贫困地区特别严重。辍学不仅造成了教育资源的浪费,影响了基础教育的发展和国家总体人口素质的提升,而且给辍学生本人带来了身心伤害,但在以往研究中看不到具体情境中辍学生本人的心理状态,也听不到他们的声音。辍学生是在什么情境下辍学的?辍学的原因和过程是什么?辍学后去了哪里?这些问题需要更细致的解释。北京大学陈向明教授在自然环境下,通过目的抽样,运用实地体验、开放型访谈、参与型和非参与型观察、文献分析收集第一手资料,站在当事人立场在具体情境中从更微观层面对王小刚辍学现象进行了深入细致的描述和分析,并对研究结果进行了三角验证,成了个案研究的典范。

[参见陈向明.王小刚为什么不上学了——一位辍学生的个案调查[J].教育研究与实验,1996(01):35-45.]

第一节 个案研究概述

个案研究是社会科学中的基本研究方法,也是教育研究中较常用到的研究方法,通过关注过程对教育问题进行全面考察和阐释,以取得具有一般性状况或普遍经验的认识,更好地解决教育实践问题。好的个案研究对案例描述更为翔实,与教育的情景性和人文性特性融为一体,能较好呈现或揭示案例深层机理,从局部推断出普遍规律,从而有助于推动教育研究成果的广泛运用。

一、个案研究的内涵

商务印书馆 1997 年出版的《现代汉语词典》将个案定义为个别的、特殊的案例或事例。[①] 风笑天认为,个案研究是对一个人、一件事、一个社会集团或一个社区进行的深入全面研究。[②] 艾尔·巴比(Earl Babbie)认为,个案研究是对某现象的例子进行深度检验,目的可能是描述性的,对特定个案的深入研究也可以提供解释性洞见。[③] 斯特克认为,个案是一个有界限的系统,是一个对象而非过程。只要是对一个有界限的系统,如方案、机构、个体、家庭或社区等做全貌的描述和分析,就是个案研究。[④] 结合以上观点,本文认为个案研究是指使用任何合适方法对一个或数量较少的几个案例(个体、团体、班级、学校或社区)在自然情景中进行的细节性研究。

---

① 陈涛.个案研究"代表性"的方法论考辨[J].江南大学学报(人文社会科学版),2011,10(03):64-68.
② 风笑天.社会学研究方法[M].北京:中国人民大学出版社,2005:239.
③ 艾尔·巴比.社会研究方法[M].邱泽奇,译.北京:华夏出版社,2005:286-287.
④ 范明林,吴军.质性研究[M].上海:格致出版社,2009:23-37.

　　个案研究的一般目标是对该案例达至最可能充分地理解,进而追求获得从个案扩大到所属更大群体的普遍性结论,从而认识同类事物或事件的过程性和总体特征。简言之,个案研究具备区别于其他研究方法的构成要素:

　　第一,通过聚焦某一特别实例说明一种现象,是个案研究的本质特征。个案研究因研究对象特殊而显得与众不同,主要目的是通过一个特殊例子解释一种特殊现象,例如,教学中学生的边缘化、后进生、辍学生的演进问题。

　　第二,对个案进行深入研究。研究个案时需要运用多种方法获取详细资料,以此支撑研究的顺利开展。

　　第三,研究在自然脉络下的事件。个案研究讲究站在被研究者的立场观察他们,用被研究者的语言和概念进行互动,包含了实地部分。

　　第四,呈现被研究者和研究者双方的观点。个案研究既要尊重被研究者的观点,也要保持研究者的立场,进而从中提取要素,形成理论。

二、个案研究的特点

　　相较其他研究方法,个案研究具有以下特点:

（一）典型性

　　个案研究是对“个别”的研究,个体和整体、个别和普遍之间存在不同程度的区别,呈现出特殊性。所以,个案研究不可避免地具有典型性。

（二）深入性

　　个案研究通过追踪比其他研究方法涉及的内容和掌握的数据更全面。

（三）方法的综合性

　　个案研究中可以综合采用叙事、观察、访谈、调查等多种研究方法。

（四）局限性

　　教育现象具有复杂性、差异性和多样性特征,任何研究方法都有局限性。个案研究由于研究对象数量少,无法覆盖整体,外推结论的可靠性受到种种限制,不太适合理论构建。

三、个案研究的类型

　　根据不同的标准和侧重点,可将个案研究划分为以下不同类型。

（一）内在的个案研究、工具性个案研究和多个案研究

　　根据研究目的,斯特克(Stake)将个案研究分为内在的个案研究、工具性个案研究

和多个案研究。①

1. 内在的个案研究

内在的个案研究不追求走出个案获得概括性结论,研究者选择某个个案的初衷并非该个案具有代表性或某种特殊性质,而是出于对该个案本身的兴趣。如人物传记、项目评估和临床诊断,传主、项目和病患是研究者全部关心之所在。

2. 工具性个案研究

在工具性个案研究中,研究者更多将个案当作探讨或认识某种议题或特殊的问题和现象,提炼概括性结论的工具,注重研究结论的推广意义,而将对个案本身的兴趣放在次要考虑位置。

3. 多个案研究

多个案研究实际上是一种更极端的工具性个案研究,研究者旨在研究某个总体或一般情况,对特定个案本身兴趣不大。

(二) 探索性个案研究、描述性个案研究和解释性个案研究

从研究功能出发,罗伯特·K·殷认为,个案研究可划分为探索性个案研究、描述性个案研究和解释性个案研究。②

1. 探索性个案研究

探索性个案研究被看作是正式研究之前的“预演”,是对研究问题和研究现象的初步了解,以获得初步印象和感性认识,收集数据并建立模型,为今后更周密和深入的研究提供方向。一般用于研究的问题或现象比较特殊,鲜有人涉及,或研究者对要研究的问题或现象不熟悉,了解甚少。

2. 描述性个案研究

描述性个案研究是对社会现象的状况、过程和特征进行客观、准确且详细描述,从而揭示社会现象是什么、如何发展及它的特点和性质是什么,较多专注细节,较少关注理论。

3. 解释性个案研究

解释性个案研究又被称为分析性个案研究,是对社会现象或事件之间因果关系的研究,要么通过归纳资料解释和产生新的理论,要么验证已存在的理论。解释性个案研究是在通过描述性个案研究把握了“是什么”以及其状况“怎么样”的基础上,进一步探寻“为什么”,旨在说明社会现象或事件发生的原因,预测其发展的后果。如果说描述性个案研究是要“知其然”,那么,解释性个案研究就是要“知其所以然”。

(三) 单个案研究和多个案研究

从个案数目着手,可将个案研究划分为单个案研究和多个案研究。

① 潘慧玲.教育研究的取径:概念与应用[M].上海:华东师范大学出版社,2005:191-192.
② 罗伯特·K.殷.案例研究:设计与方法[M].4版.周海涛,李永贤,李虔,译.重庆:重庆大学出版社,2010:12-22.

1. 单个案研究

单个案研究是对同一典型个案以时间序列为主纵向进行深入分析，可呈现个案的唯一性和启示性，研究结论更有针对性，多以书籍、报告或论文形式呈现，也可补充使用图片、表格。

2. 多个案研究

多个案研究是检视由多个事例、部分或者成员组成的某一事物的特殊研究，目的是更好地理解共同议题在不同情况下的运作模式。换言之，多个案研究是对两个及两个以上案例进行对比分析，包括个体化比较、普遍化比较、差异发现比较和包围性比较，或者水平、垂直和随着时间推移进行横向迁移比较，以理论解释为目的，多数采用比较分析法横向进行深入研究，结论更加准确、可靠，更具普遍意义。

（四）"理论探求—理论验证""故事讲述—图画描述"和评价性个案研究

贝西（Bassey）从研究方法出发，将个案研究分为"理论探求—理论验证"个案研究、"故事讲述—图画描述"个案研究和评价性个案研究。[①]

1. "理论探求—理论验证"个案研究

"理论探求—理论验证"个案研究焦点在于具有独特性的议题和弄清楚那些模糊问题，并从模糊命题或模糊论述中提炼理论，引起读者兴趣。

2. "故事讲述—图画描述"个案研究

"故事讲述—图画描述"个案研究旨在叙述和描绘那些有趣的、值得仔细分析的教育事件、方案、计划、章程和制度。它的优势是以故事或图画形式分析和探索个案，能将分析和探索结果结合起来。

3. 评价性个案研究

评价性个案研究需要研究者对教育事件、方案、计划、制度和章程进行分析，包括描述、解说和评价，目的不在于发展理论，而是了解和判断其价值，被视为一种检视目标是否达成与达成程度的研究设计。

（五）特殊性个案研究、描述性个案研究和启发性个案研究

梅里厄姆认为，个案研究具有叙述、解释和评估三个目的，包括特殊性个案研究、描述性个案研究和启发性个案研究。[②]

1. 特殊性个案研究

特殊性个案研究着重于对某一特殊的情况、事件、个体或现象进行研究，以得出针对性结论。

2. 描述性个案研究

描述性个案研究是对研究课题进行定性的、非正规的描述报告，常用在创新和独特的情境，为将来研究比较、假设和建立理论奠定基础，此时理论几乎空白。

---

①　潘慧玲. 教育研究的取径：概念与应用[M]. 上海：华东师范大学出版社，2005：119.
②　季诚钧，莫晓兰. 教育个案研究：何谓与何为[J]. 现代教育论丛，2022（03）：81-91＋115.

3. 启发性个案研究

启发性个案研究旨在帮助人们了解被研究的主题,从而提出新的观点、解释和意义,该结论有可能不具有规律性,但有助于更好地开展研究。

四、个案研究的代表性及其外推

关于个案研究的代表性和外推,学界有两种截然不同的观点,以罗伯特·K·殷、史塔克、王富伟、王宁等为代表的传统个案研究学者并未刻意为个案研究的推广付诸努力,且基本达成共识,即代表性是统计调查研究问题,个案不是概率抽样抽取出来的样本,个案研究不具备"代表性",只有理论命题才能实现推广,但对不同人群和领域的研究通常具有典型性,不要尝试通过个案研究去获得统计学上的推广性;以借助统计学获得推广的新实证主义和弗林夫伯格为代表的学者主张,质性研究具有一定推广性。

毋庸置疑,无论研究者多么谨慎,或刻意地限制研究结论的适用范围,若考虑理论和现实需要、社会学科的价值和意义,个案研究始终面临着正确处理特殊性和普遍性、微观和宏观间的关系问题,都有走出个案的学术抱负。如何走出个案,从微观考察走向宏观认识,实现研究结果的外推成为个案研究者难以回避的问题。

(一)相关概念界定

1. 代表性

代表性是统计意义上样本的一种属性,表示样本能够再现总体的属性和结构的程度。[①] 因统计性样本预设了一个有明确边界的总体存在,需要把研究结论推论到总体,就要求样本具有代表性,但并非具有统计意义上的代表性,而是类型代表性,力求通过某个或几个案例达到对某一类现象而非总体的认识。

关于个案研究的代表性,学界主要有代表性无涉论、代表性分类论和代表性超越论三种不同观点[②]:

(1)代表性无涉论

代表性无涉论认为个案研究从属的人文主义方法论决定了其没有代表属性,代表性是个案研究"欲"加的错误导向和"虚假问题",既没有成功,也看不到成功的可能。布莱恩·罗伯特(Brian Roberts)认为,重要的是从中得出的理论品质,而不是代表性之类的问题。[③] 吕涛指出,个案研究没有个案代表性问题,它缺少的是基于特定个案材料,发现个案因果事实的方法。个案研究并非要走出个案,而应回到个案事实本身。[④] 王富伟则认为,个案研究并非"一次性的、孤立的'单个案'研究",个案与整体是相互生成、

---

① 王宁.代表性还是典型性?——个案的属性与个案研究方法的逻辑基础[J].社会学研究,2002(05):123-125.

② 曾东霞,董海军.个案研究的代表性类型评析[J].公共行政评论,2018,11(05):158-170+190.

③ 鲍磊.社会学的传记取向:当代社会学进展的一种维度[J].社会,2014,34(05):174-205.

④ 吕涛.回到个案事实本身——对个案代表性问题的方法论思考[J].兰州大学学报(社会科学版),2016,44(03):20-28.

相互界定的。① 以描述性个案研究为主。

（2）代表性分类论

代表性分类论认为应该从个案研究的多种类型出发讨论个案研究的代表性，不同类型的个案研究代表的问题不同，应该分情况分析，以类型代表性个案为主。

（3）代表性超越论

代表性超越论强调通过优化或超越个案研究认识整体的合理性或个案研究的理论追求。它包括基于个案的类型学意义推广（即个案外的推广拓展，该方案将个案视为整体中的部分，在事实层面通过将部分关联起来呈现整体图景）、基于变量建立理论衍射推广（该方案着眼于个案研究的理论意义，部分可以作为整体的表达，试图通过提炼个案内部的属性、现象或规律，从而进行理论启发或检验）、基于理论应用与实践建构情境性理论向个案情境超越推广（由于"异质性问题"的存在，个案研究不可能获得对"实体性整体"的认识，通过"关系个案研究"，在理论与经验间的往返中澄清理论要素发挥作用的情境性条件，进而在新的适用边界下创新理论）。

2. 代表性和典型性

一种观点认为代表性不等同于典型性。代表性预设了具有明确边界的总体存在，典型性是个案是否最大限度体现了某一类别现象的共性特质。因此，代表性只是典型性的一个特例。另一种观点认为，典型性和代表性实际上是相互界定、相互强化的，个案基本上是典型的代名词；典型即代表，真正的典型具有代表资格。

3. 个案的外推

个案的外推即分析的扩大化原理，是直接从个案上升到一般结论的归纳推理形式。② 只能说明个案本身的个案研究必然是狭隘的，实现从个别到一般的外推是个案研究者心中不灭的梦想。

（二）个案的外推方法

很多学者提出了个案研究适合于自身的外推方式，主要有以下几种。

1. 类型学研究范式和个案中的概括

最常见的个案的外推方法是以费孝通为代表的类型学研究范式和人类学提倡的个案中的概括。③

（1）超越个案的概括：类型学研究范式

该研究范式类似于典型调查，旨在通过对典型个案全面的、历史的考察与比较反映该类型事物的总体形态。该方法的挑战在于：一是类型的总数难以确定。二是各类型在总体中的比例难以确定，即并不能解决整体中的异质性问题。如费孝通的研究对象是社区，可称之为社区类型研究。

① 王富伟.个案研究的意义和限度——基于知识的增长[J].社会学研究,2012,27(05):161-183+244-245.

② 王宁.个案研究中的样本属性与外推逻辑[J].公共行政评论,2008(03):44-54+198.

③ 卢晖临,李雪.如何走出个案——从个案研究到扩展个案研究[J].中国社会科学,2007(01):118-130+207-208.

（2）个案中的概括：人类学的解决方式

人类学研究要将微观阐释与宏大景观结合起来，不是超越个案进行概括，而是在个案中进行概括，概括个案中有意义的特征，而不能止步于微观描述。

2. 个案逻辑和证伪逻辑

从逻辑入手，个案研究的外推有个案逻辑和证伪逻辑。

（1）个案逻辑

以时间顺序的深度访谈为基础，通过连续访谈个案，直到针对研究问题的个案访谈饱和，从而达到对总体的认识，包括罗伯特·K·殷的"序贯访谈法"和费孝通的"类型比较法"。需要注意的是，个案逻辑适用以一定视角研究微小且具体的总体，不适用于宏大宽泛的总体。

（2）证伪逻辑

证伪逻辑最终的目标是通过确认现有理论的缺陷提出新的理论，正如弗林夫伯格提出的，个案研究非常适合通过运用卡尔·波普尔所谓的"证伪"验证类型实现推广，包括格尔茨的"深描说"、布洛维的"拓展个案法"和王富伟的"关系个案"。

3. 启示与认同、通过比较获得其他同类个案的解释力和证实与证伪

教育个案研究结论的推广路径有启示与认同、通过比较获得其他同类个案的解释力和证实与证伪。[①] 因证伪逻辑在前面提到过，故不再阐释。

（1）启示与认同

从研究结论推广的主体和机制看，个案研究的结论揭示了同类现象中的一些共同问题，获得其他读者的情感共鸣和思想认同是研究结论的自然推广。

（2）通过比较获得其他同类个案的解释力

启示与认同的推广效果依赖于个案报告阅读者的素养，对同类或不同类个案进行比较研究，进而概括出具有普遍解释力的理论依赖于研究者的主观努力。如果两个个案具有相同特征，一个个案的研究结果对另一个个案具有解释和预测力，该个案研究结论就具有可推广性。

4. 统计性扩大化推理和分析性扩大化推理

根据扩大化推理逻辑，有统计性扩大化推理和分析性扩大化推理。[②]

（1）统计性扩大化推理

统计性扩大化推理是以统计调查为逻辑基础，从样本推论到总体的归纳推理形式。

（2）分析性扩大化推理

分析性扩大化推理是直接从个案上升到一般结论的归纳推理形式，但面临逻辑角度简化论的逻辑谬误风险和小概率困境。

① 魏峰. 从个案到社会：教育个案研究的内涵、层次与价值[J]. 教育研究与实验，2016(04)：24-29.
② 王宁. 个案研究中的样本属性与外推逻辑[J]. 公共行政评论，2008(03)：44-54+198.

五、个案研究的优点、局限和规范

（一）个案研究的优点

任何一种研究方法都有优点。相比其他研究方法，个案研究具有共性和个性统一、多种研究手段综合运用和连续性和动态性统一的优点。

1. 共性和个性统一

任何个案都是共性和个性的统一，共性通过个性而存在，并通过个性外显出来。虽然并非所有个性特征都是共性的表现，但如果个案能较好地代表某种共性，那么，该个案就具有了典型性。因此，个案研究既通过个性研究寻找共性，又通过个性研究保持独立性，具有共性和个性的双重属性。

2. 多种研究手段综合运用

与其他研究方法通常运用单一资料收集方法获取一种资料来源不同，个案研究主张通过不同手段获取多种不同的资料，以全方位地了解和描述个案。个案研究既可以基于参与观察、深度访谈和政府部门的档案资料、行政统计数据等定性材料，也可以基于问卷资料和测验结果的定量资料，或者同时采用定性和定量材料。简言之，只要有利于全面且深入了解、描述和分析个案的方法，都可以为个案研究者使用，具体采用哪几种方法收集什么材料，要由研究的问题和对象确定。

3. 连续性和动态性的统一

为了解个案发展的全过程，研究者就不能仅是短期内完成研究工作，而是要对被试进行连续、追踪研究，深入细致且持续地掌握和观察被试和被试所处环境的状况和变化，观察方案的有效性和可行性，从而及时完善和修订方案，以达到最佳效果。

（二）个案研究的局限

1. 个案研究的代表性存疑

个案研究备受批评且较少被采用的一个重要原因是代表性存疑。受统计方法影响，人们时常会追问个案是否具有代表性和代表性的程度，但个案不是概率抽样抽取出来的样本，代表性受限，将样本的研究结论推论到总体的可靠性程度就低，甚至有学者认为个案研究的代表性是虚假问题。

2. 个案研究结果的可推广性受限

不同于量化研究基于较大规模的样本数据或精确的实验控制建构起有效的变量间的关系，从而将结论推广到其他相似情境。个案研究是以单一个体、团体或事件为研究对象，代表性较低，即使研究本身的结论客观，但要想获得广泛适用的结论和解释力，仍需要对多个个案进行综合归纳，才能得出代表总体的特点。因此，有学者提出，理论可建立在个案研究基础上，但个案不能验证理论，个案更适合于研究探索性问题。

3. 个案研究的科学性存疑

不同于量化研究运用操作实验或大规模问卷调查建构的社会事实间的数量关系，从而达到所追求的科学性和客观性，个案研究受到的最大质疑是缺少严密性，要么不按照程序开展研究,要么使用模棱两可的论据,要么是带有偏见地开展研究,导致研究结论失实,无法建构出有价值的、令人信服的理论。

（三）个案研究的规范

1. 注意个案研究中的伦理道德

研究者和研究对象的关系是每项研究都必须面对的伦理难题。[①] 尤其是在个案研究中,由于研究者对被研究者描述得较为详细,极易识别出个案身份,所以,在公开研究结果时,既要说明研究结果,又不得不考虑尽量避免对被研究者可能造成的损失或影响等复杂的道德问题,需要在二者间达到平衡。

2. 注意个案研究中的客观立场

个案研究强调客观全面地收集一切与研究相关的材料,但研究者如果不注意,就易倾向于收集能证明自己假设的材料,忽略那些不能证实假设却对研究至关重要的资料,同时,被访者的主观偏见和个人恩怨也会影响所得材料的客观性,从而不利于研究的科学性。研究者要避免带有较强的感情色彩描述个案故事,保持中立,且要逻辑推理严密。

3. 正确认识个案研究的局限性

个案研究有独特的深度研究和全面研究优势,在一定程度上能够通过把握个体的基本特征揭示出具有普遍意义的规律,但是,个案研究考察的毕竟只是同类中的单个或局部,研究结果的普遍性存疑。所以,要承认个案研究的不完美,把个案研究成果推广到一般时要慎重,不能主观泛化。

4. 依据事实整理、分析、撰写个案报告

个案研究中,资料的获取是否全面、准确决定着对原因剖析的深度和提出策略的有效性。所以,要广泛收集各项资料,尊重事件原貌,保持客观中立立场,运用描述性语言予以呈现,不能带有某种个人的期待和偏见对个案进行分析。

第二节　个案研究的实施

一、实施个案研究的基本程序

个案研究在现代科学研究中运用相当广泛,虽然不同学科所用的个案研究程序、手段、叙事方式有很大差异,但一般要经历确定研究设计（包括确定研究问题及选择个案）、收集资料、分析资料、撰写个案研究报告四个基本程序。

---

① 程猛.“读书的料”及其文化生产:当代农家子弟成长叙事研究[M].北京:中国社会科学出版社,2018:63.

1.确认研究问题

研究者对教育问题产生研究兴趣 → 文献研究 / 田野资料 → 产生研究问题 → 初步确定研究问题

开展预调研

2.选择个案

理论性抽样 / 目的性抽样 → 第一个个案 / 第二个个案 / 其他个案

3.收集资料

编制提纲 → 田野研究、观察、访谈 → 原始数据模型 / 写研究记录

4.资料分析

比较数据，继续概念化、范畴化　　　　比较数据，在数据中分类、提炼

开放性编码 → 概念化范畴化（否↑／是→）→ 主轴性编码 → 主范畴涌现（否↑／是↓）

不断比较，挖掘统领所有范畴的核心范畴 ← 主范畴涌现 ← 选择性编码

5.撰写研究报告

跨个案分析结论 → 检验并修正理论 → 形成研究报告

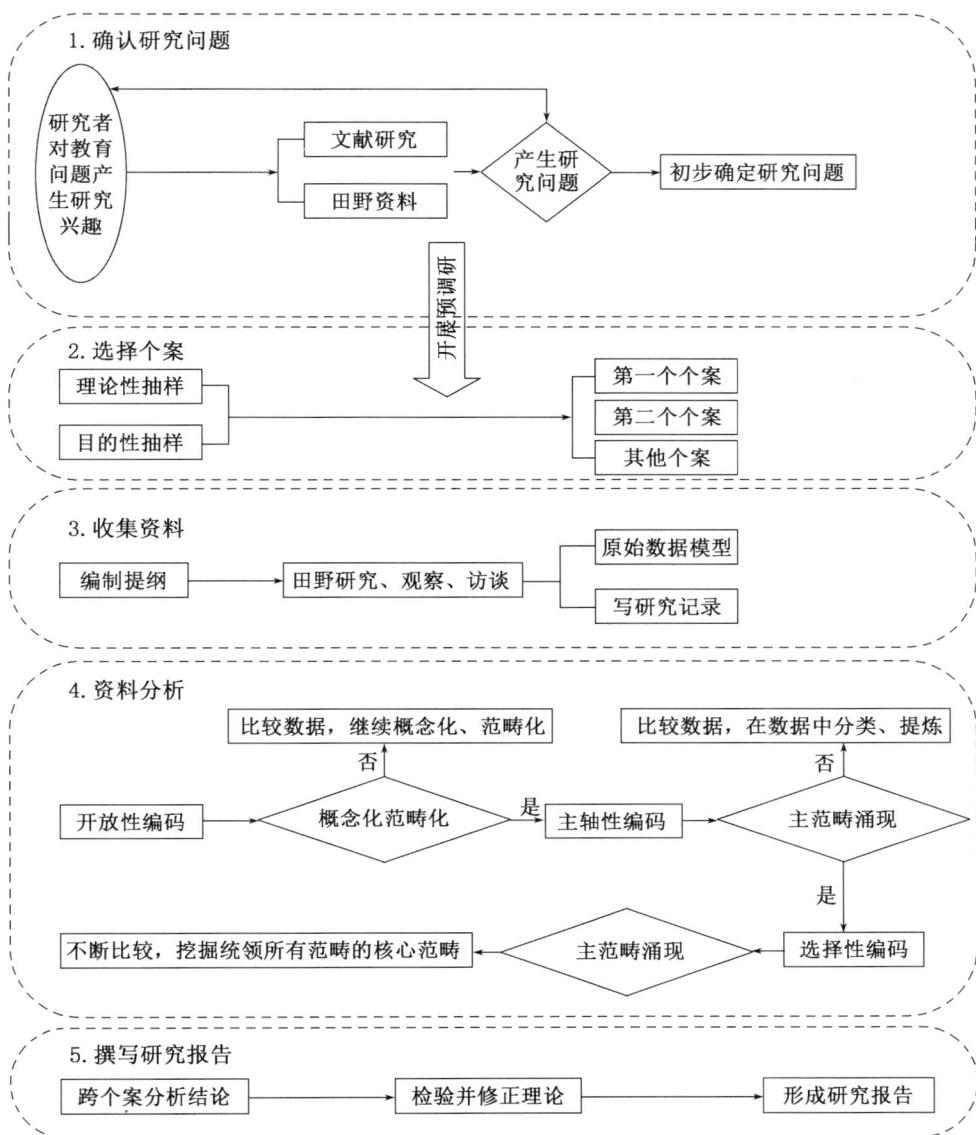

图 10 - 1　个案研究的基本程序

（一）研究设计

1.个案研究的设计元素

确定研究问题和选择合适的研究对象是几乎所有研究的起点,研究问题决定了选择什么样的个案。所以,个案研究的设计元素包括研究问题和抽样。在研究问题上,个案研究比较适合探讨"如何"与"为何"等问题,在样本选取上,为选取具有能完成研究任务的特性及功能的样本,个案研究往往采用目的抽样。不同于选择样本对总体要有代表性的随机抽样逻辑,目的抽样是样本对深入研究的现状信息掌握得较丰富,根据研究

目的、研究者个人的经验和前人研究结论决定。

2. 选择个案的标准

个案研究的基础是个案,在具体实践中,一是要尽量选择拥有丰富信息的个案,尤其是那些能提供关键信息的个案。它们通常比其他个案更多地含有与研究问题相关的信息。选择他们作为研究个案,在获取相关信息的数量和重要程度上,都会比选择一般个案的效果好。二是选择不同类型的个案。多重个案研究的个案选择不应同质重复,要遵循最大差异化原则,不仅要能满足回答研究问题的需要,还要有利于个案间的比较。三是选择个案要坚持关键性、独特性和启示性原则。四是个案选取时要综合考虑研究者个人兴趣、是否有从事研究的途径,特别是要选择那些令研究者认为会使自己获得最大收获的个案。五是要考虑理论关怀和理论指向。

3. 个案研究的抽样策略

(1)代表性个案抽样

研究者首先要找出被研究者的大体特征,进而从中选择具有一定"代表性"的个案,目的是了解被研究对象的一般情况。但典型特征的判定主要依据研究者的主观分析,很难把握。

(2)关键性个案抽样

研究者要选取那些对事件产生决定性影响的个案进行研究,目的是增强研究结果的可推广性。我国的很多教育改革往往采用该策略进行,如对教改实验的研究,目的是更好地将优秀经验推广到其他学校。

(3)极端性个案抽样

极端性个案抽样往往是通过调查被认为不正常的情况,从而更好地凸显研究者关注的焦点问题。虽然代表性低,但能反映特殊情况下事物的发展变化,揭示的内容说服力更强。如对初中生课业负担的调查,可以从城市学校和乡村学校中各选择几所开展现场调查。

(4)配额抽样

研究者先按某种标准对研究现象进行分层,再通过目的抽样选择样本,了解每个同质层面内部的具体情况,然后在不同层面进行比较,达到对总体异质性的了解。如要想了解全国中小学教师的配置需求情况,我国东、中、西部地区差异较大,可从这三个地区中各选择几所城市和农村的学校进行调查,能大致了解不同地区的教师配置需求。

(5)声望个案抽样

研究者从中选择1～2名公认的声望较高的人进行研究,如想研究一位优秀教师的职业生涯时,可通过询问校领导,根据他们的推荐选择一位声望较高的教师作为研究对象。

(6)滚雪球式抽样

当想了解某件事或某种情况时,可通过一定渠道先找到一位知情人,然后通过该知情人再结识其他知情者,研究样本像雪球一样越滚越大,直至收集到足够的信息。如要了解兼职教师的留任情况,可通过个人关系先找到一位兼职教师,然后通过该兼职教师再不断结识更多兼职教师,获得研究所需材料。

（7）校标抽样

校标抽样是事先为抽样设置标准、基本条件或理论,然后对所有符合该标准或对该理论加以证实的案例进行研究。如我们认为教师对学生成绩有重要影响,那么,就可以选取两个成绩差不多的平行班,安排教学能力相差较大的教师代课,然后考察教师对学生学业成绩的影响,通过结果判别理论的正确性。

（8）证实和证伪个案抽样

该抽样策略通常在研究后期使用,目的是验证或推翻研究者在研究结果基础上建立的初步理论假设。如我们发现,家庭的文化资本越多,孩子学习成绩一般越好,要证实或证伪这个初步结论,就可以采取该抽样策略,抽取父母学历、家庭藏书等不同的家庭开展研究。

（9）综合抽样

当要调查每个参与者、组织、情景、事件或其他有关的资料时,常采用综合抽样。综合抽样更适用于构成的单元大小适中、便于处理,同时各单元性质差异较大的个案,忽视哪个都会对结果产生较大影响。当要研究学生课业负担时,就必须了解涉及的城市和乡村学生、学习成绩好和学习成绩差的学生、中学生和小学生的课业负担差异,经过调查之后对整体情况有一个全面、深刻的了解。

➤ **线上链接** 家庭视角下的农村陪读现象研究——基于湖南省 Y 村陪读教育史的个案考察 详见本章二维码

（二）资料收集

个案研究在某种意义上可被称为深度调查,对资料收集的全面性和深入性相比其他研究方法要求更高,不仅包括进入研究现场前要收集与研究问题相关的社会背景和环境等材料,还包括正式进入现场对个案进行的全面深入考察。

1. 资料收集时研究者的角色定位

研究者在进入现场前,要收集与个案和研究问题有关的材料,同时要摆正自己的角色定位。研究者在个案研究中有可能扮演"教师"角色、坚持自己观点的"倡导者"、评价个案价值的"评鉴者"、进行深度描述的"传记研究者"等角色。研究者可依照以下标准衡量自己在个案研究中设定的角色:个人在个案研究中的参与度;扮演专家角色的程度;期望文章被理解的程度;将自己定位为价值中立的观察者,还是评价、评论的分析者;预期满足多少读者需求;要提供多少诠释;要多大程度上提倡自己的观点;是否要将个案当作故事来叙述。

2. 资料收集方法

一切有利于收集资料的方法都可被个案研究使用,大的方面包括量化和质性两种范式的结合,具体而言,罗伯特·K.殷总结了文献、档案记录、直接观察、参与式观察和实物证据六种资料收集方法。莎兰·B·麦瑞尔姆为获取质性资料,提出了观察、访谈、文本分析、网络资源的方法。[1] 也有学者提出了通过问卷法、测验或其他自陈测量、投射技术等方法收集量化数据。[2] 下面主要介绍几种常见的资料收集方法。

（1）开放式访谈

在情境中请受访者回答某些关键事实或发表独特看法。

（2）焦点式访谈

在一段时间内对一个特定问题以开放式谈话访谈一个人。

（3）结构式访谈

结构式访谈类似于正式的问卷调查，将访谈问题作更结构化限定。

（4）文本分析

文本包括用各种手段记录下来的所有资料或图片，如书、报纸、杂志、档案、备忘录、广播电视资料、官方统计资料、单位的各种记录、备课笔记和私人保存的资料（如书信、日记、家庭记录、照片等）。

（5）观察

作为获得个案研究资料的重要来源，观察分为直接观察和参与观察两种。观察有特定的目的，是事先计划好的，需要用系统方法予以记录。

➤ **线上链接** 王小刚为什么不上学了——一位辍学生的个案调查 详见本章二维码

（三）资料分析

分析收集到的资料通常是研究者面临的最重要和最困难工作，整理收集到的资料又是资料分析的前提。

1. 资料编码

资料编码往往是整理资料不可或缺的环节，有开放式编码、主轴编码和选择性编码。

（1）开放式编码

开放式编码是指在不带有预设和主观偏见的前提下，对原始资料进行逐句分析，将数据进行概念化、抽象化，并编码为自由节点，以提炼相关概念和范畴。

（2）主轴编码

主轴编码的工作重点是将分析现象的条件、脉络、行动的策略和结果进行重新组合，发现并构建范畴间的有机联系，并形成主范畴。

（3）选择性编码

选择性编码是利用假设或者关系图的形式，将不同概念和范畴组织起来，目的是探索主范畴之间的关系。

---

[1] 李长吉，金丹萍. 个案研究法研究述评[J]. 常州工学院学报（社科版），2011,29(06):107-111.
[2] 董奇，申继亮. 心理与教育研究法[M]. 杭州：浙江教育出版社,2005:293-317.

2. 资料分析策略

（1）依据理论命题作的分类

这也是最常用的策略，因为依据命题是个案研究产生的最初目的与设计。

（2）发展个案的描述结构

最初的研究目的是描述性的，可使用发展个案的描述结构组织个案研究。

（3）依据研究目的分

依据研究目的分为诠释性分析、结构性分析和沉思性分析。①

以上三种分析策略各有优缺点，在个案研究中相互补充并结合使用会使得分析更加全面、有条理和有说服力。

➤ **线上链接** 演替和创生：学校施行"双减"的阻滞与纾解——政策执行过程理论视角下基于评价机制的个案研究 详见本章二维码

（四）个案报告的撰写

撰写个案研究报告呈现研究结果是个案研究的最后一道程序，是研究者经过一定的理论和逻辑的再认识，形成观点，又把感性认识上升到初步理性认识，从而呈现研究成果的阶段。

1. 个案研究报告的内容

典型个案研究的格式一般包括以下内容②：

（1）基本资料

包括被研究者的姓名、性别、年龄、籍贯、学历等。

（2）个案来源

包括自我困惑、其他关系（导师推荐、家长提出等）。

（3）背景资料

个案所处的自然、社会、经济、文化和关系场域，也包括与研究相关的其他资料。

（4）主要问题描述

（5）诊断和分析

（6）指导策略

（7）实施指导策略

（8）得出结果

（9）跟踪及讨论

由于个案研究是一项极其复杂的工作，仅靠一次调查研究得到的结果是不准确的，有必要用一段较长时间进行追踪观察与研究，并讨论研究过程和主要研究结果是否完全呈现，研究资料是否完备，描述方式是否科学合理，观点论证是否充实，可读性如何，多大程度上达到了研究目的。

① 陆宏钢,林展. 个案研究:教育研究范式的新转向[J]. 中国石油大学学报(社会科学版),2007(04):93-97.

② 郑金洲,陶保平,孔企平.学校教育研究方法[M].北京:教育科学出版社,2003:202-203.

2. 个案研究报告撰写的形式

根据不同的研究目的，个案研究报告的撰写有不同形式。如描述性报告、简介性报告和分析性报告。陈向明将个案研究结果划分为三种处理方式：一是类属型方式，即将研究结果按照一定的主题进行归类，然后分门别类地予以报道；二是情境型方式，即按事件发生的时间顺序或事件之间的逻辑关系描述研究结果；三是类属型方式和情境型方式结合使用。①

3. 个案报告撰写应遵循的原则

（1）保密性

个案研究报告的撰写一般要尽量避免透露被访者的个人信息，或展现一些能猜测出被访者的信息。

（2）相关性

仅记录或呈现与个案和研究目的有关的信息，避免大量或部分地呈现一些无关信息。

（3）客观性

个案研究报告撰写要忠于研究材料，尽量用被访者的语言进行描述，避免主观臆测和过于绝对化的表述。

（4）简洁性

个案研究报告的撰写要避免堆砌访谈资料，要按照最低限度原则披露相关信息，通过准确用词将相关主题的内容写在一起。

（5）专业性

个案研究报告的撰写要符合相关专业规范，体现作为学术研究者的专业性。

4. 个案研究报告撰写的注意事项

个案研究报告的撰写要注意与运用叙事描述型语言和学术分析语言相区分。叙事描述型语言强调用自然语言客观地、原汁原味地对经验性资料进行分析，不掺杂任何个人主观判断的真实且客观呈现研究过程和事实。学术型语言允许研究者借助个人经历和价值判断对接触的事实和现象进行概括，目的是让读者清楚研究者的结论或评价。

本 章 小 结

个案研究是对单一研究对象进行深入具体探究并揭示深层机理的重要方法。本章既介绍了个案研究的内涵、特征、分类和代表性观点等理论知识，也提供了撰写个案研究报告的基本步骤、注意事项等实践性指导方法。应指出的是，个案研究作为一种工具与其他研究方法一样，有其优点，同时有着难以克服的局限，研究者应正确看待，合理加以使用。

---

① 陆宏钢，林展. 个案研究：教育研究范式的新转向[J]. 中国石油大学学报（社会科学版），2007（04）：93 - 97.

思 考 训 练

1. 简述个案和案例、代表性和典型性的区别。
2. 简述个案抽样的标准和策略。
3. 思考收集个案研究资料的方法有哪些?
4. 根据个案研究的实施步骤,制定一个详细的个案研究计划。

拓 展 阅 读

1. 罗伯特·E. 斯塔克:《案例研究的艺术》,世界图书出版公司北京公司,2022年版。
2. 费孝通:《江村经济——中国农民的生活》,商务印刷馆,2001年版。
3. 罗伯特.K. 殷:《案例研究:设计与方法:第三版》,周海涛、史少森译,重庆大学出版社,2009年版。

参 考 文 献

[1] 罗伯特.K. 殷. 案例研究:设计与方法[M]. 周海涛,等译. 重庆:重庆大学出版社,2004.

[2] 诺曼·K·邓津,伊冯娜·S·林肯. 质性研究:策略与艺术[M]. 风笑天,译. 重庆:重庆大学出版社,2007.

[3] 吴康宁. 个案究竟是什么——兼谈个案研究不能承受之重[J]. 教育研究,2020,41(11):4-10.

[4] 莱斯利·巴特利特,弗兰·维弗露丝,田京,等. 比较个案研究[J]. 教育科学研究,2017(12):23-29.

[5] 柳倩. 从"逻辑"到"意义"的个案研究外推分析——通过与统计调查对比[J]. 社会学评论,2017,5(01):62-75.

[6] 魏峰. 从个案到社会:教育个案研究的内涵、层次与价值[J]. 教育研究与实验,2016(04):24-29.

[7] 风笑天. 个案的力量:论个案研究的方法论意义及其应用[J]. 社会科学,2022(05):140-149.

[8] 陈涛. 个案研究"代表性"的方法论考辨[J]. 江南大学学报(人文社会科学版),2011,10(03):64-68.

[9] 曾东霞,董海军. 个案研究的代表性类型评析[J]. 公共行政评论,2018,11(05):158-170+190.

[10] 卢晖临,李雪. 如何走出个案——从个案研究到扩展个案研究[J]. 中国社会科学,2007(01):118-130+207-208.

第十一章　教育行动研究

> 🌿 **章首语**
>
> 　　本章主要介绍了教育行动研究的历史演进、内涵、基本理念、类型、特点、模式、实施程序、优点、局限和规范。教育行动研究是指教师针对教育情境中的问题和困惑,独自或与教育研究者合作,通过行动和研究的结合,改善教育行动的一种反思性研究方式。教育行动研究遵循中小学教师是研究主体、研究回归教师和教学实践、目标是为改善教育行动的基本理念,具备强调反思性、多种方法的应用和合作的特点,根据不同标准,可划分为不同类型。教育行动研究的基本实施步骤包括确认研究问题、制定行动研究计划、开展行动研究和研究结果的反思和公开。教育行动研究既有优点,又有局限,应遵循正确处理主体关系、深入观察教育教学情境和符合伦理要求的规范。

学 习 目 标

1. 了解教育行动研究的内涵和作用。
2. 掌握教育行动研究开展的步骤、规范和具体方法。
3. 能按照所学内容独立开展教育行动研究。

思 维 导 图

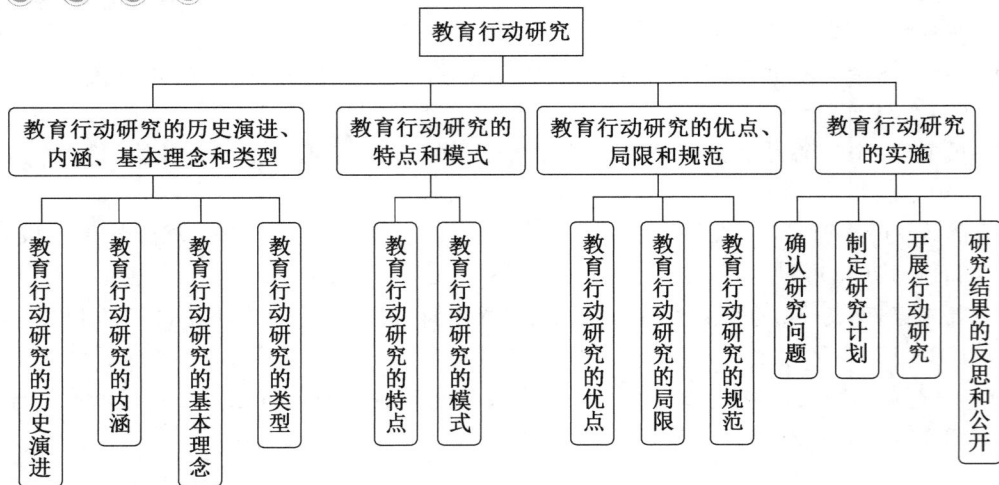

导入案例

　　教育行动研究普遍被认为是研究型教师成长的新途径。周钧老师在综述行动研究对教师专业成长意义基础上，以参加过行动研究的思老师为对象，探讨中国情境下行动研究对教师专业发展的具体意义时发现，开展过行动研究的教师教学的观念和实践都会相应改变。这包括教师获得了领导力；形成了反思的专业习惯，研究与教学合二为一；能促进合作式、学习型教师文化形成，同时有助于克服教师职业倦怠，找到工作的意义和价值。

　　［参见：周钧.行动研究促进教师专业发展——一位中学教师的案例研究［J］.教师教育研究，2014，26（04）：75 - 80.］

第一节　教育行动研究概述

　　"没有行动的研究，是空的理想；没有研究的行动，是盲的活动"，"行动"与"研究"理应紧密结合。[①]　教育行动研究是一种世界范围内较常用且被公认为最适合教师的研究途径，近年来，谋求教育行动改善的教育行动研究成果层出不穷，形势喜人，但也良莠不齐，学术研究与一线教育教学活动间始终有着难以弥合的鸿沟。因此，需要再次廓清教育行动研究的内涵、特征与分类，正视教育行动研究的优点和局限，重申教育行动研究的价值。

一、教育行动研究的历史演进

（一）国外教育行动研究的历史演进

　　教育行动研究作为社会科学领域一种研究方法的兴起，可追溯到19世纪晚期的教育科学化运动。白金汉姆（Buckingham，B.）关于"教师成为研究者"在《为了教师的研究》中的讨论促发了行动研究在教育领域的生长。之后，不断有学者受到影响，用行动研究探讨中小学教师课堂的改进。作为颇具影响的倡导者斯蒂芬·科里（Stephen Corey）于1953年在《改进学校实践的行动研究》一书中将行动研究定义到教育中，总结出了"校本行动研究"的有效经验，从而确立了教育研究中行动研究的合法地位。继而受塔巴（Hilda Taba）和沙姆斯基（Abraham Shumsky）等人推动，行动研究被用于教师的在职培训和专业发展领域。[②]　至20世纪50年代前后，教育行动研究成为颇受研究者关注和欢迎的研究方法。

---

　　①　蔡清田.教育行动研究［M］.台北：五南图书出版公司，2000：5.
　　②　吕晓娟，王嘉毅.教育行动研究的历史发展与中国化历程［J］.当代教育与文化，2009，1（06）：43 - 49.

受担心科学技术落后削弱其地位影响,美国于 1958 年前后进行了大规模的教育改革,实证主义不断受到重视,行动研究的合法性在 20 世纪 50 年代末到 60 年代受到广泛怀疑和冷落,一度跌入低谷,直到二十世纪六七十年代,随着远离教育实践缺陷的不断暴露和开放教育、开放课堂运动的出现,教育行动研究浪潮在众多国家悄然兴起,并在中小学焕发出强大生命力。进入 20 世纪 80 年代,行动研究的方法和主张日益彰显出自身价值,被普遍认同和运用到教育的实践和研究中,并很快风靡全球。

(二) 教育行动研究的中国化发展

因具有解决教育理论脱离教育实践和促进教师专业化发展的优势,教育行动研究在我国兴起,并经历了译介引入(20 世纪 80 年代～90 年代初)、发展推广(20 世纪 90 年代初～90 年代末)和多样化发展与应用(21 世纪初至今)三个本土化阶段。①

我国台湾学者王文科最早引进了行动研究概念,该概念随后被陈立先生引入大陆。② 1987 年,蒋楠首次在"'行动研究'简介"一文中向教育领域译介行动研究③,同时得到了王坚红在学术研究领域的推荐④,但还停留在较肤浅的翻译和介绍层面。20 世纪 90 年代,行动研究在我国开始真正被关注、应用和推广,学者不仅探讨行动研究的本体论和价值论问题,更注重探索其在课堂教学、课程研究、教师专业发展、教育改革及学校管理等方面的实践价值,尤其是在华东师范大学和西北师范大学学者的推动下,产生了大量的学术成果。进入 21 世纪,行动研究真正走进了一线教师的生活,研究成果数量成倍增长,内容多元化发展,包括以课程实践为对象的课程行动研究;以教师专业发展为对象的教师专业发展研究;以各学科课堂教学为研究对象的课堂教学实践研究;以校本教研、开发和利用为对象的校本研究和学校管理研究等,促进了学校教育发展。

二、教育行动研究的内涵

(一) 行动研究

行动研究(action research)即行动和研究的有机合成。行动意指实际工作者所从事的实践活动和实际工作,研究主要指受过专业训练的研究者从事的对社会活动、社会科学和人思维活动的学术探索,在西方社会科学中原用于说明由不同的人从事不同性质的工作,属于不同范畴的两个概念。⑤

"行动研究"最早起源于美国。学术界对其起源时间的讨论主要有三种观点。

一种认为是柯利尔(J. Collier)等人在 1933～1945 年间研究如何改善印第安人与非印第安人关系时,深感社会科学研究应该超越单纯的收集资料方式时提出的,认为应该根据行动需要确定课题,鼓励实践者在行动中为解决自身问题参与研究,从而提出行

① 吕晓娟,王嘉毅. 教育行动研究的历史发展与中国化历程[J]. 当代教育与文化,2009,1(06):43 - 49.
② 卢立涛,井祥贵. 教育行动研究在中国:审视与反思[J]. 教育学报,2012,8(01):49 - 53.
③ 蒋楠."行动研究"简介[J]. 外国教育动态,1987(01):47 - 51.
④ 吕晓娟,王嘉毅. 教育行动研究的历史发展与中国化历程[J]. 当代教育与文化,2009,1(06):43 - 49.
⑤ 周波,黄培森. 教育行动研究及教师专业发展策略探析[J]. 四川文理学院学报,2019,29(06):124 - 128.

动研究概念。①

第二种观点认为,20世纪40年代,美国心理学家勒温和自己的学生研究不同人种间关系问题是行动研究的源头。勒温(K. Lewin)明确提出了"社会科学必须是实践的,社会科学理论与社会行动应结合起来"的观点,主张行动者应该以研究者身份参与到研究中,积极反思自己的教育行动,力图改善教育实践,于1945年前后,将这种结合了行动者智慧和能力,从而解决某一具体问题的研究方法称为行动研究,从此之后,行动研究经历了从理性的社会管理到反实证方法,再到社会变革的历程。②

第三种观点认为,行动研究起源于20世纪初美国课程研究和教育科学的发展。针对中学入学率激增,而中学课程设置又受大学入学考试钳制的限制,美国开展的"八年研究"(1933～1942)鼓励教师参与课程设置计划的制订。这一改革在学校层面展开,由教师和管理者在外界专家的帮助下推进,与行动研究的价值诉求和旨趣不谋而合。③

《国际教育百科全书》中,澳大利亚的凯米斯教授侧重目的将"行动研究"定义为:"由社会情境(教育情境)的参与者为提高对所从事的社会或教育实践的理性认识,为加深对实践活动及其依赖背景的理解进行的反思研究。"④博格(Borg, W.)认为,行动研究即实践者用科学方法系统研究实际问题。⑤特伯特把行动研究理解为一门处理感知与行动过程中遇到的问题,增强行动的时效性、合理性和有效性的社会科学。⑥阿格瑞斯等人把行动研究称作行动科学,在反思理论体系的基础上,根据行动进行推理和反思,有助于解决组织方面问题。⑦英国学者艾略特(Elliott, J.)对行动研究做了相对明确的界定,认为行动研究是对社会情境的研究,是以改善社会情境中行动品质的教育进行研究的研究取向。⑧

简言之,行动研究是从实践需要出发,面向实践、解决实践活动中问题的研究。其实质是解放那些传统意义上被研究的人,让他们接受训练,自己对自己进行研究,根本目的是改善社会情境。

(二)教育行动研究

将行动研究应用到教育领域,即教育行动研究,大约出现在20世纪50年代,以《以行动研究改进学校实践》一书的出版为标志。⑨因产生背景、理论基础和发展过程的复杂性,人们难以形成对教育行动研究的统一认识。有学者提出,教育行动研究是教育行

① 袁振国.教育研究方法[M].北京:高等教育出版社,2000:210.
② [澳]S·凯米斯,张先怡.行动研究法(上)[J].教育科学研究,1994(04):32 - 36.
③ 吕晓娟,王嘉毅.教育行动研究的历史发展与中国化历程[J].当代教育与文化,2009,1(06):43 - 49.
④ STENHOUSE L. An Introduction to Curriculum Research and Development[M]. London: Heinemann Educational Book Ltd,1975:142.
⑤ 周龙影.教育行动研究与教师的专业发展[J].江苏大学学报(高教研究版),2004(03):25 - 29.
⑥ 李艳春,刘军.论教育行动研究[J].教育评论,2013(06):3 - 5.
⑦ ARGYRIS C, SCHON D. Theory in practice: Increasing professional effectiveness[M]. San Francisco: Jossey-Bass Publishers, 1974:125.
⑧ ELLIOTT J. Action Research for Education Change[M]. Spain: Open University Press, 1991: 69.
⑨ 姚利民.论教师开展行动研究[J].湖南大学学报(社会科学版),2001(S1):170 - 174.

动者同"局外人"合作开展的研究。① 也有学者提出,教育行动研究是在实际情景中开展并将研究成果应用于实际的一种工作方式。② 还有学者提出,教育行动研究是教师为提升教学质量而在教学实践中对自身的教学思想、方法等开展的反思。③ 更有学者提出,教育行动研究是教师为改善教学实践而对教学实践中存在的问题进行探究的过程。④

虽然没有形成教育行动研究的统一概念,但结合以上定义,我们认为,教育行动研究是指教师针对教育情境中的问题和困惑,独自或与教育研究者合作,通过行动和研究的结合,创造性地运用教育教学理论提高对教育实践的理性认识,改善教育行动的一种反思性研究方式。教育行动研究由教育行为、教育情境和教育行为主体对教育行为和教育情境的理解三个基本要素构成。其实质是广大教师在实践中通过行动和研究的结合,创造性地运用教育理论研究解决不断变化教育实践情境中的具体问题,从而不断提高专业实践水平的一种研究类型和活动。⑤

三、教育行动研究的基本理念

区别于以静态的、超验的且无时间性为代表的传统研究方法取向,教育行动研究将一切教育现象和问题都看作是一个发展过程,旨在从教育情境下的行动开始,以生成意识和动态的、历史的发展眼光看待和研究教育问题,改进教育行动,基本理念是为了行动的研究、在行动中研究和行动者的研究。

(一) 中小学教师是教育行动研究的主体

区别于传统研究方法是一类人对另一类人的研究,教育行动研究的实质是让那些传统意义上被研究的他人接受训练,成为研究的主人,在西方发达国家,教育行动研究明确地被称为"教师的研究"。教育本身是一种复杂的、个别的、自然的和场域性、情境性都很强的工作,置身于教育教学情境中的教师对教育问题有着更深刻地认识和体验,掌握了教育教学实践问题的第一手资料,并且有更迫切需要解决教育问题,处于最有利的研究位置。因此,教师就不只是单纯的被研究对象,而是有着特定的知识、思想、理解能力和认识能力的研究者,而且他们对教育问题往往摸得最准、看得最真。同时中小学教师需要意识到进行教育行动研究解决复杂教育问题的必要性,通过参与对所从事教育工作的批判性反思改善教育活动。

(二) 教育行动研究回归教师和教学实践

就过程和环境而言,教育行动研究并非指进行专业性、理论性的学术研究,而主要

---

① KEMMIS S. Action Research in the International Encyclopedia of Education, Vol. 1 [M]. Oxford, 1985:5.

② 贾馥茗,杨深坑. 教育研究方法讨论和应用[M]. 台北:台湾师大书苑出版公司,1988:105.

③ 王蔷. 英语教师行动研究——从理论到实践[M]. 北京:英语教学与研究出版社,2005:9.

④ 陈惠邦. 教育行动研究[M]. 台北:师大书苑,1998:15.

⑤ 宋秋前. 行动研究:教育理论与实践相结合的实践性中介[J]. 教育研究,2000(7):42-46.

强调教育研究的问题来源于教育实践,问题的解决还需回到教学实践中去,开展行动和研究相统一的"现场"研究,即开展教育行动研究的内容是教育教学实践者遇到的实际教学问题,具有明显的实践性、现实性和情境性。这就要求教育行动研究要回归教师和教学实践,教育行动研究者要实实在在地从事教育实践活动,通过观察、比较、反思等形式发现教育行动中的真问题和有价值的问题,同时,在教育实践中检验教育行动研究成果。

（三）教育行动研究是为改善教育行动而研究

传统上根据研究者个人兴趣选择研究课题的研究内容容易脱离社会实际,既不能反映社会现实,也不能满足实际工作者的需求,很难起到改进教育实践的作用。教师的行动研究不只是在书斋中单纯地收集、阅读和整理资料,并将研究成果上升到具有普遍推广应用价值的理论,而是建立在"实践有效改变"的信念之上,主要目的是在真实教育教学情境中发现和解决实际问题,提高行动效果的过程。教育行动研究的整个研究过程在行动中展开,研究的导向是行动者在参与过程中激发自己的隐性知识,以进取的态度借助内省、对话等方法不断审视和改善教育实践。

四、教育行动研究的类型

按照不同的标准和侧重点,可将教育行动研究划分为不同类型。

（一）科学的教育行动研究、解决实践问题的教育行动研究和批判性教育行动研究

根据研究的侧重点,可将教育行动研究划分为科学的教育行动研究、解决实践问题的教育行动研究和批判性教育行动研究。[1]

1. 科学的教育行动研究

科学的教育行动研究是指研究者用科学的方法对自己的教育行动进行研究。该类研究强调使用测量、统计等科学的方法验证有关的理论假设,结合自己实践中的问题进行研究。科学的教育行动研究可以是一种小规模的实验研究,也可以是较大规模的验证性调查,强调研究的科学性。

2. 解决实践问题的教育行动研究

解决实践问题的教育行动研究是行动者为解决自己实践中的问题进行的研究。这一类型的研究使用的不仅仅是统计数据等科学的研究手段,还包括参与者个人的资料,如日记、谈话录音、照片等。研究目的是解决实践中行动者面临的问题,而非建立理论,强调行动研究对教育实践的改进功能。

3. 批判性教育行动研究

批判性教育行动研究是行动者对自己的实践进行的批判性反思。该类型强调以理论的批判和意识的启蒙改进行动,实践者在研究中通过自我反思追求自由、自主和解放,强调行动研究的批判性。

---

① 郑金洲.行动研究:一种日益受到关注的研究方法[J].上海高教研究,1997(01):23-27.

（二）技术的、慎思的和解放的教育行动研究

根据教育行动研究中行动者获得自主性的程度，可将教育行动研究划分为技术的、慎思的和解放的，研究层次和行动者的主体性依次提升。①

1. 技术的教育行动研究

技术的教育行动研究主要依靠外在的权力和权威改善教育实践，表现在行动者认真实施掌握的由教育理论工作者生产的理论和知识。技术性行动研究者主张，一线教师通过忠实地借助外来专家和理论意图达到强制性改善教育实践的预期目的。但同时具有受外来理论和专家牵制、缺乏自主行动的缺点，甚至很难称得上是真正的教育行动研究。如在由国家发起的课程改革中，教师往往扮演着执行者角色，要求在有限的时间内忠实地实施课程改革的理念和方案，许多教师在强势的变革氛围和理论推动下，会在课堂中实施变革理论和教学方式。但由于教师还未完全透彻地理解这些教学理念和方式，在照猫画虎式教学中进行的探索就类似于技术的行动研究。

2. 慎思的教育行动研究

慎思的教育行动研究主要通过行动者主动的深刻反思获得对实践情境的理解和改造，适合探讨不够明确、难以通过一般理论解决的教育教学问题。慎思的教育行动研究从问题和辩证的理念出发，认为教师的行动是在具有价值承诺的诠释性框架中进行的习以为常的行动研究。

3. 解放的教育行动研究

在解放的教育行动研究中，行动者不但对实践情境保持深度理解，而且认为当下的教育实践既负载着价值，又受历史、社会和文化影响具有压迫性，主张行动研究要对这种压迫性保持觉醒并怀有突破的意识和勇气，教师要以专业人员身份认识到教育教学过程中的不公平，并予以揭示和修正。

（三）内隐式"行动中获知"、行动中反思和对行动进行反思

根据研究者对自己行动的反应可将教育行动研究划分为内隐式"行动中获知"、行动中反思和对行动进行反思。②

1. 内隐式"行动中获知"

实践者通常对自己的实践知识及来源缺乏认识，无法清楚地用语言说出来。他们无法将自己的思考和行动分开。例如，布鲁姆发现，在例行式试验行动中，一个专业的"行家"比"非行家"在界定和解决问题时所运用的词语精炼。因此，他认为，例行式行动不是知识不足的表现，而是代表了一种组织知识的方式，一种与工作任务紧密相关的知识的浓缩。"行家"在例行式行动中所表现的隐含性知识是他们日积月累的实践性知识的一种精炼展现。"行动中认识"的研究便是对实践者日常的例行式行动进行的研究，通过观察和反思了解实践者的内隐性知识。

---

① 赵明仁，王嘉毅. 教育行动研究的类型分析[J]. 高等教育研究，2009，30(02)：49-54.
② 陈向明. 质的研究方法与社会科学研究[M]. 北京：教育科学出版社，2000：450-451.

2. 行动中反思

西雄的研究发现,当一个人在行动中进行反思时,他就成了实践脉络中的一位研究者。这种研究者不是依靠现存的理论或技巧处理问题,而是针对独特教育情境思考问题。他将目标和手段视为一种相互建构的关系,根据彼此间的需要进行互相调整。他的思考不会脱离实践情境,所有决定都一定会转化为行动,在行动中推进对事物的探究。这种研究无需借助语言,以非口语形式进行,是一种针对特定情境进行的反思性交谈。它促使参与者将自己的思考转化为行动,比较不同的策略,将相同因素提出来,排除不恰当的做法。这种研究还可以提高参与者将知识由一个情境转移到另一个情境的能力,运用类比法评估知识。这种方法通常发生在比较复杂的环境中,特别是当参与者的例行式做法不足以应付当前问题时。

3. 对行动进行反思

在对行动进行反思的教育行动研究类型中,参与者用口语建构或形成知识,把自己抽离出行动,对自己的行动进行反思。虽然这么做减缓了参与者行动的速度,干扰了他们例行式行为的流畅性,但催化了他们对自己行为的细微分析,有利于他们规划变革。同时,将参与者的内隐知识明朗化可以增加他们知识的可沟通性,是他们专业发展的必然要求。将自己的实践性知识语言化不仅能帮助参与者应付更复杂的社会问题,而且可以帮助他们与其他人及自己的学生进行沟通,从而使知识得以传承。

(四)独立模式、协作模式和支持模式的教育行动研究

根据研究主体和主体间关系,可将教育行动研究划分为独立模式、协作模式和支持模式。[①]

1. 独立模式的教育行动研究

当教育工作者有绝对自主权,从发现问题、分析问题、确定研究课题和目标、制定研究计划、采取行动直至问题解决均由教师独立完成,不需要专家的帮助和指导,独立的教育行动研究便发生了。他们摆脱了传统的研究理论和实践规范限制,对自己的研究进行批判性思考,并采取相应活动改造教育现实。但同时存在对行动者的批判反思能力、进取动机、分析和解决问题能力要求较高;割裂和破坏学生发展的连续性、整体性和协调性;刻意回避复杂教育教学问题,对改进教育教学实践质量效果有限;个人反思只停留在经验教训的感性总结上,难以深入和全面;研究的外在效度低,成果难以推广,研究价值不高的缺陷。

2. 协作模式的教育行动研究

有效的教育行动研究以合作研究为宜,遇到需要合作才能解决的复杂问题时,受同一目标驱动,通过建立教育研究群体,协商提出问题,制定计划,进行合作研究,共享研究成果,属于实践教育行动研究应有的属性。协作模式的教育行动研究具有充分发挥集体优势探索并解决复杂教育教学问题;教师间优势互补、取长补短,研究层次和质量较高;可更有效促进教师个人和集体共同成长和更具推广价值和效益的优势。合作主

---

① 陈向明. 质的研究方法与社会科学研究[M]. 北京:教育科学出版社,2000:451.

体包括若干名教师、教育行政人员和教育研究人员,形成四类组合关系,即小学校长、教师与大学教师的关系,小学校长与教师的关系,小学教师间的关系及教育研究者间的关系。

3. 支持模式的教育行动研究

教师个人经验、知识和能力在提高教育质量面前的作用是有限的,当需要来自校外的研究者提供咨询或智慧时,就构成支持模式的教育行动研究。在支持模式的教育行动研究中,研究的动力来自实际工作者,他们自己提出并选择需要研究的问题,自己决定行动方案,专家作为咨询者帮助一线教师形成理论假设,计划具体的行动以及评价行动的过程和结果,但需要校内行动者有较高的成就动机、理论思维水平、理解和行动能力。它具有以下优点:一是能够有效提高校内行动者的能力;二是研究结果更适合于实践情境,更易执行。

(五)试验型、组织型、专业型和附加权力型教育行动研究

根据内部发展阶段,可将教育行动研究划分为试验型、组织型、专业型和附加权力型。① 这四个类型如一个光谱的连续体,也可能如同一个螺旋体,在不同形态中循环往复。

1. 试验型教育行动研究

以科学方法探讨社会教育问题,由研究引发的行动改变被认为是理性活动,可以被规划和被控制,追求研究的科学性和理性特征。

2. 组织型教育行动研究

组织型教育行动研究适用于解决组织问题,核心在于创造富有生产力的工作关系。研究者与参与者共同确定问题,在合作中寻找可能导致问题的原因及可行的改变措施,强调研究对社会现实的改造功能。

3. 专业型教育行动研究

专业型教育行动研究植根于实际的社会机构之中,目的是促进和形成新的职业。通过研究发展这些专业人员的社会实践活动,对自己的价值观进行反思,设法改变自己早已熟悉的行为实践。

4. 附加权力型教育行动研究

该教育行动研究类型与社区发展紧密相关,以反压迫姿态为社会中的弱势团体摇旗呐喊。研究目的是结合理论和实践解决社区的具体问题,研究者协助参与者确认研究问题,提高彼此相互合作的共识,强调研究的批判功能。

(六)基于"教"的教育行动研究和基于"育"的教育行动研究

根据"教"主要涉及知识体系,"育"主要涉及价值标准的逻辑,可将教育行动研究划分为基于"教"的行动研究和基于"育"的行动研究。②

① 陈向明.质的研究方法与社会科学研究[M].北京:教育科学出版社,2000:450.
② 薛春波.教育行动研究:教师科研能力提升的有效路径[J].基础教育课程,2020(06):72-80.

1. 基于"教"的教育行动研究

基于"教"的教育行动研究主要是针对知识的呈现方式、组织结构、逻辑顺序等进行的行动研究，也可以是关于教学方法可行性的研究。

2. 基于"育"的教育行动研究

基于"育"的教育行动研究主要涉及评价标准制定、好学习习惯的养成、学习态度的培养等。

五、教育行动研究的特点和模式

（一）教育行动研究的特点

教育行动研究之所以被广泛应用，主要源于其本身具备的强调反思性、多种方法的应用和合作学习的特点。

1. 教育行动研究强调反思性

教育行动研究重视内省批判价值，可以将其理解为教师从不断变化的教学情境出发，通过批判性自我反思改进教学实践的活动方式，即教师作为反思性实践者存在，是教育行动研究的核心环节。反思是对某个问题进行反复的、严肃的、持续的和不断的深思，是研究者与要研究情境间的桥梁，不仅是教师专业发展渠道，更是思考教师实践和存在方式的全新视角。它一方面是指教师在行动研究中运用系统分析思想将教育问题置于一定的背景关系中进行辩证思考，以弄清教育问题的性质、原因和构成要素，不仅思索该问题的形成历程，而且推测该问题未来的发展趋势，从而提出干预措施；另一方面是指教师对教育行动研究过程本身进行反思，包括研究的对象、方法选取，研究计划的制定，取得成果的评估和教学过程的意义和价值等。

2. 教育行动研究强调多种方法的应用

任何一种方法都不是万能的，即便教育行动研究大多是针对具体教育问题，也提倡兼用质和量的研究方法，包括运用访谈和观察在自然情景下获得原始资料，也包括使用问卷法、测量法、实验法等获得客观的量化资料。相对而言，教育行动研究虽然具有兼容性，不反对实证方法的价值，但比起简单搬用实证方法研究教育问题，它认为在教学实践中，人的意志是隐蔽的，而且总是与教学实践的具体情境相联系。所以，教育行动研究更关注用质性方法对教育情境进行猜测性解释和价值判断，提高教育科学研究层次。

3. 教育行动研究强调合作

在普遍缺乏做规范研究训练的前提下，仅凭一线教师的力量难以完成具有高效度和高信度的研究工作，教育行动研究强调教师与同校学生和教师的合作，也重视教师与高校研究者的合作。研究者可以为教师提供理论及方法支持，教师可向研究者提供教育经验及实践中出现的真问题，管理层人员可为教育行动研究提供便利，良好的合作关系对教育行动研究的顺利开展非常重要。但是，教育行动研究者同时需要注意的心态，要敢于突破自我封闭的、只赢不输的单环模式，敢于表达内心的想法。

（二）教育行动研究的模式

1. 演绎式教育行动研究

在演绎式教育行动研究中，问题的解决方法是封闭的，即对问题的解决基于文献梳理或实践经验有一定假设，教育行动研究的目标在于围绕假设验证假设方法的合理性或可行性。但要注意行动前对假设进行理论和实践的充分论证，还要进行对比研究。

2. 归纳式教育行动研究

在归纳式教育行动研究中，问题的解决方法是开放的、并不唯一的，也没有最佳方案，需要尽可能多地设计计划，在边行动边反思的过程中聚焦问题的最佳解决方法。归纳式行动研究需要注意：一是计划很重要，需要认真思考所有细节，特别是评价和收集资料的方法。二是反思什么，有效解决问题取决于对问题的正确归因。

3. 半演绎、半归纳式教育行动研究

在半演绎、半归纳式教育行动研究中，问题的解决方法是半开放的，对于问题研究者基于文献、访谈或经验已经有了初步假设，需要通过设计一个可多次、递进的行动研究计划，聚焦相对可行的最终解决方法。需要注意的是，不要局限于起初的假设，要关注行动过程。

六、教育行动研究的优点、局限和规范

教育行动研究具有促进教师专业发展、使教育理论和实践完美融合且满足基础教育改革需要的优点，同时具有推广性弱、科学性不足和成效慢的局限，研究者需要遵循一定规范。

（一）教育行动研究的优点

1. 教育行动研究有助于促进教师专业发展

面对日益复杂的教育现实和教育改革，教师不可能只是简单的知识传授者，需要反思自身的教学行为和教育观念，并做出教育决策，提高专业发展能力。当前中小学教师的专业发展主要还是依托外在驱动的教育培训，自主发展体现得不够充分，教育教学实践是教师专业发展的现实土壤，教师专业发展中的困惑主要源于教学实践问题。教师只有不断通过自我反思解决教育实践中的问题，才能使专业发展彰显强大的生命力。充分发挥教师主观能动性的教育行动研究有助于革新教师教育教学的观念、深化教师对教学实践的认识和理解、增强教师对教育教学活动的情感体验、丰富和完善教师的知识结构、提高教师的教学能力与教学水平、培养教师的专业品质等，是持续提升教师专业能力的必经之路和行之有效的途径。

2. 教育行动研究有助于教育理论和实践的完美融合

教育理论和教育实践在自然状态下相互依存，不可分离。然而，教育理论工作者的主要职责是产生新的理论知识，教育实践工作者的主要工作是改善教育实践，二者间相互独立，造成了教育理论和实践间长期存在着难以弥合的鸿沟，教育理论无法有效指导教育实践，困扰着教育发展。教育行动研究是以反思为中介，教育理论和教育实践相互

结合和统一的过程,有利于打破长期以来占主流地位的教育理论和教育实践相互孤立的关系范式,使理论研究者和实践工作者的合作变得密切,也使教学活动融入了创造性成分,既是理论研究,也是实践研究,有利于缓解和克服教育理论与教育实践严重脱节的现象。

3. 教育行动研究有助于满足基础教育改革需要

基础教育改革非常复杂,需要借助教育实践者的深刻观察和反思行动,没有一线教师的投入和参与,任何基础教育改革都难以获得成功。教育行动研究的目的不是关注知识生产,而是以对教育问题有着更强洞察和掌握能力的一线教师为研究主体,旨在解决现实教育情境中的疑难问题,取得的研究成果在微观上可以改变教师传统的课堂教学面貌;中观上可以规范学校的办学理念和办学行为,筹划学校的未来变革,走高质量发展道路;宏观上可以为国家基础教育政策的制定提供依据,推动基础教育政策的出台和落实,无疑更能满足基础教育改革需要,使得基础教育改革不断迈向新台阶。

(二)教育行动研究的局限

任何一种研究方法有优点的同时,也有其固有的局限。教育行动研究弥补了传统研究方法的不足,将行动研究作为解决教育教学困境的可选择类型,不失为明智之举,但同时也具有推广性弱、科学性不足和成效慢的局限。

1. 教育行动研究经验的推广性弱

教育行动研究的研究对象、使用的研究方法及产生的研究结果和知识皆取决于具体的自然教育情境,决定了某次确定行动的研究经验能且只能帮助教师改进某一特定教育情境中的具体问题,而不能绝对或任意地推广到其他任何教育情境或行动研究中,即不具有可归纳性和普遍的代表性,但对相同情境中教育问题的解决能起到启发作用。

2. 教育行动研究的科学性不足

教育行动研究简单易行,注重实际教学情境,研究过程相对宽松,较适用于没有受过专业学术训练的中小学教师,但同时正是因为研究过程的非正规性,研究结果的科学性和准确性相对不足。

3. 教育行动研究的成效慢

教育行动研究是一个长期的、螺旋式上升和循环反复过程,本身具有效应"滞后性"特征,教师付出的劳动无法获得即时回报,通过教育行动研究改进教学效果也往往是一个相对漫长的过程。

(三)教育行动研究的规范

教育行动研究是教师进行研究的较理想方法,为保证教育行动研究的顺利开展,提高教育行动研究的有效性,必须遵循教育行动研究规范,从而在研究和行动的有机统一中促进学校教育、教学工作的高质量开展。

1. 正确处理教育行动研究中的主体关系

教师往往因共同关心的议题形成合作伙伴关系,开展教育行动研究,共同解决问题,但任何主体间关系的错误认识和失当处理,都会使教育行动研究成效大打折扣。教育行动研究中容易产生一种错觉,即认为学者是"理论工作者",中小学教师头脑中理论空白,随即导致理论工作者因社会地位和学术知识优势影响对真实教育情境的了解,形成的抽象理论难以对具体实践发挥指导作用。教育行动研究强调行动者的自我反思和相互认可,相关主体应在彼此接受的伦理架构中发挥所长,以平等和尊重的姿态在不断沟通中共同参与研究、达成共识。

2. 深入观察教育教学情境

教育理论的生命力、教育研究者和教育理论工作者的价值反映在教育教学实践中,深入观察教育教学情境并剖析教育教学过程是改善教育实践的前提,对教育行动研究的成效至关重要。教育行动研究的特点决定了其开展方式要求教育行动者走出书斋,深入教育一线,只有在日常教育教学实践中才能感受到教育困境,发现有价值的真问题,引发研究动机,通过反思合作提出解决策略,并返回教育教学一线予以检验,如此反复进行修正。

3. 遵循教育行动研究中的伦理要求

教育行动研究中的伦理主要涉及教育行动研究者之间、教育行动研究者和被研究者之间、教育行动研究者和学校管理人员间交互关系处理遵守的规范。麦克南(McKernan,J.)总结出了13条行动研究准则:

(1) 受行动研究影响的所有人员都有权获得研究的相关信息、接受咨询和建议;

(2) 除非获得学生家长、管理人员以及其他相关人员的认可,否则不能实施行动研究;

(3) 参与者个人无权单方面否决研究报告内容;

(4) 所有文献资料,如档案、通信材料等未经官方许可不得检阅;

(5) 必须遵守版权法;

(6) 研究者必须对资料的保密性负责;

(7) 研究者有责任对研究做有效的记录并便于参与者和权威人士查阅;

(8) 研究者必须对那些与研究相关的群体,如教师、家长和学生负责;

(9) 研究者在研究中期必须报告研究进展;

(10) 研究不能有害被试者的身心健康;

(11) 研究者有权公平地报告研究成果;

(12) 研究者必须向所有参与者公布相关的研究伦理合同标准;

(13) 研究者有权在公开发表的研究成果上署名。[①]

除此之外,教育活动本身是在培养人,教育行动研究不能对其他合作者产生身心困扰,更不允许危害学生的成长和学习,也不能违反教育育人的规律和价值,需要通过互相尊重、彼此沟通和建立共识推动研究顺利开展。

---

① 刘良华. 论行动研究的"合作"伦理问题[J]. 教育科学,2002(2):1-4.

第二节　教育行动研究的实施

　　如何遵循内在逻辑开展教育行动研究,始终是困扰大多数中小学教师的首要问题。教育行动研究虽然强调没有统一的步骤和方法,应视具体情境而定,但仍存在大致的线索。克密斯在采取教育行动研究创始人勒温的思想基础上,认为教育行动研究是一个螺旋式加深的发展过程,每个螺旋发展圈都包括计划、行动、考察和反思四个相互联系、相互依赖的环节。① 阿特莱奇特等人也认为行动研究由寻找起点、理清情境、发展行动策略并付诸实施和公开实践者的知识四个环节组成。② 陈桂生教授认为反思应贯穿于行动研究的全过程,而不应作为独立步骤,提出教育行动研究过程包括计划、执行、检查和总结四个环节。③

　　教育行动研究遵循研究的一般程序和波普尔"猜测与反驳"模式,即围绕一个真问题提出解决设想,运用科学和合适的方法收集和分析资料,总结提炼出理论或提出解决方案的螺旋式循环过程。一个完整的教育行动研究,应遵循以下步骤:

一、确认研究问题

　　问题是事物发展过程中出现的需要排除的异常情况或障碍,研究就是解决问题,教育行动研究就是解决教育行动中的问题。因此,提出问题就成为教育行动研究的首要任务和起点,提出问题的质量某种程度上决定着教育行动研究的质量。正如杜威曾言,问题提得好,答案就有了一半。

　　一般而言,问题区别于感触、现象和想法,是研究者在长期思考和观察基础上,或产生于教育教学中发生的异常情况和障碍,或产生于原有知识无法解释现实发生的事件和新知还未产生的交接点上,或由原有小课题扩展或整合而成,或由原有大课题分化而来,或是原有课题延伸出的新的视角或方向。总之,与其他研究方法不同,教育行动研究的选题不要求具有普遍代表性和抽象概括性,应该是行动者工作中遇到的且愿意探讨的具体教育教学问题。根据教师发现问题过程中的主动程度,可以把问题分为"应对性问题"和"发现性问题"。"应对性问题"是指当教学情境中的困惑和惊奇的现象发生了,而且通过学生反馈等方式呈现在眼前时,教师才意识到。当教师不能有效解决这些问题时,教学活动便不能顺利开展下去。"发现性问题"是指教师以积极进取的心态,对教学持有警觉与批判态度,主动发现教学情境中看似不寻常的地方,在看似没有问题的地方发现问题。

　　研究问题的提出应遵循以下原则:一是应该用务实的态度捕捉日常教育教学实践中遇到的急需解决的真问题;二是掌握提出问题的技巧,研究范围不宜过大,应"小题大

---

① 薛春波.教育行动研究:教师科研能力提升的有效路径[J].基础教育课程,2020(06):72-80.
② 陈向明.什么是"行动研究"[J].教育研究与实验,1999(02):60-67.
③ 梁靖云.教育行动研究——中小学教育科研的主要方式[J].教育理论与实践,2002(07):56-58.

做"，而非"大题小做"，尽量结合自己的兴趣，从工作的难处、与他人不同的想法中发现问题，否则将无从下手或无法深入；三是要考虑外部条件和研究者自身条件，以保证研究按期、保质、保量完成。

二、制定教育行动研究计划

在通过充分的事实发现和调查研究确认了有价值的、可行的研究问题之后，便是从解决问题的需要和设想出发，通过收集信息制定详细且有弹性的总体教育行动研究计划和具体行动的初步方案。教育行动研究计划指的是那些被行动研究者计划纳入行动中的、作为行动研究结果的、可以解决问题的方案，既可以来自教育行动者对教育实践的理解和终极关怀或收集的资料，也可以来自教育行动研究者和同事或同行的讨论。教育行动研究计划不一定能完全按照教育行动者事先设定的目标顺利解决一切问题，抑或有可能发生行动研究者无法预见的副作用，需要在实际行动中核对其可行性，以进一步改进和发展行动研究计划。但是，在制定研究计划过程中应注意：研究计划的开展不得干扰学校正常工作，且要具有充分的灵活性和开放性，以应对可能发生的情况。

教育行动研究计划大致包括两方面内容：一是解决问题的思路。通过相关知识、方法、技术和条件，说明解决问题的基本假设，在什么样的价值取向和层面上开展行动，达到何种预期目标，为研究提供方向。二是具体的策略和方法，说明通过怎样的步骤和活动形式；如何安排时间；能调动的人力、物力、财力资源有哪些；研究人员及其工作分配；研究可遵循的理论等，从而解决问题、改善实践。

根据多年经验，艾略特提出教育行动研究计划应该包括：

（1）修正了最初想法，也就是说在事实澄清和分析基础上对最初的研究主题进一步具体化；

（2）旨在改善实践将要做的具体事情；

（3）在行动之前与相关者进行充分协商；

（4）顺利实施计划所需要的各种资源；

（5）收集研究资料中涉及的伦理道德。①

三、教育行动研究

教育行动研究是指研究者按制定的行动策略做行动上的试探，是教育行动研究的核心步骤。教育行动研究者在此期间需要对收集的资料进行归类和编码，撰写内容笔记。由于教育教学活动和教学情境中人的复杂性，包含行动者认识和决策的教育行动研究计划应该是灵活且能动的，不必拘泥于固定的技术和程序。教育行动研究的实施是一个复杂且缓慢的过程，在邀请其他研究者参与监督、评议的同时，要求研究者保持耐心，有足够的时间运用各种有效方法和手段考察行动情境及教育问题发展的脉络，征得学校管理层面人员同意，且侧重关注弱者的观点，在各方都同意的基础上及时讨论，

---

① ELLIOTT J. Action research for educational change[M]. Philadelphia：Open University Press，1991：75 - 76.

开展切实可行的行动策略。

教育行动研究过程中要从学生和教师等方面收集包括文献、教学日志、学生作业、课程或会议观察记录等资料,收集资料的方法多种多样,各有优缺点和适用条件,应根据研究问题的性质、被研究者的特点和研究的主客观条件选择适当方法。常见的收集资料的方法有:

(一)观察

观察是指教育行动研究者置身于真实教育教学情境中,用眼睛去看、耳朵去听,获得一手客观资料。应注意,观察不只是被动过程,更是一个被理论支配的主动选择的过程,研究者会主动过滤掉与研究无关的大量信息,保留和记录那些与研究相关的事件、资料。记录观察资料的方法有事实性描述、概括性描述和只记录发生事件而不具体描述三种。[①]

(二)访谈

访谈的目的主要是在教育行动研究前和教育行动研究过程中,了解观察现象背后不同立场人的所思所想,主要特征是寻根探底,获得深入认识。访谈之前应制定简洁、明了的访谈提纲,并采取电话、面对面、邮件等各种手段进行,访谈过程中,要求访谈者对被访谈者耐心倾听、及时回应和追问,并尽量避免对被访谈者的看法和感受进行评论。访谈除了可分为结构访谈和非结构访谈,从受访人数看,可分为个别的深入访谈和聚焦访谈。

(三)录像

录像是教育行动研究中的重要记录方法,有助于教育行动研究者从不同角度对整个教育过程或某个片段进行深入分析和反思。

(四)文件收集

教育行动研究中收集的手工作品、作业和试卷,教师的课程大纲和教学计划等,除非人为篡改,否则就具有跨越时空的真实性,能弥补观察和访谈的局限。

收集资料后,应当对资料进行分析,常见的分析资料的手段包括:针对研究发现写反思笔记;就研究初步结果写总结;针对研究过程写研究日志;将研究结果用直观图表呈现出来。

四、教育行动研究结果的反思和公开

教育行动研究的说服力主要来自深刻且具有创造性的自我反思性的螺旋式循环。教育行动研究的反思是行动者检查研究计划和研究计划的实施过程,揭示和排除其中的问题,总结经验,并提出新的问题、设想和计划,对改善教育行动具有积极价值,包括

---

① 赵明仁,蔡瑞萍.教育行动研究的过程分析[J].当代教育与文化,2013,5(03):108-113.

行动中的反思和行动后的反思。行动中的反思表现为对教育现象的自动化反应或对行动的思考修正，行动后的反思可大致分为对行动的"回顾""研究"和"再理论化"。

教育行动研究结果的反思可从以下几方面着手：

（1）研究是否有利于发展和改善目前的教育现实，是否解决了实际教育问题或提供了解决教育问题的思路；

（2）研究是否达到了解放教育实践者的目的，使他们不再受传统科学研究权威的压迫，提高了他们从事研究的自信和自尊；

（3）研究设计和资料收集方法与实践要求是否相容，收集的资料是否详尽和有价值；

（4）研究是否发展了教师的专业知识，加深了他们对教育实践的了解，改进了他们的工作质量和社会地位，使他们的专业更被重视；

（5）研究是否符合伦理道德要求，是否与具体情境下的行动目标及民主价值观念相符。①

教育行动研究策略发展并实施后，研究者可通过口头或书面报告、图表、影视媒体、电脑网络、展览等公开自己的知识。借助这些方式，实践者的收获与洞察得以开放地在批判性讨论中被检验，而且对强化实践者的自信心，提高他们的自尊，增加他们的反思能力，提高他们所属专业的责任要求、社会地位和专业成长非常重要。此外，公开实践者的知识可以使他们的知识免于被遗忘或被忽略，得以参与到社会公共决策的过程中。②

本章小结

教育行动研究是以一线教师为研究主体在实际教育情境中展开的改善教育实践的重要方法。本章主要从理论层面介绍了教育行动研究的内涵、特征、基本理念、分类和模式，从实践操作层面给出了开展教育行动研究的基本步骤和规范，同时提供了正确看待教育行动研究优点和局限的要点。教育行动研究适合一线教师使用，对其专业成长有诸多好处，需要一线教师在理论学习与实践探索中不断予以掌握。

思考训练

1. 简述教育行动研究的价值和局限。
2. 简述教育行动研究的特点。
3. 思考教育行动研究对教师专业发展有哪些作用？
4. 根据教育行动研究的实施步骤，制定一个针对具体教育情境的教育行动研究计划。

---

① 陈向明.什么是"行动研究"[J].教育研究与实验,1999(02):60-67.
② 陈向明.什么是"行动研究"[J].教育研究与实验,1999(02):60-67.

拓 展 阅 读

1. 陈桂生、胡慧闵、黄向阳、王建军:《到中小学去研究教育——"教育行动研究"的尝试(修订版)》,华东师范大学出版社,2003 年版。

2. 蔡清田:《教育行动研究》,南京师范大学出版社,2005 年版。

3. 陈桂生、胡惠闵、黄向阳,等:《"教育研究自愿者组合"的建构——"合作的教育行动研究"的尝试》,《华东师范大学学报(教育科学版)》1999 年第 4 期,第 14－25 页。

参 考 文 献

[1] 汪利兵.教育行动研究:意义、制度与方法[M].杭州:浙江大学出版社,2003.

[2] 杰夫·米尔斯.教师行动研究指南[M].王本陆,潘新民,译.重庆:重庆大学出版社,2010.

[3] 赵明仁,王嘉毅.教育行动研究的类型分析[J].高等教育研究,2009,30(02):49－54.

[4] 吕晓娟,王嘉毅.教育行动研究的历史发展与中国化历程[J].当代教育与文化,2009,1(06):43－49.

[5] 郑蕴铮,郑金洲.教育行动研究:成效、问题与改进[J].教育发展研究,2020,40(04):18－23.

[6] 施铁如.教育行动研究的方法论分析[J].教育研究与实验,2005(02):70－72.

[7] 陈红兵.中小学教育行动研究的元分析[J].教育研究与实验,2014(06):15－19.

[8] 卢立涛,井祥贵.教育行动研究在中国:审视与反思[J].教育学报,2012,8(01):49－53.

[9] 汪明帅,胡惠闵,教育行动研究中的合作:为何与何为[J].教育发展研究,2008(02):30－34.

[10] 周钧.行动研究促进教师专业发展——一位中学教师的案例研究[J].教师教育研究,2014,26(04):75－80.

第十二章　教育研究成果的撰写

章首语

　　教育研究成果撰写是整个教育研究过程的关键环节之一,是研究过程的总结和升华,将研究的思路、过程、结果等进行整合和提炼。研究工作的成果需要通过撰写来系统地呈现和表达,有助于研究者对研究工作进行反思和梳理,进一步深化对研究主题的理解,为教育领域提供了新知识、新观点和新方法,推动教育理论和实践的发展。教育研究成果撰写是学术交流和对话的重要载体,有利于研究者之间相互学习和启发;对研究者自身而言,是其学术能力和研究水平的重要体现,有助于提升其在学术界的声誉和地位;也为教育决策提供依据和参考,有助于制定更科学、合理的教育政策和措施。

学 习 目 标

1. 了解学术论文的类型与特点,掌握学术论文的基本格式与撰写要求。
2. 了解研究报告的类型与特点,掌握研究报告的基本格式与撰写要求。
3. 了解决策咨询报告的类型与特点,掌握决策咨询报告的基本格式与撰写要求。

思 维 导 图

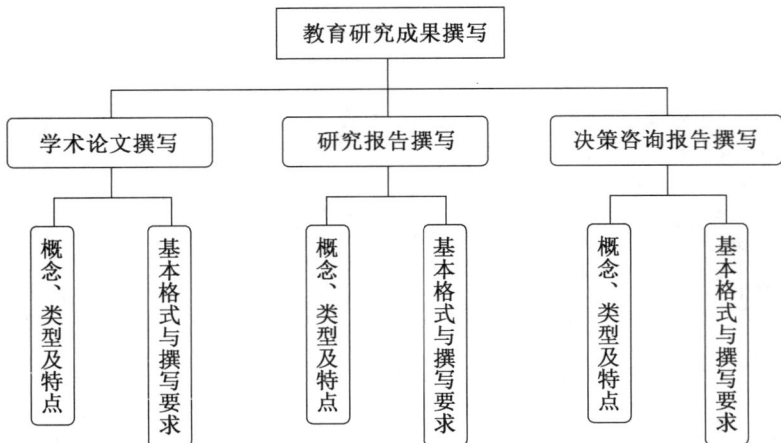

导入案例

习近平的调研故事（节选）

重视调查研究，是我们党在各个历史时期做好领导工作的重要传家宝。

20多年前，习近平同志到浙江工作不久，有人请他谈谈"施政纲领"。他笑着说："我刚刚来，还没有发言权。到时候，我是要说的。"

都说"新官上任三把火"，这位"新官"为什么不着急"点火"？《干在实处　走在前列》一书记录着习近平同志主政浙江期间的思考和实践，他在书中道明原委："'只有那些主观地、片面地和表面地看问题的人，跑到一个地方，不问环境的情况，不看事情的全体（事情的历史和全部现状），也不触到事情的本质（事情的性质及此一事情和其他事情的内部联系），就自以为是地发号施令起来，这样的人是没有不跌交子的。'我牢记毛泽东同志的至理名言"。毛泽东同志开创了我们党重视调查研究之先风，他通过深入调研撰写的《湖南农民运动考察报告》《寻乌调查》等，对习近平同志产生深远影响。

2011年面对中央党校学员，习近平同志提到，毛泽东同志1930年在寻乌县调查时直接同各界群众开调查会以掌握大量第一手材料，表示"这种深入、唯实的作风值得我们学习"；2020年9月，在湖南考察时，总书记提到《湖南农民运动考察报告》，要求各级干部要密切联系群众；2022年3月，面对广大中青年干部，总书记谈及毛泽东同志1941年8月主持起草的《中共中央关于调查研究的决定》，强调"这些要求和方法，至今仍然具有重要启示意义"。

"没有调查，没有发言权""凡是没有办法的时候，就去调查研究"……毛泽东等老一辈革命家关于调查研究的高度重视和深入实践，影响了一代又一代中国共产党人。

转载来源：中华人民共和国中央人民政府网
https://www.gov.cn/yaowen/liebiao/202307/content_6889683.htm

教育研究成果的撰写对于学术研究、个人成长和社会进步都具有重要的意义和价值。首先，可以促进知识传播与共享，推动理论进步与学科发展。将研究者的发现和观点传播给其他学者、教育从业者以及社会大众，促进知识的共享和交流，有助于推进教育理论的发展和学科的进步，促进教育领域的学术研究和思想交流。其次，可以加强学术交流与合作，提高学者的学术声誉。成果的撰写和发布，可以与其他学者进行学术交流和合作，建立学术合作网络，共同推动教育领域的研究和发展。而优秀的教育研究成果能够提高作者在学术界的声誉和地位，增强个人的学术影响力，为学者的学术生涯和职业发展带来积极影响。最后，教育研究成果的撰写可以推动教育问题解决与政策制定，促进教育实践改进。为解决教育实践中的问题提供了理论和实践依据，为政策制定和决策提供了参考依据和支持，有助于总结教育实践经验、发现问题和提出改进措施，推动教育实践的不断创新和进步。因此,教育研究成果的撰写对于学术研究的价值不言而喻,是推动教育研究和实践发展的重要动力。

第一节　学术论文撰写

学术论文是学术界交流思想、分享研究成果的主要方式,论文撰写是培养学术思维和研究能力的重要途径,通过撰写论文可以提高逻辑思维能力、论证能力、写作表达能力等学术素养。通过发布学术论文,可以与同行学者进行学术交流与合作,建立学术网络,共同探讨问题、交流经验,推动学术研究的合作与发展。

一、学术论文的概念、类型及特点

(一)学术论文的概念

学术论文是指在特定学术课题上通过科学实验、调查研究、实际观测、理论分析等方法所获得的新科学成果、创新见解或知识的记录。这些论文通常被用于在学术会议上宣读、交流或讨论,或者在学术期刊上发表,以便其他学者和研究者可以评审、讨论、引用或进一步研究。学术论文的发表通常是通过书面文件形式进行的,但也可能包括其他形式,比如电子文档或多媒体形式的展示。

学术论文的撰写是评价一个人学术水平和科研能力的重要指标之一,而选题和选材是学术论文写作中至关重要的一环。选择合适的课题是学术论文写作的第一步,因为一个好的课题可以为研究提供充分的动力和方向。一个有意义的课题应该具有以下要素:

1. 研究价值

课题应该对相关领域有一定的学术或实践意义,能够填补知识空白、解决现实问题或推动学科发展。

2. 原创性

课题应该是新颖的,能够为学术界或社会带来新的见解或解决方案,而不是简单重复已有的研究。学术论文必须具有原创性,这意味着它们应该是作者独立完成的,包含作者自己的学术观点,并报告了新颖的内容,如新发现、新观点、新方法、新分析或新规律等。

3. 可行性

课题应该是可行的,即研究者有能力和资源来实施研究计划,并在合理的时间范围内完成。

4. 兴趣与专长

研究者对课题应该有兴趣和专长,这样才能够保持长期的研究动力和耐心。

选材也同样重要,因为材料的选择直接影响到论文的内容和质量。选材要考虑以下因素:

1. 相关性

选材应该与所选课题密切相关,能够有效地支撑论文的主题和论证。

2. 权威性

选材应该源于权威的学术文献、数据或实证研究,以确保论文的可信度和可靠性。

3. 多样性

选材应该涵盖不同的观点、方法或证据,以展现对问题的全面思考和分析。

4. 新颖性

选材中也应该包括最新的研究成果和发展动态,以确保论文的前沿性和时效性。

总之,选题和选材的重要性不言而喻,它们直接决定了学术论文的质量和影响力。一个合适的课题和精心选择的材料能够为论文的成功撰写打下坚实的基础。学术论文的质量和价值不仅取决于其原创性和创新性,还取决于其科学性和学术规范的遵循。只有符合这些标准的论文才能被认可为真正的学术成果,并得到同行评审和学术界的认可和接受。

(二) 学术论文的类型

学术论文可以根据其内容、形式和用途等方面进行分类。以下是一些常见的学术论文分类:

1. 研究论文

这类论文是最常见的学术论文类型之一,通常包括作者对特定研究问题或课题进行实证研究、调查、分析和讨论的成果。研究论文通常包括介绍、方法、结果、讨论和结论等部分。

2. 综述论文

综述论文是对某一领域内已有研究成果和文献进行系统性综合和评述的论文。它们总结了前人的研究成果、观点和趋势,并提供了对该领域现状的全面理解和分析。

3. 评论论文

评论论文是作者对某一特定话题或其他学术论文的评论、评价或批评。它们可以提出对前人研究的看法、建议未来研究方向,或者对特定观点或结论进行讨论和辩论。

4. 方法论文

方法论文介绍和讨论特定研究方法、技术或实验设计的论文。它们通常描述了新的研究方法或技术的原理、应用范围和优缺点,并提供实例或案例研究来说明其有效性。

5. 案例研究论文

案例研究论文详细分析和描述了特定个案或实践情境,以阐明某一理论、方法或现象。这类论文通常通过深入研究个案来提供对理论的验证或实证资料。

6. 概念论文

概念论文提出新的概念、理论框架或模型,对相关概念进行定义、分类和解释,并探讨其理论意义和应用价值。

7. 调查论文

调查论文概述了某一领域内已有研究的现状和发展趋势,对相关文献、数据和观点进行搜集、整理和分析,以提供对该领域的全面概览。

8. 应用论文

应用论文将学术理论和知识应用到实际问题或情境中,通常包括对特定案例或实践经验的分析和评价,以及对解决实际问题的建议或方案。

(三) 学术论文的特点

学术论文具有明显的特点,这些特点使其区别于其他形式的文本或文学作品。以下是学术论文的主要特点:

1. 学术性

学术论文是由学者、研究人员或专业人士撰写的,用于在特定领域内传播知识、推动学科发展,因此具有高度的学术性和专业性。

2. 原创性

学术论文要求具有一定程度的原创性,即要求作者在研究对象、方法、结果或结论等方面有新的发现、见解或贡献。

3. 系统性

学术论文通常具有系统性,即包含有条理的结构和逻辑,如介绍、方法、结果、讨论和结论等部分,以清晰地呈现研究的全貌和论证的逻辑。

4. 科学性

学术论文是基于科学方法和严谨的研究设计进行撰写的,要求内容准确、客观,并且有充分的证据和数据支撑。

5. 透明度和可复制性

学术论文要求作者清晰地描述研究过程、方法和结果,以确保其透明度和可复制性,使其他研究者能够理解和验证研究的有效性。

6. 客观性

学术论文通常以客观的态度和语调呈现研究结果和讨论,避免主观偏见或情感色彩的介入。

7. 语言规范性

学术论文要求使用规范的学术语言和术语,语言表达清晰准确,避免口语化或文学化的风格。

这些特点使得学术论文成为学术交流和知识传播的重要载体,也是衡量学者学术能力和贡献的重要标志。

二、学术论文的基本格式与撰写要求

(一) 基本格式

学术论文一般由前置部分、主体部分和附录部分三部分组成。前置部分主要包括封面、摘要、关键词、与上述内容相应的英文内容；主体部分主要包括引言、方法、结果、讨论、结论、参考文献、致谢（非必要）；附录部分包括作者简介、基金项目信息（如果有）、作者联系方式及其他说明。

1. 封面页

封面页包括论文标题、作者姓名、作者所在机构或单位、通讯作者信息、论文提交日期等基本信息。

2. 摘要

摘要是对整篇论文内容的简要概括，包括研究目的、方法、结果和结论等要点。摘要通常在一段中完成，一般在 200～500 字。

3. 关键词

关键词是用于描述论文主题内容的术语或短语，有助于索引和检索论文。一般选择 3～5 个关键词。

4. 引言

引言部分介绍研究课题的背景和意义，阐明研究目的和问题，概述研究方法和主要结果，引出论文的主体内容。

5. 方法

方法部分详细描述了研究所采用的方法、调查设计、数据采集和分析等过程，以便读者理解研究的可信度和可重复性。

6. 结果

结果部分展示了研究的主要发现和数据，通常以文字、表格、图片等形式呈现，要清晰、简洁地表达研究结果。

7. 讨论

讨论部分对研究结果进行解释、分析和比较，与前人的研究进行对比，讨论结果的意义、局限性和未来研究方向等。

8. 结论

结论部分对整个研究进行总结，强调研究的主要发现和贡献，提出进一步研究的建议或展望。

9. 参考文献

参考文献部分列出了论文中引用的所有文献、资料和数据来源，按照一定的引用格式排列，以便读者查证和追溯。

10. 致谢

致谢部分用于感谢对论文研究和写作有贡献的人员、机构或资助单位等。

11. 附录

附录部分包括一些补充性的内容，包括作者简介、基金项目信息（如果有）、作者联系方式及其他说明，包括研究中使用的原始数据、额外的分析结果、研究工具或相关材料等。

以上是学术论文的基本格式，不同的学科领域和期刊要求可能会有所不同，作者在写作时应根据具体要求进行调整和编排。

（二）撰写要求

1. 标题

学术论文的标题是其吸引读者注意力、准确概括论文主题的重要组成部分。以下是一些关于学术论文标题写作的建议：

（1）简明扼要

标题应该简洁明了，用尽可能少的词语准确地概括论文的主题。避免使用过于复杂或冗长的词汇和句子结构。

（2）明确表达主题

标题应该清晰地表达论文的主题、内容和重点，使读者能够迅速知晓论文的核心观点。

（3）避免笼统

尽量避免使用过于笼统的词语或术语，而是选择具体而准确地描述论文内容的词汇。

（4）突出创新或重要性

如果论文具有独特的创新或重要性，可以在标题中突出体现，吸引读者的注意力。

（5）使用关键词

在标题中使用与论文内容相关的关键词，有助于提高论文的可检索性和引用率。

（6）语言简练

使用简练而有力的语言，避免使用模糊或含糊不清的词语，以确保标题能够直接有效地传达论文的主旨。

（7）尊重学术规范

在选择标题时，要尊重学术规范和期刊要求，避免使用带有主观色彩或夸张言辞的词语。

（8）考虑目标读者

根据目标读者的背景和专业知识水平，选择适合的词汇和表达方式，确保标题能够吸引目标读者的兴趣。

总之，一个好的学术论文标题应该简明扼要、明确突出论文主题、具有吸引力和可搜索性，同时符合学术规范和期刊要求。在写作标题时，作者应该认真考虑论文的核心内容和读者的需求，选择恰当的词语和表达方式来呈现论文的重点和特点。

2. 作者

多位作者之间用逗号分隔，英译姓名不用 Dr. ，Prof. 等头衔及 and，etal 等词。

工作单位、地址及邮编：作者隶属的工作单位要用全称，地址包括省、市/县，英译地址须标明国家名称。

3. 摘要

摘要应说明论文的目的、研究方法、主要成果和结论。写作学术论文摘要时，需要注意以下几个关键点：

（1）明确目的和背景

在摘要的开头,清楚地说明研究的目的和研究领域的背景。这有助于读者了解论文的研究意义和上下文。

（2）概括方法和过程

简要介绍研究所采用的方法、实验设计和数据收集过程。不需要过于详细,但要确保包含足够的信息,让读者了解研究的基本方法论。

（3）总结主要结果

提供研究的主要结果和发现。摘要应该概括论文中最重要的结果,但不要提供太多细节。可以包括数值结果、关键发现或主要趋势。

（4）强调贡献和意义

强调研究的创新性、重要性和贡献。解释研究结果对所研究领域的意义,以及可能的实践或理论应用。

（5）简洁清晰

摘要应该简洁明了,避免使用复杂的术语和长句。使用简洁的语言表达,确保读者能够快速理解摘要的内容。

（6）遵循结构

摘要通常分为简要介绍背景、方法、结果和结论等部分,确保每一部分都得到了适当地呈现。

（7）核对准确性

摘要中提到的结果和结论必须与论文正文中的内容一致,确保摘要准确反映了论文的主要观点和发现。

（8）控制长度

摘要的长度通常限制在 200 至 500 个字（根据期刊或会议的要求可能有所不同）。因此,需要精简措辞,只包括最重要的信息。

最后,写完摘要后,须仔细检查拼写、语法和逻辑错误,确保摘要的质量和准确性。好的摘要能够吸引读者的注意力,并让他们对论文感兴趣,因此对于论文的整体影响非常大。

4. 关键词

采用主题词或自由词,一般可列 3～5 个关键词,各关键词之间用分号隔开。确定学术论文的关键词是非常重要的,因为它们有助于他人理解论文的主题、内容和重点,并且能够提高论文被检索和引用的机会。以下是确定学术论文关键词的主要策略:

（1）审视论文内容

首先,仔细审查论文的内容,特别关注论文的主题、研究对象、方法、主要结果和讨论,确定出论文中最重要、最核心的概念、术语和关键词。

（2）寻找主题词

选择与论文主题直接相关的主题词。这些词应该是学科领域的常见术语,能够准确地描述论文的研究内容。

（3）参考同行文献

查阅相关的同行文献,特别是那些在相同领域内具有重要影响力的文献。观察这些文献中使用的关键词,可以为确定自己论文的关键词提供参考。

（4）使用标准词汇

使用标准词汇和术语,避免使用太过专业或模糊的词语。关键词应该是广泛接受的标准术语,以确保论文能够被准确检索到。

（5）考虑同义词和相关词汇

考虑论文主题的同义词和相关词汇,以扩展关键词的范围,这样可以增加论文的可检索性,并吸引更多的读者。

（6）关注关键研究领域

关注当前研究领域中的热点问题和关键词。选择与研究领域相关的关键词,有助于提高论文的可见性和影响力。

（7）考虑读者群体

考虑论文的目标读者群体,选择能够吸引目标读者兴趣的关键词。确保关键词对于目标读者是易于理解和接受的。

（8）限制关键词数量

通常情况下,学术论文的关键词数量应该控制在 3～5 个,应选择最具代表性和最能概括论文内容的几个关键词。

最后,确保所选的关键词能够准确地反映论文的主题和内容,同时也要符合学术规范和期刊要求。选择合适的关键词能够有效地提高论文的可检索性和引用率,有助于扩大论文的影响力。

➤ **线上链接** 农村学校现代化的支持与保障研究 详见本章二维码

5. **方法**

学术论文的方法部分是描述研究设计、数据采集和分析方法的部分,它的写作需要清晰地展现出你的研究设计和实施过程。以下是撰写学术论文方法部分的一般步骤:

（1）研究设计

首先,描述你选择的研究设计,包括研究类型(如实验研究、调查研究、案例研究等)、研究方法(如定量方法、定性方法、混合方法等)以及研究范围和时间框架等。

（2）样本选择

介绍你的样本选择方法,包括样本来源、样本规模、样本的特点和代表性等。说明样本选择的原则和考虑因素,以及如何确保样本的代表性和可靠性。

（3）数据采集方法

描述研究采集数据的具体方法和过程。包括数据来源、数据采集工具(如问卷调查、访谈、观察等)、数据采集时间和地点、采集过程中的操作步骤和注意事项等。

（4）变量操作

说明本研究是如何操作和测量变量的。包括变量的定义、操作化、测量方法和工具、测量尺度的选择等,确保变量操作具有可信度和有效性。

（5）数据分析方法

详细描述所采用的数据分析方法。包括描述性统计分析、推断性统计分析、因果分析、相关分析、回归分析等。

（6）数据处理和质量控制

说明本研究对采集到的数据进行的处理方法和质量控制措施。包括数据清洗、数据编码、缺失值处理、异常值检测和处理等。确保数据处理过程的准确性和完整性。

（7）伦理审查和许可

如有必要，提供本研究获得的伦理审查和许可情况。说明研究过程中遵循的伦理原则和保护被调查者权益的措施。

在撰写方法部分时，要注意清晰地展现研究设计和操作过程，使读者能够理解和复制。另外，还要注明引用的方法学文献和工具，以便读者进一步了解研究所采用方法的理论基础和应用情况。

6. 结果

学术论文的结果部分是对研究所得结果进行客观、清晰地描述和呈现的部分。以下是撰写学术论文结果部分的一般步骤：

（1）结果概述

首先，以简洁的方式概述研究所得结果的主要发现和重要特征。该部分可以包括研究的主要结论或发现的总体趋势。

（2）数据描述

详细描述研究所获得的数据，包括基本统计描述（如均值、标准差、频率分布等）、数据分布特征、数据间的相关关系等。可以通过表格、图片等形式呈现数据。

（3）主要发现

逐项呈现研究中的主要发现或结果。根据研究问题或假设，对每个结果进行清晰、具体地描述，包括统计分析结果、显著性检验、效应量等。

（4）结论验证

对结果的可靠性和有效性进行验证，可以通过相关性分析、交叉验证等方法，进一步确认研究结果的稳健性。

（5）结果的解释

对结果进行解释和分析，说明为什么会得出这样的结果。分析结果背后的原因、可能的影响因素、与前人研究的比较等，以提供更深入的解释。

（6）结果的讨论

将结果与相关的理论框架和前人研究进行对比和讨论，分析结果的意义、贡献和局限性。探讨研究结果对研究领域的理论、实践或政策的影响和启示。

（7）未来研究方向

根据研究结果提出未来研究的建议和展望，指出研究领域的进一步探索方向和需要解决的问题，以促进学术研究的发展。

在撰写结果部分时，要确保结果描述客观、准确，避免主观性和片面性。同时，要注意结果的呈现方式要清晰易懂，使用图表和统计指标来直观地展示数据和发现。最后，要与前文的研究目的和问题相对应，确保结果部分与论文整体的一致性和连贯性。

7. 讨论

学术论文的讨论部分是对研究结果的解释、分析和评价，以及将研究结果置于相关理论框架和前人研究中进行比较和讨论的部分。以下是撰写学术论文讨论部分的一般步骤：

（1）结果解释

首先，解释和分析研究结果，说明为什么得到这样的结果。对研究中的主要发现进行深入剖析，探讨可能的原因、机制或影响因素，提供解释性的分析。

（2）与理论框架的关联

将研究结果与相关的理论框架联系起来，分析研究结果如何支持、扩展或挑战现有的理论观点。指出研究结果对理论的启示和贡献，以及理论对研究结果的解释性。

（3）与前人研究的比较

将研究结果与前人研究进行比较和对比，分析研究结果的一致性、差异性和创新性，指出与前人研究不同的地方，并探讨可能的原因和影响。

（4）结果的意义和影响

讨论研究结果的意义和影响，包括对学术研究、实践应用或政策制定的启示和影响，指出研究结果对解决实际问题或推动学科发展的价值和意义。

（5）研究的局限性和建议

分析研究的局限性和不足之处，包括方法上的限制、样本的局限性、数据的局限性等，提出改进和进一步研究的建议，以促进研究领域的进一步发展和完善。

（6）总结与展望

最后，对讨论部分进行总结，强调研究的主要发现和讨论要点，展望未来的研究方向和潜在的研究价值，为读者提供对未来研究的启示和指导。

在撰写讨论部分时，要保持逻辑严谨、条理清晰，避免片面主观或情绪化的表达。要注重对研究结果的客观分析和理性评价，确保讨论部分能够为读者提供深入的理解和启发。

8. 结论

学术论文的结论部分是对整个研究的总结和归纳，强调研究的重要性和价值，并提出未来研究的展望。以下是撰写学术论文结论部分的一般步骤：

（1）总结研究目的和主要发现

首先，简要总结研究的目的和主要发现，回顾研究的整个过程，强调研究的重要性和意义，以及研究所取得的成果和对相关内容的贡献。

（2）回答研究问题或验证假设

确认研究所设定的问题或假设是否得到了回答或验证，说明研究结果是否支持研究的初衷，并对结果的意义进行阐释和总结。

（3）研究的贡献和影响

强调研究对学术领域、实践应用或政策制定的贡献和影响。指出研究的创新性、前瞻性以及对学科发展的推动作用，对解决实际问题或推动社会进步的重要意义。

（4）未来研究方向和展望

提出未来研究的建议和展望，探讨研究领域的潜在发展方向和需要解决的问题。指出研究的局限性和不足之处，并提出改进和深化研究的建议，为未来研究提供启示和指导。

（5）强调结论的重要性

强调结论部分的重要性和必要性，强化研究的结论对于理论、实践和政策的指导作用。指出结论部分的总结性质和决策性意义，为读者提供研究的最终结论和指导。

在撰写结论部分时，要注意语言简明扼要、表达准确清晰。强调研究的整体价值和意义，为读者提供对研究的全面理解和深入认识。最后，要确保结论部分与整个论文的主题和内容相呼应，保持一致性和连贯性。

9. 参考文献

学术论文的参考文献部分是列出所有在论文中引用过的文献资料的部分，它是学术论文的重要组成部分，也是保证学术诚信的重要环节。以下是撰写学术论文参考文献部分的一些注意事项：

（1）文献格式

参考文献应按照特定的格式要求编排。在选择格式时，要遵循所在学科领域或期刊的要求，并保持一致性。

（2）文献条目排列

将参考文献按照作者姓氏的字母顺序排列，如果同一作者有多篇文献，按照出版年份先后顺序排列。如果没有作者，可以按照文献标题的首字母顺序排列。

（3）文献信息

每个参考文献条目应包含完整的文献信息，包括作者（或编辑）、出版年份、文献标题、出版地点、出版社（期刊名称）、页码范围等。确保提供足够的信息以便读者可以找到相应的文献。

（4）引用格式

在文中引用文献时，要按照特定的引用格式进行标注。一般来说，可以采用作者—年份格式，如"（张三，2010）"，或编号格式，如"[1]"进行引用，具体格式根据期刊或出版社的要求来确定。

（5）引用样式

在参考文献部分的每个文献条目中，要按照引用样式要求格式化文献信息。包括作者姓名的格式、文献标题的格式、期刊名称的格式等。要确保文献信息的格式一致和规范。

（6）DOI 和网址

如果有的话，可以在文献条目中提供 DOI（数字对象标识符）和网址链接，以便读者可以直接获取到文献的在线版本。这对于电子文献尤其重要。

（7）参考文献的数量

参考文献的数量应该充分、恰当，并覆盖到论文涉及的所有相关领域和重要文献。

在撰写参考文献部分时，要仔细核对文献信息，确保格式规范、准确无误。同时，遵循学术规范和期刊要求,以确保论文的学术诚信和可信度。

➤ **线上链接** 《中华人民共和国国家标准·信息与文献 参考文献著录规则(GB/T 7714—2015)》 详见本章二维码

10. 致谢

学术论文的致谢部分是用来表达作者对在研究过程中给予帮助和支持的个人、组织或机构表示感谢之情的部分。以下是撰写学术论文致谢部分的一般步骤:

(1)诚挚表达感谢之情

开头应该诚挚地表达感谢之情,可以使用诸如"我由衷地感谢……"等开场白来引出感谢内容。

(2)列举受助者

依次列举在研究过程中给予帮助和支持的个人、组织或机构,包括导师、同事、实验室成员、研究课题的资助方、技术支持人员等。

(3)具体描述帮助和支持

对每位受助者所提供的帮助和支持进行具体描述,可以包括提供研究资金、提供研究设备、提供研究指导、提供数据分析帮助等方面。

(4)表达感激之情

除了简单地列举受助者外,还要表达对他们的感激之情,可以使用一些感激的词语,如"感谢您的悉心指导""感谢您的耐心支持"等。

(5)感慨与展望

可以适当地表达对研究过程的感慨和对未来的展望,展示出自己对研究工作的热情和对未来的期待。

(6)语言表达

致谢部分的语言应该简洁明了、真诚感人,避免过分烦琐和夸张。用词要谨慎选择,避免使用太过生僻或过于感情化的词汇。

在撰写致谢部分时,要真诚地感谢所有给予帮助和支持的人员和机构,不管他们的贡献大小。致谢内容要实事求是、恰如其分,表达出作者的真诚感激之情,为论文增添人文关怀。

11. 附录

学术论文的附录部分是用来附加论文中过于冗长、技术性较强,但又与主体内容密切相关的信息、数据、图表、计算方法等内容的部分。以下是撰写学术论文附录部分的一般步骤:

(1)内容选择

首先确定哪些内容适合放在附录中,这些内容通常是与论文主体内容相关但又不方便或不适合直接放在正文中的内容。例如,原始数据、补充分析、详细图表、技术细节等。

(2)编号与标题

对附录中的内容进行编号和标题。可以使用字母(如附录 A、附录 B)或数字(如附录 1、附录 2)进行编号,并为每个附录部分添加一个简明扼要的标题,使读者可以快速定位所需内容。

（3）内容排版

对附录中的内容进行合适的排版和格式化。根据内容的性质和格式要求,选择合适的排版方式,如表格、图片、代码片段等。

（4）技术细节

如果附录中包含技术性较强的内容,如数据处理方法、计算公式、程序代码等,需要详细描述其方法、步骤和实现过程,以确保读者能够理解和复现。

（5）数据补充及引用说明

如果附录中包含原始数据或补充数据,需要说明数据来源、采集方法、处理过程等相关信息,以及数据的具体内容和格式。如果论文中有引用到附录中的内容,需要在正文中进行引用,并在引用处提供明确的附录编号和标题,以便读者可以迅速找到相关内容。

在撰写附录部分时,要根据实际需要和论文内容的特点来确定附录的内容和格式,确保附录部分与论文主体内容相互补充、相互协调,为读者提供更全面的信息和更深入的理解。

第二节　研究报告撰写

通过撰写研究报告,可以促使作者深入思考问题、查阅资料、分析数据,从而加深对研究领域的理解,扩展自己的知识面。优秀的研究报告可以为社会提供有益的信息和建议,影响政策制定和社会发展方向,提高学者和研究机构的社会影响力。

一、研究报告的概念、类型及特点

（一）研究报告的概念

研究报告是指对某一研究课题进行系统调查、分析和总结后所形成的书面文档。它通常包括对研究背景、目的、方法、结果和结论等方面的描述和分析,旨在向读者传达研究的主要发现和见解。

（二）研究报告的类型

研究报告的种类多种多样,主要根据研究对象、目的、领域和受众群体的不同进行分类。以下是一些常见的研究报告种类:

1. 学术研究报告

学术研究报告是对学术研究成果进行系统总结和报道的文档,通常包括对研究背景、目的、方法、结果和结论等方面的描述和分析,面向学术界的同行评审和读者群体。如学术期刊中发表的原创研究论文、学术会议上发表的论文或研究报告等。

2. 科学研究报告

科学研究报告是对科学实验、调查或观测结果进行系统分析和总结的文档,通常包括对实验设计、数据收集和分析、结论推断等方面的描述和讨论,面向科学研究领域的专业人士和学者。如科学实验报告、实验室研究报告、科学项目的研究成果报告等。

3. 技术研究报告

技术研究报告是对技术开发、应用或改进成果进行系统总结和报道的文档,通常包括对技术原理、设计方法、实施过程、成果评价等方面的描述和分析,面向技术领域的工程师、技术人员和企业组织等。

4. 政策研究报告

政策研究报告是对政策问题、政策影响或政策建议进行系统分析和总结的文档,通常包括对政策背景、目标、实施效果等方面的描述和评价,面向政府部门、决策者和公共政策研究人员。如政府机构发布的政策研究报告、智库或研究机构撰写的政策分析报告等。

5. 市场研究报告

市场研究报告是对市场情况、趋势或机会进行系统调查和分析的文档,通常包括对市场规模、结构、竞争格局等方面的描述和预测,面向企业组织、投资者和市场分析人员。如市场研究公司发布的行业报告、市场分析报告、消费者调查报告等。

6. 案例研究报告

案例研究报告是对特定个案或实践情境进行深入分析和总结的文档,通常包括对案例背景、问题诊断、解决方案和结果评价等方面的描述和讨论,面向研究者、决策者和实践者。

7. 评估研究报告

评估研究报告是对特定政策、项目或活动进行评估和反馈的文档,通常包括对评估目的、方法、结果和建议等方面的描述和分析,面向政府部门、非营利组织和国际机构。

8. 调查研究报告

调查研究报告是对特定问题、现象或群体进行调查和分析的文档,通常包括对调查设计、样本选择、数据分析和调查结论等方面的描述和解释,面向社会科学研究者和政策制定者。

这些是研究报告的一些常见种类,每种都有其特定的特点、写作规范和受众群体。

(三) 研究报告的特点

1. 学术性

学术是指较为专门的、系统的学问。研究报告的学术性是指报告在内容、结构和风格上符合学术标准和要求,具有学术价值和可信度。具体表现为:

(1) 采用严谨的研究方法和科学的研究设计,这包括清晰地描述研究的目的、假设、样本选取、数据收集和分析方法等,以确保研究结果的可信度和可重复性。

(2) 在介绍部分提供理论背景和相关文献综述,对研究课题进行深入的探讨和梳理。这有助于读者了解研究的理论基础和前人研究成果,提高报告的学术价值。

（3）采取客观中立的态度，避免主观偏见和立场倾向。研究结果和结论应该基于科学证据和数据支持，而不是作者个人的主观看法。

（4）提供充分的数据和分析细节，以便其他研究者能够理解和验证研究的过程和结果。数据应该清晰地呈现，分析方法应该透明可复制。

（5）遵循学术引用规范，准确地引用和标注所引用的文献、数据和资料来源。参考文献应该全面覆盖，包括前人的研究成果和相关文献。

（6）使用规范的学术语言和术语，结构严谨、清晰。报告的语言应该准确、客观，避免口语化或文学化的表达。

（7）通常会经过同行评审或审稿过程，由同一领域的专家评审和审核，这有助于确保报告的学术质量和可信度。

2. 科学性

研究报告的科学性是指报告所描述的研究过程、结果和结论符合科学方法和科学原则的要求，具有科学的严谨性、可信度和可验证性。具体表现为：

（1）具有严谨的研究设计，包括明确的研究目的、清晰的假设、合适的样本选择、科学的实验设计或调查方案等。

（2）应该描述研究的方法和过程，以便其他研究者能够重复或复制该研究，验证研究结果的可靠性和一致性。

（3）应该基于准确、可靠的数据收集和分析。数据采集应该符合科学标准，数据分析应该使用适当的统计方法和工具。

（4）应该提供充分的方法和数据细节，以便其他研究者能够理解和验证研究过程和结果。数据应该透明公开，研究过程应该清晰可见。

（5）应该对研究结果进行合理的解释和推断，基于科学理论和逻辑推理，避免过度解读或无根据的猜测。

总之，科学性研究报告应该符合科学方法的基本原则和标准，具有严谨性、可信度和可验证性，为研究领域的进展和发展做出积极贡献。

3. 创造性

研究报告的创造性是指在研究过程中，对问题进行新颖的思考、提出独特的见解或方法，并在研究结果中展现出创新性的成果。具体表现为：

（1）针对研究领域中的新颖或未解决的问题，提出独特的研究观点或假设。这有助于引领该人领域的发展和进步。

（2）采用创新的研究方法和技术，以解决研究问题或测试研究假设。创造性的方法可能涉及跨学科的合作、新型的实验设计或先进的数据分析技术等。

（3）具有新颖的数据收集和分析方法，以获取独特的研究结果和见解。这可能涉及收集新的数据来源、开发新的分析模型或应用先进的数据挖掘技术等。

（4）展示出创新性的研究结果和发现，与已有研究相比具有独特的贡献和价值。这可能包括发现新的规律、提出新的理论模型或解决现实问题的新方法等。

（5）应该对现有知识进行扩展和丰富，为学术界和实践界提供新的认识和理解。这有助于推动领域的发展和进步。

（6）提供对未来研究方向的启示和展望，指出研究成果的潜在影响和进一步的发展方向。这有助于引起学术界和实践界对相关问题的兴趣和关注。

总之，创造性研究报告应该具有新颖的问题、方法和结果，展现出独特的思维和见解，为学术界和实践界带来新的认识和启示，推动相关领域的发展和进步。

4. 针对性

研究报告的针对性是指报告内容和信息针对特定的受众群体或目标读者，以满足其特定的需求、兴趣和目的。具体表现为：

（1）在编写研究报告之前，需要明确确定报告的目标受众群体，包括其专业背景、知识水平、兴趣和需求等。这有助于确保报告内容和信息能够针对目标受众的特点和需求进行定制。

（2）根据目标受众的特点和需求，定制相应的内容和信息。这可能包括选择合适的专业术语和表达方式、提供特定领域的案例分析或实例、强调目标受众关心的问题或关注的方面等。

（3）研究报告的风格和表达方式应该适应目标受众的阅读习惯和理解能力。对于专业领域的读者，可以采用较为专业的语言和表达方式；对于一般读者，应该使用更加通俗易懂的语言和表达方式。

（4）针对不同的受众群体，研究报告应该突出不同的重点和焦点。对于专业读者，重点可能是研究方法和数据分析；对于一般读者，重点可能是研究结果和结论。

（5）针对不同的受众群体，研究报告应该调整信息的量和深度。对于专业读者，可以提供更加详尽和深入的信息；对于一般读者，应该提供更加简明和易懂的信息。

（6）针对特定的受众需求，研究报告可能需要提供具体的问题解决方案或建议。这有助于受众更好地理解研究内容，并将研究成果应用于实践。

总之，研究报告的针对性需要根据目标受众的特点和需求进行定制，以确保报告内容和信息能够最大程度地满足受众的需求和期望，达到预期的传播效果和影响力。

5. 专业性

研究报告的专业性是指报告在内容、方法、结构和风格等方面符合教育领域的专业标准和要求，具有高水平的学术和实践价值。具体表现为：

（1）基于充分的理论基础和相关文献综述，对研究背景和现状进行深入探讨。这有助于确立研究问题、指导研究方法的选择和提供研究的理论支持。

（2）结论和建议应该基于科学的数据和分析，具有合理性和可操作性。如教育研究报告，这些结论和建议应该能够为教育实践和政策制定提供有益的参考和指导。教育研究报告应该采用规范的学术语言和术语，结构清晰、逻辑严谨。

（3）语言应该符合教育领域的专业要求，避免口语化或文学化的表达。

（4）研究结果应该具有一定的实践意义和应用价值，能够为教育实践和政策制定提供有效的参考和指导，能够促进教育改革和提高教育质量。

总之，研究报告的专业性需要在内容、方法、结构和风格等方面符合专业领域的专业标准和要求，具有高水平的学术和实践价值，为教育研究和实践做出积极贡献。

二、研究报告的基本格式与撰写要求

从结构看,研究报告一般可包含前置部分、主体部分、附录部分、结尾部分。前置部分,它包括题名、作者姓名和作者单位及地址、摘要、关键词、与上述内容相应的英文内容。主体部分,它包括前言、研究工作描述(材料与方法)、研究结果、对研究结果的展开(讨论、结论或小结等)。附录部分,它包括作者简介、基金项目信息、作者联系方式及其他说明信息。结尾部分,对研究所获得的主要结果进行总结,强调研究对于该领域的重要性和贡献等。这里仅介绍研究报告的前置部分和主体部分:

(一) 前置部分

1. 封面

封面是研究报告的外表面,提供了必要的信息,如标题、作者、单位、日期等,并且可以起到保护作用,保护研究内容的完整性和权益。封面不是每份研究报告都必须包含的部分,如果研究报告是作为期刊、书籍或其他出版物的一部分,则无需封面;但如果是作为预印本、样本等单行本时,则通常会包含封面。封面的设计和内容可以根据具体情况和需求进行调整和变化。

封面上可包括下列内容。

(1) 分类号。在左上角注明分类号,以便于信息交换和处理。一般应注明《中国图书资料分类法》的类号,并尽可能注明《国际十进分类法 UDC》的类号。

(2) 本单位编号。一般标注在右上角。

(3) 密级。报告的内容按国家规定的保密条例,在右上角注明密级。如系公开发行,不注密级。

(4) 标题和副标题或分册标题,用大号字标注于明显地位。卷、分册、篇的序号和名称,如系全一册,无需此项。

(5) 版本。如草案、初稿、修订版次等,如系初版,无需此项。

(6) 责任者姓名。责任者包括研究报告的作者,学位论文的导师、评阅人、答辩委员会主席,以及学位授予单位等。必要时可注明个人责任者的职务、职称、学位、所在单位名称及地址;如责任者系单位、团体或小组,应写明全称和地址。

(7) 工作完成日期。包括研究报告提交日期,学位论文的答辩日期,学位的授予日期,出版部门收到日期(必要时)。

(8) 出版页。出版地及出版者名称,出版年、月、日(必要时)。

2. 封二

研究报告的封二可标注送发方式,包括赠送或价购,以及送发单位和个人;版权规定;其他应注意的事项。只在必要时有。

3. 标题页

标题页是研究报告的著录依据,位于封二和衬页之后,成为另页的右页。如果研究报告分装两册以上,每册都应有自己的标题页,并注明分册名称和序号。标题页除了应包括封面上列出的内容外,还应包括以下内容:一是单位名称和地址,即研究报告所属

单位的全称和详细地址;二是责任者信息,包括责任者的职务、职称、学位、单位名称和地址,以及参加部分工作的合作者姓名。列出这些信息有助于读者对研究报告的了解和查证。

4. 标题

研究报告的标题是对研究报告内容、论点或论题(课题)所做的高度概括的简缩表达形式。研究报告的标题样式繁多,但不论是何种形式,总要体现作者的写作意图、研究报告的主旨,它要求做到以下几点:

(1) 有创意、醒目

使人一看有新鲜感,能引起重视。平淡的、雷同的标题常常不能引起读者的注意和兴趣。同时也会失去不少读者。当然标题的创意是建立在研究的创造性和主论的创新性基础上的。

(2) 要"达意"

就是能准确恰当地表述研究报告的核心论点,或中心内容,或课题的含义。标题要符合内容,不能过大、过泛、过虚。

(3) 要简明

一般一个标题的字数不宜超过 20 个,作为国际交流的研究报告(外文)标题不宜超过 10 个实词。

(4) 要便于分类

题目所用的每一词语必须考虑到有助于选定关键词和编制目录、索引等二次文献可以检索的特定实用信息。

(5) 用词要规范

题目应该避免使用不常见的缩略词、首字母缩写字、字符、代号和公式等。切忌杜撰编造所谓的新名词来标新立异,以便在编制检索资料时准确地进行分类。

5. 署名

署名要与"封面"中"责任者姓名"部分所规定的内容一致。署名表示文责自负,发表时,也便于别人联系。署名不放在文后,一般不用化名或笔名。如果成果是由多人合作完成的,署名则以对本研究贡献大小来决定排名顺序。

6. 序或前言

序并非必须的,但在某些情况下,它可以为读者提供关于研究报告的基本背景和重要信息,从而加深读者对报告的理解和认识。序可以包括对研究工作的缘起、背景、目的、意义等方面的简要介绍,也可以提及资助、支持、协作经过等。这些内容也可以在正文引言部分加以说明,取决于作者的偏好和研究报告的特点。

7. 摘要

摘要应具有独立性和自含性,能够提供研究报告的主要信息,使读者能够了解研究的目的、方法、结果和结论,从而判断是否需要阅读全文。摘要通常包括以下内容:

(1) 研究目的或背景

简要介绍研究的动机或背景,说明为什么进行这项研究。

（2）研究方法

概述研究所采用的方法、技术或实验设计，以及研究对象或样本的选择。

（3）主要结果

简要总结研究的主要结果或发现，包括实验数据、统计分析结果等。

（4）结论

对研究结果进行概括性的解释或评价，指出研究的重要性、意义以及可能的影响。

摘要的编写要简明扼要、准确清晰，避免使用复杂的术语和缩略语，以确保读者能够理解。摘要的长度一般在 200～300 字为宜，要求言简意赅、突出重点，尽量准确地概括研究的核心内容。

8. 关键词

关键词必须是规范、准确的科学名词，绝对不使用非规范的甚至杜撰的词汇。

9. 目次页

长篇研究报告可以有目次页，短文无需目次页。目次页由研究报告的篇、章、条、款、项、附录、题录等序号、名称和页码组成，另页排在序之后。整套研究报告分卷编制时，每一分卷均应有全部研究报告内容的目次页。

10. 其他

（1）插图和附表清单

研究报告中如图表较多，可以分别列出清单置于目次页之后。图的清单应有序号、图题和页码。表的清单应有表序、表题和页码。

（2）其他清单

符号、标志、缩略词、首字母缩写、计量单位、名词、术语等注释表符号、标志、缩略词、首字母缩写、计量单位、名词、术语等的注释说明汇集表，应置于图表清单之后。

（二）主体部分

由于研究报告文体的不同，其正文部分的撰写要求也不同，但就整体而言，它们有共同之处。

1. 格式

主体部分的撰写格式可由作者自定，但一般由引言（或绪论）开始，以结论或讨论结束。如果研究报告印成书刊等出版物，则按书刊编排格式的规定撰写。研究报告的每一章、条、款、项的格式和版面，要求划一，层次清楚。

2. 序号

研究报告中的图、表、附注、参考文献、公式、算式等应按照统一的编排序号，并且要便于互相区别。具体的标注形式如下：

（1）图

用"图"字后跟阿拉伯数字标注，例如，图 1、图 2.1 等。

（2）表

用"表"字后跟阿拉伯数字标注，例如，表 2、表 3.2 等。

（3）附注

用"附注"后跟阿拉伯数字标注，例如，附注（1）。

（4）参考文献

用"文献"后跟方括号和阿拉伯数字标注，例如，文献[4]。

（5）公式

用"式"后跟阿拉伯数字标注，例如，式（5）、式（3.5）等。

研究报告的页码应使用阿拉伯数字连续编排。如果一个总题下装成两册以上，应该连续编页码。如果各册有副标题，则可分别独立编页码。

3. 引言（或绪论）

引言（或绪论）简要说明研究工作的目的、范围、相关领域的前人工作、理论基础和分析、研究设想、研究方法和实验设计、预期结果和意义等。应言简意赅，不要与摘要雷同，不要成为摘要的注释。一般教科书中有的知识，在引言中不必赘述。

4. 正文

研究报告的正文部分是其核心内容，通常会包括调查对象、研究方法、实验过程、数据结果、分析和讨论等内容。由于研究的学科领域、选题特点、研究方法和结果表达方式等因素的差异，导致每篇研究报告的正文格式可能会有所不同。但是，无论研究内容如何，正文都应该遵循一定的基本原则，包括实事求是、客观真实、准确完备、逻辑清晰、层次分明等。这样可以确保研究的科学性和可信度，使读者能够清晰地理解研究内容和结论。

5. 结论

研究报告的结论是整个研究的总结和归纳，应该是准确、完整、明确、精炼的。它不是正文中各段的简单重复，而是对研究问题的回答、对实验结果的总结和解释、对研究意义的阐述，以及可能的建议和展望。结论的撰写应当具备准确性、完整性、明确性与精炼性的特点：首先，结论应该根据研究的实际结果提出，确保不偏不倚地总结研究的发现和结果。其次，结论应该涵盖研究的主要内容和重点，包括对研究问题的回答、对实验结果的总结、对研究意义的阐述等。再次，结论应该明确表达研究的核心观点和主张，避免模糊或含糊不清的表达。最后，结论应该简明扼要，言之有物，突出重点，避免冗长和啰唆的表述。

6. 引文注释与参考文献

在研究报告中，列出引文注释和参考文献的来源是十分重要的，它有以下几方面的作用：一是帮助读者了解研究领域的历史和已有成果，为进一步研究提供依据和背景；二是尊重他人的研究成果，体现学术界的严谨和礼貌；三是提供查证的线索，避免误解或不同理解的产生；四是反映作者的研究水平和科学态度，显示其求实精神。因此，在撰写研究报告时，应该认真引用和标注已有的研究成果，并且在参考文献中准确地列出引用的来源，确保读者能够查证和深入了解相关研究。

➢ **线上链接** 《青少年蓝皮书：中国未成年人互联网运用报告（2023）》发布 详见本章二维码

第三节　决策咨询报告撰写

决策咨询报告的撰写对于教育决策的科学化、民主化和规范化起着重要的作用,能够为教育改革和发展提供专业的决策支持和指导,促进教育事业的持续健康发展。

一、决策咨询报告的概念、类型及特点

(一) 决策咨询报告的概念

决策咨询报告是旨在为决策者提供关于特定问题或挑战的信息、分析和建议的书面文档。教育类的决策咨询报告通常由专业研究部门或内部咨询团队编写,针对政府机构或教育机构的管理层或决策者,为他们提供决策所需的信息和支持,帮助他们做出明智、有效的决策。决策咨询报告通常是针对特定问题或项目编写的,具有实际操作性和可操作性,是决策支持系统中的重要组成部分。

(二) 决策咨询报告的类型

1. 工作推进类

工作推进类决策咨询报告是指针对教育组织或项目中某项工作需要进行推进的情况,向相关决策者提供专业意见和建议的报告。这类报告旨在帮助决策者理解相关工作推进的必要性、提出具体的对策建议和实施方案,并指导工作的实际推进过程。报告内容通常包括工作推进的重要意义、对策建议、推进中应注意的问题等方面的内容。

2. 工作改进类

工作改进类决策咨询报告是指针对组织或项目中存在的问题或瓶颈,向相关决策者提供专业意见和建议的报告。这类报告的主要目的是提出具体的改进措施和解决方案,以优化相关工作流程、提升效率、降低成本或改善绩效等方面。报告内容通常包括问题分析、改进建议、实施方案、预期效果等方面的内容。

3. 工作加强类

工作加强类决策咨询报告是指针对教育组织或项目中已经存在的工作,为了提升其效率、质量或者其他方面的绩效,向相关决策者提供专业意见和建议的报告。这类报告的主要目的是提出具体的加强措施和改进方案,以进一步加强已有工作的实施效果或者推动其进一步发展。报告内容通常包括现状分析、加强建议、实施方案、预期效果等方面的内容。

4. 问题解决类

问题解决类决策咨询报告是指针对教育组织或项目中存在的具体问题或挑战,向相关决策者提供专业意见和建议的报告。这类报告的主要目的是分析和解决特定问题,以帮助组织或项目克服困难、应对挑战,并取得更好的业绩。报告内容通常包括问题分析、解决建议、实施方案、预期效果等方面的内容。

5. 经验总结类

经验总结类决策咨询报告是指基于过往经验和实践经验,向相关决策者提供总结性意见和建议的报告。这类报告的主要目的是通过总结已有的成功经验、教训和经验教训,为决策者提供借鉴和启示,以指导未来的决策和行动。报告内容通常包括过往经验总结、成功案例、教训和经验教训、可借鉴的经验等方面的内容。

6. 经验推广类

经验推广类决策咨询报告是指基于已有的成功经验或最佳实践,向相关决策者提供推广性建议和指导的报告。这类报告的主要目的是通过总结和分析成功经验,为其他类似情境或领域提供可行的推广方案和实施建议,以促进更广泛范围的应用和推广。报告内容通常包括成功经验的总结、推广的目标领域和对象、推广方案和实施建议、预期效果和评估指标等方面的内容。

(三)决策咨询报告的特点

决策咨询报告的特点主要包括:

1. 敏锐性与前瞻性

敏锐性指决策咨询报告对当前问题的识别和分析能力。具有敏锐性的报告能够迅速捕捉到问题的本质,理解问题的核心要素,并提出切实可行的解决方案。这种敏锐性源于对客户或组织情境的深入了解,以及对行业动态和市场变化的敏锐感知。

前瞻性指决策咨询报告对未来发展趋势和变化的预见和洞察力。具有前瞻性的报告能够基于对行业和市场的深入分析,预测未来的发展方向和趋势,并提出相应的应对策略和建议。这种前瞻性不仅包括对短期内可能出现的变化的预测,还包括对长期发展趋势的思考和展望。

2. 导向性与针对性

导向性指决策咨询报告能够为决策者提供明确的指导和建议,指引其在特定问题或情境下做出合适的决策和行动。具有导向性的报告不仅提出问题的分析和解决方案,还明确指出应该采取的具体行动步骤和实施路径,帮助决策者实现预期目标。

针对性指决策咨询报告能够有针对性地对特定问题或情境提出合适的建议和解决方案。具有针对性的报告根据问题的性质和客户的需求,提供定制化的建议和解决方案,避免一刀切的通用性建议,确保报告的实用性和适用性。

3. 时效性与可操作性

时效性指决策咨询报告在时间上的有效性和适时性。具有时效性的报告能够及时地反映当前问题和情况,针对性地提出解决方案和建议,并随着时间的推移进行更新和调整,以确保其持续有效。时效性的报告能够及时应对市场变化、业务需求和其他外部因素的变化,为决策者提供及时的决策支持。

可操作性指决策咨询报告提出的建议和解决方案在实践中的可行性和操作性。具有可操作性的报告不仅提出理论上的解决方案,还能够明确指导决策者如何实施和落实这些方案,具体到详细的行动步骤和实施路径,以确保报告的实际有效性。可操作性的报告考虑到组织内部的资源、能力和限制因素,提出符合实际情况的解决方案,避免空泛和不切实际的建议。

4．规范性与简洁性

规范性指决策咨询报告在结构和内容上遵循一定的规范和标准，符合专业的写作要求和行业规范。具有规范性的报告具有清晰的结构和逻辑，包括报告概述、问题分析、解决方案、实施建议等部分，每个部分的内容都有明确的表达要求和标准，能够准确、全面地呈现分析结果和建议。

简洁性指决策咨询报告在表达和内容上简明扼要，避免冗长烦琐的叙述和复杂难懂的语言。具有简洁性的报告能够清晰地表达问题的核心要点和解决方案，删减无关紧要的内容，简化复杂的语句和表达方式，使报告易于理解和接受。

5．公共性与相对独立性

公共性指决策咨询报告具有一定的信息共享性，能够在适当的范围内被多个相关方共享和利用。具有公共性的报告通常会在适当的情况下被分享给相关利益相关者、决策者、合作伙伴等，以便他们了解报告提出的建议和解决方案，共同参与决策和行动。

相对独立性指决策咨询报告在观点和结论方面相对独立和独立思考，不受外部利益或压力的影响。具有相对独立性的报告能够客观地分析问题、提出建议，并维护自身的专业立场和独立性。这种独立性有助于确保报告的客观性和可信度，使其能够为决策者提供可靠的参考和决策支持。

二、决策咨询报告的基本格式与撰写要求

决策咨询报告的撰写通常遵循以下基本格式，并在撰写过程中注意以下几点：

（一）基本格式

决策咨询报告的基本格式通常包括以下几个部分：

1．标题

决策咨询报告的标题一般不超过 20 个字，除于特殊要求，一般不用"研究"，用"建议""对策"。

2．摘要

通常还会包括一个简洁的摘要或关键信息。摘要是对整篇报告的内容和主要结论进行简明扼要的概述，包括研究目的、方法、主要结果和建议等。摘要通常放在报告的开头部分，有时也称为"总结"。

3．正文

决策咨询报告正文一般为"三段论"的结构，即分为现实状况、问题分析与对策建议三个部分。

（1）现实状况

该部分应简要说明报告的背景和目的，阐述为什么要进行这项决策咨询。对所讨论的主题或问题的整体面貌进行简要介绍，如涉及的领域、范围、主要对象等，并分析现实状况可以让决策者对相关主题的整体情况有清晰的了解，包括现状特点、发展趋势等，为后续的深入分析奠定基础。

（2）问题分析

该部分主要按照一定的逻辑顺序，如重要性、时间顺序等，分别全面、深入地分析和阐述相关问题，强调决策的重要性和紧迫性，以及实施建议可能带来的积极影响。探讨问题产生的根源，如政策因素、体制机制因素、社会文化因素、经济因素、技术因素等，明确哪些因素是直接原因，哪些是间接原因，并分析这些因素之间的相互作用和传导机制。可结合具体案例来进一步说明某些因素是如何导致问题产生的，增强说服力。

（3）对策建议

该部分是在现状问题及成因分析的基础上，给出有针对性、可行性的建议和解决方案。建议通常应具有可操作性、可实施性和经济性，并根据不同情况提供多种备选方案说明建议的依据和预期效果，以供决策者参考。

以上是决策咨询报告的基本格式，具体组织结构和内容可以根据实际情况进行调整和修改。

（二）撰写要求

决策咨询报告的各个部分应该按照逻辑顺序和报告结构来撰写，以确保内容清晰、连贯、有条理。以下是决策咨询报告常见部分的写作指导：

1. 选题应切合现实需要

决策咨询报告具有高度的时效性和针对性。选题是否切合社会发展的现实需要，是否反映社会发展的迫切需求，直接决定着决策咨询报告的价值与效用。选题应围绕三类主题：一是政府的中心工作选题；二是社会经济发展中较为尖锐、影响较大的矛盾与问题；三是事关群众利益的问题。这类选题通常与实际工作和社会运行紧密相关，所提出的观点和建议更有可能被应用到实际决策中，从而对解决现实问题产生直接推动作用。切合现实需要和热点问题的选题能够更好地反映社会动态和发展趋势，通过深入研究这些问题，可以为未来的政策制定和战略规划提供前瞻性的思考和参考。

2. 调查应反映现实问题

首先，只有基于对现实问题的如实反映，得出的结论和建议才会是切实可行的，避免决策出现偏差。其次，能够让决策者清晰地了解问题的全貌和本质，包括问题的表现形式、严重程度、影响范围等，从而更好地做出科学合理的决策。再者，如实反映现实问题也有助于引起相关方面对问题的重视，推动问题的解决进程。在进行调查时，要运用科学的方法，如问卷调查、实地走访、数据分析等，多渠道、多角度地收集信息，避免片面性和局限性。最后，要保持客观公正的态度，不回避问题、不夸大或缩小问题，以确保调查结果能够真实地反映现实状况。

3. 分析应找准问题症结

只有找准问题症结，才能让决策咨询报告真正发挥作用。找准问题症结可以帮助决策者清晰地理解问题的核心矛盾和关键突破点。由此，他们在制定决策和采取措施时就能更加有的放矢，提高决策的效率和效果。为了找准问题症结，需要进行深入、细致、全面地分析。要运用多种分析方法和工具，结合实际数据和案例，对问题进行层层剖析，挖掘出隐藏在表象之下的深层次原因。同时，还需要与相关领域的专家和实际工作者进行充分交流和探讨,以获取更全面、准确的信息和见解。

4.对策应切实解决问题

决策咨询报告中的对策如果不能切实解决问题,那这份报告的价值就会大打折扣。决策咨询报告中的对策建议,一是要具有针对性,紧扣问题症结来制定,不能泛泛而谈;二是要具有可行性,充分考虑现实条件和资源限制,确保能够落地实施;三是要具有前瞻性,能适应未来的发展变化;四是要具有综合性,统筹协调各方面因素,形成系统的解决方案。这些应能直接为决策提供有效的行动方案,帮助决策者快速、准确地采取措施来应对现实挑战,避免决策的盲目性和随机性。

5.写作应力求简洁精辟

在撰写各个部分时,需要确保语言简明扼要、逻辑清晰、重点突出,避免冗长和复杂的表达以确保报告内容具有可读性和影响力。简洁精辟能让报告重点突出,减少过多冗余信息干扰决策者对关键内容的把握。这样可以使决策者在有限的时间内迅速理解核心观点和建议,提高信息传达的效率,它还能增强报告的可读性和吸引力,让决策者更愿意去深入研读。

➢ **线上链接** 推进江苏"双减"政策贯彻落实的对策建议 详见本章二维码

本 章 小 结

学术论文是指在特定学术课题上通过科学实验、调查研究、实际观测、理论分析等方法所获得的新科学成果、创新见解或知识的记录,分为研究论文、综述论文、评论论文、方法论文、案例研究论文、概念论文、调查论文和应用论文。学术论文具有学术性、原创性、系统性、科学性、透明度和可复制性、客观性、语言规范性的特点。学术论文一般由前置部分、主体部分和附录部分三部分组成。研究报告是指对某一研究课题进行系统调查、分析和总结后所形成的书面文档,分为学术研究报告、科学研究报告、技术研究报告、政策研究报告、市场研究报告、案例研究报告、评估研究报告和调查研究报告。研究报告具有学术性、科学性、创造性、针对性和专业性的特点。研究报告的文章结构一般包括前置部分、主体部分、附录部分和结尾部分。决策咨询报告是旨在为决策者提供关于特定问题或挑战的信息、分析和建议的书面文档,分为工作推进类、工作改进类、工作加强类、问题解决类、经验总结类和经验推广类。决策咨询报告具有敏锐性与前瞻性、导向性与针对性、时效性与可操作性、规范性与简洁性以及公共性与相对独立性的特点。决策咨询报告的撰写遵循一定的基本格式,各个部分应该按照逻辑顺序和报告结构来撰写,以确保内容清晰、连贯、有条理。

思 考 训 练

1. 请选择一个自己熟悉的教育研究主题,用 200～500 字撰写该主题学术论文的摘要,包括研究目的、方法、主要发现和结论。

2. 请选择一个自己感兴趣的教育研究主题,拟定详细的研究报告大纲,包括各个章节的标题和主要内容要点。

3. 请根据一个教育研究主题,搜集并整理 10 篇相关的中外参考文献,按照规范格式列出。

拓 展 阅 读

1. 闻邦椿、闻国椿:《学位论文撰写方法学》,高等教育出版社,2014 年版。

2. 朱迪丝·贝尔、斯蒂芬·沃特斯:《科研项目完全指南:从课题选择到报告撰写》,新华出版社,2021 年版。

3. Farmer, Edgar I, *Research Pathways: Writing Professional Papers*, *Theses*, *and Dissertations in Workforce Education*（Maryland：University Press of America, 2000）.

4. 可浏览,中华人民共和国教育部全国教育科学规划领导小组办公室网站优秀成果（https://onsgep. moe. edu. cn/edoas2/website7/level2. jsp？infoid ＝ 13352545 64530193）。

参 考 文 献

[1] 潘海燕,何晶,卢明. 教师如何撰写教育案例与论文[M]. 北京:北京师范大学出版社,2013.

[2] 埃里克·阿约. 人文学科学术写作指南[M]. 陈鑫,译. 北京:新华出版社,2017.

[3] 朱永兴,李素芳. 学术论文撰写与发展[M]. 杭州:浙江大学出版社,2007.

[4] 张建. 研究报告撰写指导[M]. 北京:教育科学出版社,2003.

[5] 斯蒂芬·贝利. 学术写作指南[M]. 5 版. 唐奇,译. 北京:中国人民大学出版社,2020.

[6] 韦恩·布斯,等. 研究是一门艺术[M]. 陈美霞,等译. 北京:新华出版社,2009.